U0931227

21世纪经济学类管理学类专业主干课程系列教材

基础会计学

（修订本）

主编　戴华江　易爱军　武玉清

清华大学出版社
北京交通大学出版社
·北京·

内 容 简 介

本书以《中华人民共和国会计法》、《企业会计准则》、《企业财务通则》为指导，系统地阐述了会计的基本理论、基本方法和基本操作技术；讨论了会计的职能、特点、对象、目标，会计基本假设和会计信息质量要求；较为全面地介绍了会计核算的专门方法，设置会计科目与账户、复式记账、填制和审核会计凭证、登记账簿、财产清查和编制会计报表等；较详细介绍了会计核算组织程序。为了帮助读者有的放矢地学习本书内容，本书在每章开始，都设有学习目标；为了帮助读者更好地拓宽知识面，本书设有“知识链接”内容；为了帮助读者理解本书内容，本书在每章结尾均设有复习思考题。

本书既可作为会计学的入门教材，也可供会计从业人员、会计教师和自学者等参考。

图书在版编目(CIP)数据

基础会计学/戴华江，易爱军，武玉清主编．—北京：清华大学出版社；北京交通大学出版社，2010.8(2019.1 重印)
(21 世纪经济学类管理学类专业主干课程系列教材)
ISBN 978－7－5121－0349－8

Ⅰ.①基…　Ⅱ.①戴…　②易…　③武…　Ⅲ.①会计学－高等学校－教材　Ⅳ.①F230

中国版本图书馆 CIP 数据核字(2010)第 174603 号

责任编辑：郭东青
出版发行：清 华 大 学 出 版 社　邮编：100084　电话：010－62776969　http://www.tup.com.cn
　　　　　北京交通大学出版社　邮编：100044　电话：010－51686414　http://press.bjtu.edu.cn
印 刷 者：北京时代华都印刷有限公司
经　　销：全国新华书店
开　　本：185×230　印张：18.25　字数：409 千字
版　　次：2010 年 10 月第 1 版　2019 年 1 月第 1 次修订　2019 年 1 月第 5 次印刷
书　　号：ISBN 978－7－5121－0349－8/F·745
印　　数：11 001～12 000 册　定价：49.00 元

本书如有质量问题，请向北京交通大学出版社质监组反映。对您的意见和批评，我们表示欢迎和感谢。
投诉电话：010－51686043，51686008；传真：010－62225406；E-mail：press@bjtu.edu.cn。

前　言

会计产生于实践，是一门为经济服务的专业技术工作。会计的时代性、社会性、技术性、行业特色和企业特色都很强，做一个真正的好会计，一定要在深刻理解会计基本原理和掌握基本操作技术的基础上，结合服务对象的生产经营情况，运用适当的方法组织符合企业个性的会计核算，解决企业管理的整体和具体问题。

基础会计是会计学和其他经济管理等专业的一门主干专业基础课。本书以《中华人民共和国会计法》、《企业会计准则》、《企业财务通则》、《企业会计制度》为指导，以为学习各门专业会计课程奠定基础为目的，系统地阐述了会计的基本理论、基本方法和基本操作技术。在基本理论方面，我们吸取了我国会计学界的最新研究成果，并尽量与国际会计惯例接轨；在基本方法和基本操作技术方面，均以《企业会计准则》和《企业会计制度》为标准，配以实例，由浅入深，循序渐进地阐述会计的基本方法和基本操作技术，使学习者对会计基本工作的全过程有一个完整的理解，为进一步学习会计知识或管理课程打好基础。

本书注重教材构架设计的整体性与科学性，注重各章节之间在内容与方法上的内在联系与逻辑关系，避免与后续课程的交叉与重复。同时，注重本学科的铺垫性与基础性；坚持以简洁易懂的语言阐述或介绍会计理论和最前沿的会计学热点问题；以最基本的会计方法和会计操作技能为主要内容，体现会计核算方法阐述的简明性、内容的充实性和实用性。

全书具有以下特色。

1. 内容新。《基础会计学》以我国2006年2月15日颁布的最新企业会计准则为依据，总结了多年基础会计课程教学的改革成果，以够用、实用、适用为原则，精心安排了各章内容。

2. 体例新。《基础会计学》采用学生自主学习的教育理念，编写上突出了“互动性”和“应用性”，每一章章前都设有学习目标，章后设有“本章小结”、“知识链接”、“参考文献”、“复习思考题”等栏目，突出重点和难点，引导学生进行自主学习、思维理解，打破了传统教材“单纯叙述”的模式。

3. 职业性强。一是融职业标准于教材之中。《基础会计学》在重点、难点方面的把握和每章最后强化训练题的设计上，高度融合了会计从业资格和助理会计师考核要求，突出了“三基”教育，即会计基本原理、基本方法和基本操作技能的教育。可以为学生顺利获取会计从业资格证书和助理会计师资格证书打下坚实的基础。二是力求创造“真实”的职业氛围。书中采用了真实的凭证、账页、报表，尤其是综合实训以真实的票证、单证、账表再现企业主要经济业务，为学生创造了真实的会计工作环境，使学生在“身临其境”之中快速掌握账务处理的基本要领和流程。

本书可作为本科院校各专业基础会计教材，也可作为高职高专及各类成人院校及企业职工的培训教材，还可作为准备从事会计工作的人员掌握会计基础知识与技能的自学用书。书中所用例题中的当事人均作了“化名”处理，如有雷同，纯属巧合，敬请谅解。为便于教师教学，《基础会计学》提供了配套的电子教案、教学大纲、实训指导书、试题库。

《基础会计学》由戴华江、易爱军、武玉清任主编；宋丽娟、王立英、陈建芸任副主编；肖侠、薛淑娟、骆阳、王朋才也参加了编写工作。具体编写分工为：易爱军编写第一、二章；武玉清编写第三章；武玉清、戴华江编写第四章；宋丽娟编写第五章；王朋才、武玉清编写第六章；薛淑娟、王朋才编写第七章；陈建芸编写第八章；肖侠、戴华江编写第九章；戴华江编写第十章；骆阳、易爱军编写第十一章；王立英编写第十二章；最后由戴华江、易爱军、武玉清总纂成书。

在完成本教材的初稿阶段，参加编写的全体人员正处于教学任务最繁忙的阶段，尽管编写人员努力做到严谨、正确，但书中难免有错误和不足，敬请广大师生批评指正。

编　者

2010 年 8 月

目　　录

第一章

总　　论

◆学习目标◆

1. 理解会计的概念和特点；
2. 了解会计的产生和发展；
3. 了解会计核算的对象和方法；
4. 理解会计的基本职能及各职能之间的相互关系。

第一节 会计概述

一、会计的概念和特征

（一）会计的概念

我国“会计”一词起源于西周时期，“会”指会合和总计财货，“计”指将零星分散之财物进行正确的计算。清代学者焦循在其所著《孟子正义》一书中对会计原始含义进行了概括：“零星算之为计，总和算之为会”，意思是日常的零星计算和岁末的全年总和计算合起来，称为会计。

随着会计信息在社会经济工作中的作用越来越重要，以及人们对会计本质认识的不同，会计的概念也在不断发生变化，相继出现了“工具论”、“信息系统论”、“管理活动论”等不同的定义。其中以会计信息系统论和管理活动论较具代表性。

会计信息系统论的思想最早起源于美国会计学家 A. C. 利特尔顿，20 世纪 60 年代后期，美国会计学界和会计职业界开始倾向于该定义。该理论认为：“会计（Accounting）是为提高企业和各单位的经济效益，加强经济管理而建立的一个以提供财务管理信息为主的经济信息系统。”在我国，以余绪缨、葛家澍、唐予华等教授为代表，也认为会计是一种信息系统。

管理活动论则认为：“会计是经济管理的重要组成部分，是以提供经济信息、提高经济效益为目的的一种管理活动。它以货币为主要计量单位，采用一系列专门的程序和方法，对社会再生产过程中的资金运动进行反映和监督。”这种观点认为管理的目的是提供经济信息，提高经济效益；管理的形式主要是进行价值形式管理；管理方法具有专门的程序与方法；管理内容是资金运动；管理职能是反映与监督。我国持该派观点的学者主要有杨纪琬、阎达伍等教授。

一般认为，“会计管理活动论”的观点代表了我国会计改革的思路与方向，是对会计本质问题的科学论断，在此基础上，现代会计的概念可表述为：会计是以货币为主要计量单位，借助于专门的程序及方法，对企事业单位和其他经济组织的经济活动进行全面、连续、系统地反映与监督的一种经济管理活动。

（二）会计的特征

会计的基本特征如下：

（1）会计以货币为主要计量单位；

（2）会计拥有一系列专门方法，包括会计的核算方法、会计的监督方法、会计的分析方法；

（3）会计具有核算和监督的基本职能；

（4）会计的本质就是管理活动。

二、会计的产生与发展

物质资料的生产是会计产生和发展的基础，从会计产生和发展的历程可以看出，会计是适应生产活动发展的需要而产生的，是由社会环境所决定和制约的，并随着生产的发展而发展，经历了一个由低级到高级，从简单到复杂，从不完善到逐步完善的发展过程。经济越发展，会计越重要。

（一）古代会计

从奴隶社会的繁荣时期到15世纪末，单式簿记开始产生并不断得到发展，一般将这一时期的会计称之为古代会计或古代簿记。

在原始社会，当生产力发展到一定水平的时候，生产活动频繁，劳动产品增加，剩余产品出现，对生产活动的计算和计量仅凭部落首领的头脑记忆已远远不够，于是产生了“结绳记事”、“刻竹作书”等记录和计算方法，这是古代会计的萌芽。我国从公元前22世纪末到公元前17世纪初在夏朝就开始设置会计，西周时是我国奴隶社会的鼎盛时期，也是我国奴隶社会会计快速发展的时期，开始出现了会计工作者“司会”，而且在《周礼·天官》中首次出现了“会计”一词。秦汉时期是我国商品货币经济发展的繁荣时期，也是我国民间会计发展的辉煌时期，这个时期早期会计账簿的雏形“籍书”开始出现，“入－出＝余”的基本结算公式在秦代得到明确的应用。唐宋时期是封建经济发展的高峰时期，也是我国古代会计全面发展的时期，尤其是记账方法的发展，唐宋时期有了专门的结账方法，出现了“四柱清册”，四柱指：旧管、新收、开除、实在，其含义分别相当于期初余额、本期收入、本期支出、期末余额，并归纳出了四柱之间的平衡关系：旧管＋新收＝开除＋实在。

在国外，会计的萌芽产生得也很早。在原始社会末期，埃及已经运用纸草进行经济事项的计量与记录，该计量和记录具有单式会计记录的特点，纸草文书是埃及古老的原始账单，为世界上最早的会计文献之一。大约公元前4000年，埃及奴隶制国家产生，在国家的财政组织中，设置了记录官、出纳官、国库长官、监督官等官员，官厅会计成为其不可缺少的组成部分。民间会计的发展以早期的商业会计和庄园会计的进步为代表，当时民间已存在土地买卖、继承、转让及债权债务的结算关系，庄园里常配备管家和会计人员管理经济事务，编制账册，汇总上报。如古埃及法老设有专职“录事”，管理宫廷的税赋收入和官吏俸禄、军饷等各项支出。古巴比伦在瓦片上作商业交易的记录。13世纪初期，地中海沿岸封建社会开始解体，资本主义开始萌芽，意大利的佛罗伦萨出现高利贷者，他们从官吏、富商手中将闲散钱财聚集起来，放给手工业者，用“借”和“贷”分别反映其业务，这是借贷记账法的萌芽。

（二）近代会计

近代会计的发展阶段从15世纪末到19世纪30年代末期，一般将卢卡·帕乔利（Luca Pacioli）复式簿记著作的出版和会计职业的出现视为近代会计史的两个里程碑。

1494年，意大利数学家卢卡·帕乔利在《算术、几何、比及比例概要》中的“簿记论”一章中，系统地总结了借贷记账法，成为借贷记账法理论形成的重要标志。卢卡·帕乔利因此也被尊称为“近代会计之父”。随后，复式簿记在意大利迅速得到普及和发展完善。与此同时，会计从特殊的、专门委托有关当事人的独立的职能发展成为一种职业。

我国明清两代，社会经济发生变化，新的生产方式、经营方式和新的剥削关系催生了与之相适应的新经营管理制度和新会计核算方法，明末清初有了我国最早的复式记账法“龙门账”，把全部经济业务划分为进、缴、存、该四大类，“进”指收入，“缴”指支出，“存”指资产，“该”指负债，它们之间的关系为：进 - 缴 = 存 - 该。清朝后期从国外引进西文复式簿记，后来又出现了《中式改良簿记》，并于1905年正式从国外引入借贷记账法。

（三）现代会计

19世纪30年代末期，簿记（Bookkeeping）开始向会计（Accounting）演变，簿记工作开始向会计工作演变，簿记学开始向会计学演变，标志着人类进入了现代会计的发展时期。

这一时期，随着社会生产力水平的进一步提高，商品经济规模进一步扩大，科学技术迅猛发展，管理手段不断更新，会计也逐步从简单的计量、记录、比较所得与所费的行为，发展成为一门包括有完整方法体系的学科，会计的目的也从仅仅对财产记录、为财产的分配服务发展到对经济活动的核算和管理。进入20世纪以来，特别是第二次世界大战以后，随着市场竞争的加剧，会计又从侧重于对经济活动的结果进行计量、记录和报告，发展到对经济活动的全过程进行控制和监督。现代会计的变化主要表现在以下四个方面：①会计学基础理论创立；②会计理论和方法逐渐分化为财务会计和管理会计两大分支；③审计基本理论创立；④会计电算化的产生和应用。

三、会计的目标和职能

（一）会计的目标

会计目标的研究一直是会计理论界的一个热点问题。以美国为代表的西方会计界主要是从20世纪60年代开始探讨会计目标，并逐渐将其视为会计理论研究的起点，这在美国财务会计概念结构中表现得尤为突出。70年代后美国会计界关于会计目标的研究，形成了受托责任学派和决策有用学派两个学派。而目前我国会计理论界对于会计目标的探讨，也主要局限于这两个学派之争。

“受托责任观”认为，会计的目标是反映受托者对受托责任的履行情况，会计应以提供反映经营业绩的信息为重心，在反映信息时主要强调客观性和可靠性，在资本市场不太发达的情况下，“受托责任观”能使企业的会计行为与其经济行为相一致，比较切合实际。

“决策有用观”认为，会计的目标是向财务信息的使用者提供有助于他们作出合理的投资、信贷及相关决策的信息，应以提供反映企业现金流量的信息为重心，主要强调相关性和有用性。在资本市场比较成熟的情况下，“决策有用观”能使会计的理论和方法产生质的飞跃，显得更加科学。

国际会计准则委员会发布的《关于编制和提供财务报表的框架》中提出，财务报表的目标是提供经济决策中有助于一系列使用者的关于企业财务状况、经营业绩和财务状况变动的资料；同时指出财务报表还反映企业管理当局对交付给他的资源的受托管理责任或经管责任的成果。由此可以看出，“受托责任观”和“决策有用观”两种观点实际上是相互联系、相互补充的。

（二）会计的职能

会计职能是指会计在经济管理中客观上所具有的功能，是会计本质的体现。会计职能具有客观性和相对稳定性。现代会计的基本职能可归纳为两种：反映（核算）职能与监督（控制）职能。

1. 会计的核算职能

会计的核算职能是指会计以货币为主要计量单位，通过确认、记录、计算、报告等环节，对特定主体的经济活动进行记账、算账、报账，为有关方面提供会计信息的功能。会计核算是会计的首要职能，也是全部会计管理工作的基础。会计核算职能一般具有以下特点。

（1）会计是以货币作为主要计量单位，实物量、劳动量等为辅助计量单位，综合反映各单位的经济活动情况。

（2）会计核算不仅是记录已经发生或已经完成的经济业务，还要面向未来，为各单位的经营决策和管理控制提供依据。

（3）会计核算所产生的会计信息应具有完整性、连续性和系统性。

2. 会计的监督职能

会计的监督职能是指会计按照一定的目的和要求，以及有关的法规和计划等，对会计主体经济活动的合理性、合法性进行审查控制的功能。会计监督是经济监督的重要组成部分，主要采用调节、指导、控制等手段，对核算单位的经济活动施加影响，使其按照国家的方针政策、会计法规有序地运行，并达到保护财产安全完整、提高经济效益的预期目的。监督职能具有如下特点。

（1）会计监督主要是利用核算职能所提供的各种价值指标进行的货币监督。

（2）会计监督是一个包括事前监督、日常监督和事后监督的过程。

会计核算和会计监督是两个既相互联系又相对独立的基本职能，会计核算是实行会计监督的前提和基础，会计监督是会计核算正确性的保证。如果没有可靠的会计核算资料，会计监督就会失去客观依据；没有严格的会计监督，会计核算就会失去其正确性。在实际工作中，核算和监督又是交叉的，监督寓于核算之中，核算又要借助于监督，两者互相依存，互相渗透，紧密联系。

除以上核算和监督两职能说外，关于会计职能的说法还有三职能直至九职能说，目前国内会计学界比较流行的是六职能说，即反映经济情况、监督经济活动、控制经济过程、分析经济效果、预测经济前景、参与经济决策六项职能，其中，反映和监督职能是后四项职能的基础，后四项职能是前两项职能的延伸和提高。

四、会计的任务和作用

（一）会计的任务

会计的任务是指会计的职能所应该完成的工作，是会计职能的具体化，即会计应当完成的工作。会计的根本任务是：根据国家的财经法规、会计准则和会计制度进行会计核算，提供以财务数据为主的经济信息，并利用取得的经济信息对会计主体的经济业务进行监督、控制，以提高经济效益，并服务于会计信息使用者。会计任务具体包括以下三个方面。

（1）反映和监督各会计主体对财经法规、会计准则和会计制度的执行情况，维护财经纪律。

（2）反映和监督各会计主体的经济活动和财务收支，提供会计信息，加强经济管理。

（3）充分利用会计信息，预测经济前景，参与经营决策。

（二）会计的作用

会计的作用是指会计的各项职能在实现之后所产生的效果，具体可以概括如下。

（1）为国家进行宏观经济调控提供信息。

（2）为企业加强经济核算和管理提供信息。

（3）为投资者进行经济决策提供信息。

（4）保证投资者投入资产的安全完整。

第二节 会计核算的对象和方法

一、会计对象的概念

会计对象是指会计核算和监督的内容，具体指社会再生产过程中能够用货币计量的经济活动，或者说是再生产过程中的资金运动。

资金运动包括各特定主体的资金投入、资金运用和资金退出等过程。特定主体的经济活动是多方面的，不同性质的会计主体其经济活动各不相同。

（一）制造业的会计对象

制造业资金的投入主要来源于特定会计主体的所有者和债权人，前者的投入属于企业所有者权益，后者的投入属于企业债权人权益。

制造业资金的运用即资金在企业中的循环和周转。投入企业的资金必须用于建造厂房、购买机器设备、购买原材料，为生产产品做必要的物资准备，这就是企业的采购过程；企业劳动者借助劳动手段对劳动对象进行加工，企业支付职工工资和生产经营中必要的开支，实现生产要素的有机结合并最终生产出产品，这就是企业的生产过程；企业将生产的产品对外销售并取得收入，这就是销售过程；企业取得收入后，将收入与为取得收入而发生的成本费用进行比较，计算确定生产经营成果。在上述过程中，劳动对象的实物形态由原材料转化为在产品，再转化为库存商品；资金形态也相应地由货币资金转化为储备资金、生产资金、成品资金，最后又回到货币资金形态。

制造业资金的退出，包括偿还各项债务、上缴各项税费、向所有者分配利润等，使得部分资金离开企业，退出企业的资金循环与周转。

（二）商品流通企业的会计对象

商品流通企业的经营活动分为商品购进和商品销售两个过程，购进阶段主要是采购商品，此时货币资金转化为商品资金；销售阶段主要是销售商品，商品资金又转化为货币资金。其资金运动方式为：货币资金—商品资金—货币资金。

（三）行政、事业单位的会计对象

非营利性的行政、事业单位为完成其本身的任务，同样也需要一定数量的资金，这些资金主要由国家财政拨付，按规定用途使用，一般称为预算资金。其资金运动主要表现为预算资金的收支，它与企业单位的区别是：不形成资金周而复始的循环与周转，预算资金支出以后就退出单位或形成单位内部新的物资。

二、会计方法

（一）会计方法体系

会计方法是用来反映和监督会计对象，完成会计任务的手段。会计方法主要包括会计核算方法、会计分析方法和会计检查方法。

会计核算方法是对各单位已经发生的经济业务进行连续、系统、完整的反映和监督所使用的方法。会计分析方法是指利用会计核算资料，对经济活动的效果进行分析和评价的方法。会计检查方法也称审计，是检查经济活动的合理合法性、真实准确性的方法。其中会计核算方法是对经济业务进行全面、连续、系统的记录和计算，为经营管理提供必要的信息所应用的方法，它是整个会计方法体系的基础。

（二）会计核算方法

会计核算方法由设置账户、复式记账、填制和审核会计凭证、登记会计账簿、成本计算、财产清查和编制财务会计报告等七种具体方法构成，该七种方法构成了一个完整的、科学的方法体系。

1. 设置账户

设置账户是指根据会计对象的特点和经济管理的要求，科学地确定会计对象分类项目的过程，是分类核算和监督会计对象的专门方法。进行会计核算之前，首先应将各种错综复杂的会计对象的具体内容进行科学的分类，通过分类的反映和控制，才能提供经济管理所需要的各种指标。

2. 复式记账

复式记账是指对发生的每笔经济业务以相等的金额在相关的两个或两个以上的账户登记的专门方法。复式记账既可以相互联系地反映经济业务的全貌，也便于检查账簿记录是否正确。

3. 填制和审核会计凭证

填制和审核会计凭证是指审查经济业务是否合理、合法，保证账簿记录正确、完整的方法。填制和审核会计凭证可以为经济管理提供真实可靠的会计信息。

4. 登记会计账簿

登记会计账簿是指按经济业务发生的顺序，分门别类地在账户的载体——账簿中记录的专门方法。账簿所提供的会计信息，是编制会计报表的主要依据。

5. 成本计算

成本计算是指归集一定计算对象上的全部费用，借以确定其总成本和单位成本的专门方法。通过成本计算，可以考核和监督企业经营过程中所发生的各项费用是否节约，以便采取措施，降低成本，提高企业经济效益。

6. 财产清查

财产清查是指通过盘点实物等查明财产的实存数与账存数是否相符的方法。财产清查对于保证会计核算资料的正确性和监督财产的安全与合理使用具有重要作用，是会计核算必不可少的方法。

7. 编制财务会计报告

编制财务会计报告是指定期反映企业的财务状况、经营成果和现金流量等情况的方法。财务报告所提供的一系列核算指标，是考核和分析财务计划和预算执行情况及编制下期财务计划和预算的重要依据，也是进行国民经济综合平衡必不可少的资料。

各单位必须按照国家统一的会计制度要求设置会计科目和账户、复式记账、填制会计凭证、登记会计账簿、进行成本核算、财产清查和编制财务会计报告，会计核算的这七种方法相互联系，缺一不可，形成了一个完整的方法体系。

本章小结

1. 随着会计信息在社会经济工作中发挥越来越重要的作用，会计的概念也在不断发生变化。会计是以货币为主要计量单位，以会计凭证为依据，借助于专门的程序及方法，对特定主体的经济活动进行全面、综合、连续、系统的反映与监督的一种经济管理活动。

2. 会计产生以后，经历了一个由低级到高级，从简单到复杂，从不完善到逐步完善的发展过程。社会环境的演进，影响着会计理论、技术和方法的不断变革和完善。反过来，人们利用会计理论和方法来管理经济又必然影响其所处的社会环境。

3. 现代会计的基本职能可归纳为两种：反映（核算）职能与监督（控制）职能。会计核算和会计监督是两个既相互联系又相对独立的基本职能，会计核算是实行会计监督的前提和基础，如果没有可靠的会计核算资料，会计监督就会失去客观依据；反之，没有严格的会计监督，会计核算就失去其正确性，因此会计监督是会计核算正确性的保证。

4. 会计的特点是以货币为主要计量尺度；会计核算具有连续性、系统性、综合性和全面性的特点；会计具有一整套科学实用的专门方法。

5. 会计对象就是会计核算和监督的内容。具体指社会再生产过程中能够用货币计量的经济活动，或者说是再生产过程中的资金运动。

6. 会计核算方法一般包括：设置账户、复式记账、填制和审核会计凭证、登记会计账簿、成本计算、财产清查和编制财务会计报告七种方法。

知识链接：我国会计起源还能说迟吗？

20世纪30年代以来，对于我国会计的成因、起源有过各种不同的说法，传说在禹夏时代，大禹王曾在江南茅山召开过一次诸侯会议，考评诸侯的功绩。这次计功大会刚刚结束，大禹王便死了。当时，诸侯们举行了隆重的葬礼，把他的遗体安葬在茅山上。为了纪念大禹和他主持召开的这次会议，经诸侯商定，把茅山更名为“会稽山”。而这个“会稽”便是今天“会计”的起源。接下来又有人发展了这一传说，他们把大禹王召开的这次会议，说成是“我国历史上第一次会计会议”。

有人不同意这种说法，他们是用两本最早记载有“会计”二字的古书来否定以上传说的。这两本书一本叫做《周礼》，一本叫做《孟子》。他们认为由于《周礼》和《孟子》都是战国时代的作品，故“会计”二字的起源当在战国时代。

其实，第一种说法证据不足，其结论未免过于轻率；而第二种说法又过于拘谨，以致忽视了第一个事实，从而使自己的论据处在自相矛盾的状况之中。因为他们在确认《孟子》成书于战国时代的同时，也确认了《孟子》中所记载的孔子关于“会计，当而已矣”的言论。然而孔夫子出生在春秋时期，而不是战国时代，既然承认孔子的一句名言，那么按道理讲，“会计”命名的起源当在春秋时期，而不在战国时代。

事实上，“会计”二字的成因及命名的起源发生于西周时代，它的产生经历着一个漫长而又十分有趣的过程。

在西周以前所应用的文字中，尚未发现开会的“会”字，也无“会计”二字。当时人们表达“开会”、“集会”、“相会”之类的意思用的是“合”字；反映事物数量的增加或数目相加也用的是“合”字。由于“合”字的用处较多，在使用过程中人们越来越感到不方便，而且也越来越感到用“合”字来表达“会计”方面的意思很不确切、妥当。这样，大约到西周中后期，人们便根据“开会”及“会计”这两个方面的含义逐步摸索创造新的字形，最后终于使这两方面的含义从“合”字中分离出来。这个被创造出来的新字形便是金文中的“会”。

会计中的“计”字是由“十”和“言”这两个母体字组合而成的，“计”字的意义包含于“言”和“十”之中。相传在远古时代，人们通常把部落所在地称为中央，把部落的周围区别为四方，即现在所讲的东西南北四方，而中央与四方组合在一起，便构成了“十”字的形体。那时候，每逢出猎，部落里的首领便按照四方分派猎手。分四路出去，而后又按这四路返回部落。按照规定，各路出猎归来必须如实报告捕获猎物的数目，最后由部落首领汇总计算，求得一个总数，以便考虑所获猎物在部落范围内的分配问题。这种零星计算四方收获猎物的举动，便构成了“计”字一方面的含义。

在远古时代，当文字和书写工具尚未发明的时候，各路出猎者向部落首领报告猎物数目是用口头语言加以表达的。不同种类的猎物各是多少，总共是多少，都要求正确、真实地表达出来，不容许隐瞒和虚报。这种正确而无隐瞒的口头计算与报告便又构成了“计”字另一方面的含义。这样，“言”与“十”合在一起便构成了“计”字的形体，而“言”与“十”这两方面的含义合一，便使“计”字具有正确进行计算的意思了。

东汉时，我国古代著名的文字学家许慎在《说文解字》这部著作中对“会计”二字又从字义上作出详解，其中尤其强调“计”字中含有正确计算之意。清代的文字训诂学家段玉裁，也在他的《说文解字注》一书中对“会”字的构成作了详细的说明。同时，清代数学家焦循针对西周时人们对于“会计”概念的认识指出：“零星算之为计，总合算之为会。”这是对于西周时代“会计”概念的正确总结。

资料来源：admin. 天才培训网

参考文献

[1] 李桂媛，迟旭升．基础会计．大连：东北财经大学出版社，2001.
[2] 中华人民共和国财政部．企业会计制度．北京：经济科学出版社，2001.
[3] 江苏省会计从业资格考试辅导教材编写组．会计基础．北京：中国财政经济出版社，2007.
[4] 会计从业资格考试研究编审组．会计基础．北京：经济科学出版社，2007.
[5] 陈国辉．基础会计．大连：东北财经大学出版社，2007.

复习思考题

1. 什么是会计？会计有什么特点？
2. 会计有哪些基本职能？
3. 会计核算的对象和方法是什么？
4. 会计的基本职能及各职能之间的相互关系如何？
5. 会计核算方法包括哪些内容？

第二章

会计要素和会计平衡公式

◆学习目标◆

1. 理解会计要素的概念；
2. 熟练掌握会计要素的构成；
3. 了解会计各要素的具体内容；
4. 熟练掌握会计基本等式；
5. 能根据会计平衡公式中各要素之间的关系，分析不同经济业务类型对会计要素的影响。

第一节　会计要素

一、会计要素

在现代经济社会生活中，企业的经营活动多种多样，而每天所发生的业务事项更是数不胜数，为了便于会计确认、计量、记录和报告，增加会计资料的效用，以及适应不同会计主体的要求，有必要使会计对象更加具体化。会计对象的具体内容及形式，在会计上称为会计要素(Accounting Elements)，它是会计对象最基本的组成部分，故又称会计对象要素。会计要素又是特定会计报表的基本框架内容，因而又称为会计报表要素。明确会计要素对于正确制定会计确认和计量标准、设置会计科目、编制会计报表、进行会计核算和监督等都具有重要的意义。

根据我国长期的会计实践及具体情况，并借鉴国外经验，我国企业会计准则规定的企业会计的基本要素分为：资产、负债、所有者权益、收入、费用、利润六项。其中，资产、负债、所有者权益三项会计要素表现资金运动的相对静止状态，即反映企业的财务状况；收入、费用、利润三项会计要素表现资金运动的显著变动状态，即反映企业的经营成果。

(一) 反映企业财务状况的会计要素

1. 资产

资产（Assets）是指企业过去的交易或者事项形成的、由企业拥有或者控制的、预期会给企业带来经济利益的资源。这里所指的企业过去的交易或者事项包括购买、生产、建造行为、其他交易或者事项。预期在未来发生的交易或者事项不形成资产。由企业拥有或者控制，是指企业享有某项资源的所有权，或者虽然不享有某项资源的所有权，但该资源能被企业所控制。预期会给企业带来经济利益，是指直接或者间接导致现金和现金等价物流入企业的潜力。

资产具有以下几方面的特征：

(1) 资产是预期能给企业带来经济利益的经济资源；

(2) 资产是企业拥有或控制的资源；

(3) 资产是由过去的交易或事项形成的。

将一项资源确认为资产，需要符合资产的定义，并同时满足以下两个条件：

(1) 与该资源有关的经济利益很可能流入企业；

(2) 该资源的成本或者价值能够可靠地计量。

资产可以按不同标准进行分类，比较常见的是按照流动性和按有无实物形态分。按流动性划分，可以分为流动资产和非流动资产。

（1）流动资产。流动资产指预计在一个正常营业周期中变现、出售或耗用，或者主要为交易目的而持有，或者预计在资产负债表日起一年内变现的资产，以及自资产负债表日起一年内交换其他资产或清偿负债的能力不受限制的现金或现金等价物。流动资产主要包括库存现金、银行存款、交易性金融资产、应收及预付款项、存货等。

① 库存现金。它是企业流动性最强的流动资产，可以随时用于购买所需财产物资，也可以用于偿还债务、支付各种费用，也可以随时存入银行。

② 银行存款。指企业存放在银行或者其他金融机构的可自由支取使用的存款。

③ 交易性金融资产。企业为了近期内出售而持有的金融资产。如企业以赚取差价为目的从二级市场购入的股票、债券和基金等，应分类为交易性金融资产。

④ 应收及预付款项。指应收而尚未收回的账款和预付的购货款等，属于短期债权。包括应收票据、应收账款、预付账款、其他应收款等。

⑤ 存货。指企业在生产经营过程中为销售或耗用而储存的各种资产，如原材料、库存商品等。

（2）非流动资产。非流动资产也称长期资产，是指流动资产以外的资产。非流动资产主要有以下几种类型。

① 长期股权投资。包括对子公司投资、对合营企业投资、对联营企业投资不具有共同控制和重大影响，并且在活跃市场中没有报价、公允价值不能可靠计量的权益性投资。

② 固定资产。指同时具有以下两个特征的有形资产：为生产商品、提供劳务、出租或经营管理而持有的；使用寿命超过一个会计年度。固定资产一般包括房屋及建筑物、机器设备、运输设备和工具器具等。

③ 无形资产。指企业拥有或者控制的没有实物形态的可辨认非货币性资产，包括专利权、非专利技术、商标权、著作权、土地使用权和特许权等。

④ 其他资产。除长期股权投资、固定资产、无形资产等以外的长期投资，如长期待摊费用。

2. 负债

负债（Liabilities）是指企业过去的交易或者事项形成的、预期会导致经济利益流出企业的现时义务。

负债具有以下几个方面的特征：

（1）负债是企业承担的现时义务；

（2）负债的清偿预期会导致经济利益流出企业；

（3）负债是过去的交易或事项形成的。

将一项义务确认为负债，需要符合负债的定义，并同时满足以下两个条件：

（1）与该义务有关的经济利益很可能流出企业；

（2）未来流出的经济利益能够可靠地计量。

现时义务是指企业在现行条件下已承担的义务。未来发生的交易或者事项形成的义务，不属于现时义务，不应当确认为负债。

负债按其流动性分为流动负债和非流动负债。

（1）流动负债。流动负债是指将预计在一个正常营业周期中偿还，或者主要为交易目的而持有，或者自资产负债表日起一年内到期应予以清偿，或者企业无权自主地将清偿期推迟至资产负债表日后一年以上的负债。

流动负债主要有以下几种类型：短期借款、应付票据、应付款项、应付职工薪酬、预收账款、应交税费、应付利息、应付股利等。

① 短期借款。为维持正常生产经营周转且偿还期在一年以内的各种借款。

② 应付票据。因购买材料、商品或接受劳务而开出的商业汇票。

③ 应付款项。指因赊购货物或接受劳务等原因而发生尚未支付的、预收的或应付的款项。包括应付账款、预收账款、其他应付款和应付股利等。

④ 应付职工薪酬。指企业应付而未付给员工的各种劳动薪酬。

⑤ 预收账款。指企业按合同规定向购货单位预收的款项。

⑥ 应交税费。指企业应缴纳的各种税费。

⑦ 应付利息。指企业按照合同约定应支付的利息。

⑧ 应付股利。指企业经过董事会或股东大会或类似机构决议确定分配的现金股利或利润。

（2）非流动负债。非流动负债是指流动负债以外的负债，主要包括长期借款、应付债券等。

① 长期借款。指企业为购置长期资产且偿还期在一年以上的各种借款。

② 应付债券。指企业因发行债券筹集资金而形成的一种长期负债。

3. 所有者权益

所有者权益（Ownership Interest）是指企业资产扣除负债后由所有者享有的剩余权益。公司的所有者权益又称为股东权益。

所有者权益的来源包括所有者投入的资本、直接计入所有者权益的利得和损失、留存收益等。

所有者权益具有以下特征：

（1）是一种剩余权益；

（2）一般而言，它是一项永久性投资，即除非发生减资、清算，所有者的资产一经投入，企业不需要偿还所有者权益；

（3）所有者凭借所有者权益能够参与利润的分配。

所有者权益一般分为实收资本（或股本）、资本公积、盈余公积、未分配利润等项目。盈余公积和未分配利润又统称为留存收益。

（1）实收资本。实收资本是指企业实际收到的，投资者按照公司章程或合同、协议约定的出资比例所投入的资本。实收资本是企业的法定资本，是投资者承担法律义务的最高限度，投资者应及时足额投入，并不得任意变更、抽逃资本。股本指股份有限公司实际发行的股票的面值。

（2）资本公积。资本公积包括资本溢价（或股本溢价）及直接计入所有者权益的利得和损失等。资本溢价（或股本溢价）指所有者投入资本中超过注册资本或股本部分的金额。

（3）盈余公积。盈余公积是指企业按规定从净利润中提取的企业积累资金。包括法定盈余公积和任意盈余公积两部分。法定盈余公积按税后利润的10%计提，达到注册资本50%时可以不再提取，任意盈余公积由企业根据公司章程或股东大会决议提取。

（4）未分配利润。未分配利润是指企业留待以后年度分配的利润或本年度待分配的利润。

（二）反映企业经营成果的会计要素

1. 收入

收入（Revenue）是指企业在日常活动中形成的、会导致所有者权益增加的、与所有者投入资本无关的经济利益的总流入。收入只有在经济利益很可能流入从而导致企业资产增加或者负债减少、且经济利益的流入额能够可靠计量时才能予以确认。

收入具有以下特征：

（1）收入应当是企业在日常活动中产生的，而不是从偶发的交易或事项中产生；

（2）收入能导致企业所有者权益的增加；

（3）收入的取得会导致经济利益流入企业；

（4）收入只包括本企业经济利益的流入，而不包括为第三方或客户代收的款项；

（5）收入与所有者投入资本无关。

收入在确认时除了应当符合收入定义外，还应当满足严格的确认条件。收入的确认至少应当符合以下条件：

（1）与收入相关的经济利益应当很可能流入企业；

（2）经济利益流入企业的结果会导致企业资产的增加或者负债的减少；

（3）经济利益的流入额能够可靠地计量。

收入可以按不同标准进行分类。收入按经营业务的主次可分为主营业务收入和其他业务收入。

（1）主营业务收入。主营业务收入是指企业经常发生的、主要业务所产生的收入。它一般占企业营业收入的比重很大，如销售商品收入等。

（2）其他业务收入。其他业务收入是指企业主营业务以外的经营业务所取得的收入。它一般占企业营业收入的比重不是很大，如原材料销售收入、固定资产出租收入、包装物出租收入等。

2. 费用

费用（Expenses）是指企业在日常活动中发生的、会导致所有者权益减少的、与向所有者分配利润无关的经济利益的总流出。企业为生产产品、提供劳务等发生的可归属于产品成本、劳务成本等的费用，应当在确认产品销售收入、劳务收入等时，将已销售产品、已提供劳务的成本等计入当期损益。企业发生的支出不产生经济利益的，或者即使能够产生经济利益但不符合或者不再符合资产确认条件的，应当在发生时确认为费用，计入当期损益。企业发生的交易或者事项导致其承担了一项负债而又不确认为一项资产的，应当在发生时确认为费用，计入当期损益。

费用具有以下几个方面的特征：

(1) 费用发生于企业的日常经营活动而不是发生于偶发的交易或事项；

(2) 费用会导致经济利益流出企业；

(3) 费用会导致所有者权益的减少；

(4) 费用与向所有者分配利润无关。

费用的确认除了应当符合费用定义外，还应当满足严格的条件，才能予以确认，费用的确认至少应当符合以下条件：

(1) 与费用相关的经济利益应当很可能流出企业；

(2) 经济利益流出企业的结果会导致资产的减少或者负债的增加；

(3) 经济利益的流出额能够可靠计量。

费用按其性质不同分为营业成本和期间费用。

(1) 营业成本。指销售商品或提供劳务的成本，按所销售商品和提供劳务在日常活动中所处的地位可以分为主营业务成本和其他业务成本。制造业的主营业务成本主要是产品的生产成本，包括直接材料、直接人工和制造费用。

(2) 期间费用。指为产品生产提供正常的条件和进行管理的需要而发生的费用，与产品的生产本身无直接关系，而是与一定期间相联系，应当计入当期损益。主要包括：管理费用、财务费用和销售费用。

① 管理费用。指企业行政管理部门为组织和管理企业生产经营所发生的费用。

② 财务费用。指企业为筹集生产经营所需资金而发生的费用。

③ 销售费用。指企业在销售商品和材料、提供劳务的过程中所发生的各种费用。

3. 利润

利润（Profit）是指企业在一定会计期间的经营成果，利润包括收入减去费用后的净额、直接计入当期利润的利得和损失等。直接计入当期利润的利得和损失，是指应当计入当期损益、会导致所有者权益发生增减变动的、与所有者投入资本或者向所有者分配利润无关的利得或者损失。利润金额取决于收入和费用，直接计入当期利润的利得和损失金额的计量，其内容包括营业利润及营业外收支净额等。

利润具有如下特征：

(1) 利润是收入和费用两个会计要素配比的结果；

（2）利润是广义的收入和广义的费用相抵后的差额；

（3）利润将最终导致所有者权益的增加。

利润的内容如下：

（1）营业利润 = 营业收入 − 营业成本 − 营业税金及附加 − 管理费用 − 销售费用 − 财务费用 − 资产减值损失 ± 公允价值变动损益 ± 投资收益

（2）利润总额 = 营业利润 + 营业外收入 − 营业外支出

（3）净利润 = 利润总额 − 所得税费用

上述诸会计要素中，资产是最基本的要素，其他要素均可用资产来定义，如负债可用资产的请求权表示，所有者权益可用净资产表示，收入可用资产的流入表示，费用可用资产的流出表示。

二、划分会计要素的意义

（1）会计要素是对会计对象的科学分类，是实现会计反映职能，分类、系统地反映会计对象的需要。

（2）会计要素是设置会计科目和会计账户的基本依据。

（3）会计要素是构成会计报表的基本框架。

第二节　会计平衡公式

会计六大要素反映了资金的静止和动态两个方面，它们在数量上存在着特定的平衡关系，这种客观存在的、必然相等的平衡关系用公式来表示，称之为会计等式。

一、会计恒等式的表现形式

（一）基本会计等式

企业为了开展生产经营活动，就必须拥有一定量的资产，如现金、房屋、机器设备等。这些资产都有一定的资金来源，都是投资人或债权人提供的，所以投资人和债权人对企业资产都有要求权，这种要求权称为权益。

资产和权益是同一事物（经济资源）的两个侧面，资产表示的是企业拥有和控制的经济资源的存在形态，而权益则表示企业的经济资源从哪里取得，以及这些资源提供者对企业资产所具有的权益。因此，资产和权益必须同时存在，有一定量的资产，就必定有其相应的资金来源；反之，有一定的资金来源，也必然表现为等量的资产。也就是说，资产和权益相互依存，金额相等。这种平衡关系用公式表示为：

$$资产 = 权益 \quad (1)$$

权益作为对企业资产的要求权，表现为两种形式。①由企业向商业银行、社会公众借入款项，或在企业生产经营过程中由其他企业单位提供商业信用等形成。这种权益，在权益提供者来看，是债权，它要求企业承诺在规定的偿还期内偿还本金，并按一定比例支付使用本金的代价及利息，而从企业角度来看，则是债务。所以，在会计上把债权人的这种权益称为企业的负债。②由资产所有者向企业投入资本，并能供企业长期使用，不规定偿还期，也不需要支付利息，只在日后分享丰厚的利润。这是企业资产最初形成的基本来源，即企业的本钱。这些资产代表着资产所有者得以主张的权利，在会计上习惯称为所有者权益。所有者权益在数量上等于企业的全部资产减去全部负债后的余额，代表着所有者对企业净资产的要求权。综上所述，权益包括债权人权益（即企业的负债）和所有者权益，所以，上式可具体表示为：

$$资产 = 负债 + 所有者权益 \quad (2)$$

以上会计等式在会计学上称为会计基本等式，又称会计方程式、会计平衡公式、会计恒等式。会计基本等式是静态等式，它反映企业在某一时日的资产、负债和所有者权益三者之间存在的恒等关系，表明了企业的财务状况。在这三个基本会计要素中，如果已知其中任何两个金额，则可根据会计等式算出另外一个金额。

会计等式的这种平衡关系，可以用一张简略的资产负债表来反映。

【例 2-1】 华江公司 2009 年 12 月 31 日的资产负债表如表 2-1 所示。

表 2-1

资产负债表

编制单位：华江公司　　2009 年 12 月 31 日　　金额单位：元

资　产	金　额	负债及所有者权益	金　额
库存现金	700	短期借款	40 000
银行存款	24 000	应付票据	60 000
应收账款	6 000	实收资本	200 700
库存商品	70 000		
固定资产	200 000		
合计	300 700	合计	300 700

从表 2-1 中可以看出，华江公司 2009 年年底拥有资产五项，即库存现金 700 元、银行存款 24 000 元、应收账款 6 000 元、库存商品 70 000 元、固定资产 200 000 元，资产总额 300 700 元。这些资产是由债权人和所有者提供的，短期借款 40 000 元、应付票据 60 000 元、构成负债合计 100 000 元，实收资本 200 700 元，负债和所有者权益总计 300 700 元，与资产总额相等。如若已知资产总额为 300 700 元，负债总额为 100 000 元，则可以计算出所有者权益的金额为 307 000 - 100 000 = 200 700 元。

（二）扩展的会计等式

企业的资产投入营运后，随着企业经济活动的进行，一方面，企业会取得收入，另一方面，企业会发生各种各样的费用。合理地比较一定期间的营业收入和费用，便可确定企业在该期间所实现的经营成果。收入大于费用的差额称为利润，反之，差额为亏损。公式表示为：

$$收入-费用=利润 \tag{3}$$

收入、费用、利润之间的上述关系是企业编制利润表的基础。该式反映的是企业在某一段时间内收入、费用和利润这三个会计要素之间的关系，表明了企业一定时期的经营成果。

在会计期初，资金运动处于相对静止状态，企业既没有取得收入，也没有发生费用，因此会计等式就表现为：

$$资产=负债+所有者权益$$

随着企业经营活动的进行，在会计期内，企业一方面取得收入，并因此而引起资产的增加或负债的减少；另一方面要发生各种费用，引起资产的减少或负债的增加。因此，会计等式就变为：

$$资产=负债+所有者权益+(收入-费用) \tag{4}$$

到了会计期末，企业将收入和费用相配比，计算出利润。此时会计等式又转化为：

$$资产=负债+所有者权益+利润 \tag{5}$$

将这一等式称之为扩展的会计等式。企业的利润按规定的程序进行分配，一部分按比例分配给投资者，使企业的资产减少或负债增加，另一部分形成企业的盈余公积和未分配利润，归入所有者权益。这样在会计期末结账之后的会计等式又恢复到会计期初的形式：

$$资产=负债+所有者权益$$

二、经济业务的发生对会计等式的影响

（一）经济业务的概念

经济业务是指在企业生产经营过程中发生的、能够使会计要素增减变化的事项，具体分为交易和事项。交易指会计主体与外界一切单位或个人发生的往来，如购买材料、销售产品、向银行借款、吸收投资等。事项指会计主体内部各部门之间发生的资金活动，如领用材料、固定资产计提折旧、分配费用等。

（二）经济业务的基本类型

经济业务影响扩展会计等式的类型可以归纳为以下四类：①资产与权益同时增加；②资

产与权益同时减少；③资产之间有增有减；④权益之间有增有减。

（1）资产与权益同时增加、增加金额相等，等式保持平衡。

【例 2–2】 2009 年 3 月 10 日华江公司向银行借入为期 6 个月的借款 80 000 元，存入企业存款户。短期借款增加，银行存款增加，资产与负债项目同增，增加金额相等，等式保持平衡。

（2）资产与权益要素同时减少、减少金额相等，等式保持平衡。

【例 2–3】 2009 年 4 月 8 日华江公司以银行存款支付前欠的材料采购款 50 000 元。应付账款减少，银行存款减少，资产与负债项目同减，减少金额相等，等式保持平衡。

（3）资产内部有增有减，增减金额相等，等式保持平衡。

【例 2–4】 2009 年 4 月 15 日华江公司以银行存款购入 3 000 千克原材料，每千克 10 元。原材料增加，银行存款减少，会计等式左方资产项目之间此增彼减，增减金额相等，等式保持平衡。

（4）权益内部有增有减，增减金额相等，等式保持平衡。

【例 2–5】 华江公司经与银行协商，银行同意将公司所欠短期借款 10 万元延缓偿还，期限延长至 3 年。负债中短期借款减少了 10 万元，负债中长期借款增加了 10 万元，一项负债增加，一项负债减少，增减金额相等。

【例 2–6】 2009 年 4 月 15 日华江公司向银行借款 200 万元，后因企业管理不善，发生财务困难，与银行进行债务重组，经协商，银行同意将该笔借款转为对该公司的投资。借款减少 200 万元，实收资本（股本）增加了 200 万元，权益总额未变，负债及所有者权益项目此增彼减，总额不变。

以上四种类型的经济业务进一步展开，又可具体细化为以下九种情形，具体见表 2–2。

表 2–2

九种类型的经济业务对会计等式的影响

经济业务	资　产	负　债	所有者权益
第一种类型	增加	增加	
第二种类型	减少	减少	
第三种类型	增加		增加
第四种类型	减少		减少
第五种类型	增加、减少		
第六种类型		增加、减少	
第七种类型			增加、减少
第八种类型		增加	减少
第九种类型		减少	增加

① 资产与所有者权益同时增加，增加金额相等。

【例 2-7】 华江公司收到 B 公司投入资金 10 万元，款项已存入银行。

这项经济业务发生后，资产中银行存款和所有者权益中实收资本同时增加了 10 万元，资产与所有者权益同时增加，增加金额相等。

② 资产与负债同时增加，增加金额相等。

【例 2-8】 华江公司向银行借入三个月期限的短期借款 5 万元，存入银行。

这项经济业务发生后，资产中银行存款和负债中短期借款同时增加了 5 万元，资产与负债同时增加，增加金额相等。

③ 资产与所有者权益同时减少，减少金额相等。

【例 2-9】 华江公司因缩小经营规模，经批准减少注册资本 8 万元，并以银行存款发还给投资者。

这项经济业务发生后，资产中银行存款和所有者权益中实收资本同时减少了 8 万元，资产与所有者权益同时减少，减少金额相等。

④ 资产与负债同时减少，减少金额相等。

【例 2-10】 华江公司以银行存款偿还上月所欠某公司的材料款 3 万元。

这项经济业务发生后，资产中银行存款和负债中应付账款同时减少了 3 万元，资产与负债同时减少，减少金额相等。

⑤ 一项资产增加，一项资产减少，增减金额相等。

【例 2-11】 华江公司从银行提取现金 10 万元。

这项经济业务发生后，资产中银行存款减少了 10 万元，资产中库存现金增加了 10 万元，一项资产增加，一项资产减少，增减金额相等。

⑥ 一项负债增加，一项负债减少，增减金额相等

【例 2-12】 华江公司经与银行协商，银行同意将公司所欠短期借款 6 万元延缓偿还，期限延长至 3 年。

这项经济业务发生后，负债中短期借款减少了 6 万元，负债中长期借款增加了 6 万元，一项负债增加，一项负债减少，增减金额相等。

⑦ 一项所有者权益增加，一项所有者权益减少，增减金额相等。

【例 2-13】 经批准华江公司将盈余公积 3 万元转增资本。

这项经济业务发生后，所有者权益中盈余公积减少了 3 万元，所有者权益中实收资本增加了 3 万元，一项所有者权益增加，一项所有者权益减少，增减金额相等。

⑧ 一项负债增加，一项所有者权益减少，增减金额相等。

【例 2-14】 华江公司经研究决定，向投资者分配利润 5 万元。

这项经济业务发生后，所有者权益中未分配利润减少了 5 万元，负债中应付利润增加了 5 万元，一项所有者权益减少，一项负债增加，增减金额相等。

⑨ 一项所有者权益增加，一项负债减少，增减金额相等。

【例 2-15】 华江公司与债权人协商并经有关部门批准，将所欠 4 万元应付账款转为资本。

这项经济业务发生后，所有者权益中实收资本增加了 4 万元，负债中应付账款减少了 4 万元，一项负债减少，一项所有者权益增加，增减金额相等。

由此可见，无论企业的经济业务怎样纷繁复杂，不论经济业务引起资产、负债和所有者权益发生怎样的增减变化，都不会破坏会计等式的平衡关系。企业在任何时点所有的资产总额总是等于负债和所有者权益总额。

（三）建立会计等式的重要意义

（1）会计等式的平衡原理揭示了企业会计要素之间的规律性联系。

（2）会计等式是设置会计科目和账户、编制会计报表的理论依据，是复式记账的基础。

本章小结

1. 我国企业会计准则规定的企业会计的基本要素分为：资产、负债、所有者权益、收入、费用、利润六项。其中，资产、负债、所有者权益三项会计要素表现资金运动的相对静止状态，即反映企业的财务状况；收入、费用、利润三项会计要素表现资金运动的显著变动状态，即反映企业的经营成果。

2. 资产是指企业过去的交易或者事项形成的、由企业拥有或者控制的、预期会给企业带来经济利益的资源。资产可以按不同标准进行分类，比较常见的是按照流动性和按有无实物形态分。按流动性划分，可以分为流动资产和非流动资产。

3. 负债是指企业过去的交易或者事项形成的、预期会导致经济利益流出企业的现时义务。负债按其流动性分为流动负债和非流动负债。

4. 所有者权益是指企业资产扣除负债后，由所有者享有的剩余权益。公司的所有者权益又称为股东权益，其金额为资产减去负债后的余额。所有者权益按其来源主要包括所有者投入的资本、直接计入所有者权益的利得和损失、留存收益等。

5. 收入是指企业在日常活动中形成的、会导致所有者权益增加的、与所有者投入资本无关的经济利益的总流入。收入可以按不同标准进行分类。收入按经营业务的主次可分为主营业务收入和其他业务收入。

6. 费用是指企业在日常活动中发生的、会导致所有者权益减少的、与向所有者分配利润无关的经济利益的总流出。

7. 利润是指企业在一定会计期间的经营成果。它是企业在一定会计期间内实现的收入减去费用后的余额。利润包括收入减去费用后的净额、直接计入当期利润的利得和损失等。①营业利润 = 营业收入 - 营业成本 - 营业税金及附加 - 管理费用 - 销售费用 - 财务费用 - 资产减值损失 ± 公允价值变动损益 ± 投资收益；②利润总额 = 营业利润 + 营业外收入 - 营业外支出；③净利润 = 利润总额 - 所得税费用。

8. 资产和权益必须同时存在，有一定量的资产，就必定有其相应的资金来源；反之，有一定的资金来源，也必然表现为等量的资产。也就是说，资产和权益相互依存，金额相等。这种客观存在的、必然相等的关系，称为会计等式。用公式表示为：资产 = 权益。

9. 权益作为对企业资产的要求权，表现为两种形式：债权和所有者权益。资产 = 负债 + 所有者权益，以上会计等式在会计学上称为会计基本等式，又称会计方程式、会计平衡公式、会计恒等式。会计基本等式是静态等式，它反映企业在某一时日的资产、负债和所有者权益三者之间存在的恒等关系，表明了企业的财务状况。

10. 收入 - 费用 = 利润，反映的是企业在某一段时间内收入、费用和利润这三个会计要素之间的关系，表明了企业一定时期的经营成果。收入、费用、利润之间的上述关系是企业编制利润表的基础。

11. 经济业务影响扩展会计等式的类型可以归纳为以下四类：①资产与权益同时增加；②资产与权益同时减少；③资产之间有增有减；④权益之间有增有减。不论经济业务引起资产、负债和所有者权益发生怎样的增减变化，都不会破坏会计等式的平衡关系。企业在任何时点所有的资产总额总是等于负债和所有者权益总额。

知识链接：中外会计要素内容的比较及分析

一、中外会计要素的内容

（一）美国财务会计准则委员会的会计要素

美国财务会计准则委员会（FASB）在1985年12月发表的第6号财务会计概念公告（SFAC NO.6）中，将会计核算对象要素划分为10个，即资产、负债、权益、业主投资、业主派得、营业收入、费用、利得、损失、综合收益。

（二）国际会计准则委员会的会计要素

国际会计准则委员会（IASC）在1989年发布的关于编制和提供财务报表的框架中，将会计要素确定为资产、负债、权益、收益和费用。

二、中外会计要素的差异分析

（一）资产负债表要素的差异分析

FASB将资产负债表要素划分为资产、负债、权益、业主投资和业主派得共五项；IASC将资产负债表要素划分为资产、负债、权益三项；我国的资产负债表要素也划分成资产、负债、所有者权益三项。这里的权益也即所有者权益。可见，我国的资产负债表要素的设置和IASC基本是一致的，而且两者的资产、负债和所有者权益（权益）要素在本质界定和内容规范上基本相同；与 FASB 有差异，主要是 FASB 多出两个影响权益的要素：业主投资和业主派得。这与美国市场经济高度发达、权益业务数量多且复杂相关，增设这两个要素可以提供更为详细的权益信息，满足信息使用者的要求。我国的资产负债表中有一项子要素——实收资本，其与 FASB 的业主投资要素内涵是一致的。

（二）利润表要素的差异分析

FASB 将利润表要素划分为营业收入、费用、利得、损失、综合收益共五项；IASC 将利润表要素划分为收益、费用两项；我国的利润表要素则划分成收入、费用、利润三项。可见，利润表要素差异比较大。

FASB 的营业收入和费用要素使用了狭义概念。营业收入依据的是“流转过程收入理论”，仅指正常经营活动和投资活动的收入，强调收入实现的完整过程；费用则仅指正常经营费用或支出，依据的是配比性和应计制会计原则，强调费用产生与收入的因果关系和费用责任的合理归属。这与我国收入和费用要素的狭义概念基本是一致的。

对于非正常经营收入和非经常活动的支出，FASB 单独设立了利得和损失要素加以反映。虽然我国的新准则也引入了利得和损失的概念，但并没有编为独立的会计要素。而且，FASB 和我国新准则对利得和损失的内涵规定有所不同。我国将利得和损失分为两种类型，一种是直接计入当期利润的利得、损失（如固定资产处置的收益或损失），另一种是可直接计入所有者权益的利得、损失（如接受赠予或捐赠）；而 FASB 规定利得和损失可直接计入其综合收益要素。

FASB 的综合收益是将营业收入、费用、利得和损失定期汇总的结果，与我国的利润要素大体一致，而非完全相同。我国的利润要素并不是一个实体概念要素，在利润表中没有独立的“利润”指标，利润主要包括营业利润、利润总额和净利润三个层次，利润总额与 FASB 的综合收益一致。IASC 的收益和费用要素是广义的概念。收益是依据“流入量理论”确立的，包括营业收入和利得。IASC 认为利得与营业收入性质相同，都是经济利益的增加，故不必分开设立单独的会计要素。同样，其广义的费用要素既包括在企业日常活动中发生的费用，也包括非日常活动发生经济利益减少带来的损失。由此可见，IASC 的收益要素涵盖 FASB 的营业收入和利得要素，涵盖我国的收入要素和直接计入利润的利得；IASC 的费用要素涵盖 FASB 的费用和损失要素，涵盖我国的费用要素和直接计入利润的损失。IASC 没有设独立的利润要素，这是因为：IASC 认为收入、费用的确认和计量也就是利润确认和计量的过程，所以没有必要单独设立利润会计要素。

资料来源：李英贵．会计要素的比较与建议．会计之友．2008（18）：99－101.

参考文献

［1］ 李桂媛,迟旭升．基础会计．大连:东北财经大学出版社，2001.

[2] 中华人民共和国财政部. 企业会计制度. 北京:经济科学出版社, 2001.
[3] 江苏省会计从业资格考试辅导教材编写组. 会计基础. 北京:中国财政经济出版社, 2010.
[4] 会计从业资格考试研究编审组. 会计基础. 北京:经济科学出版社, 2007.

复习思考题

1. 会计要素分为哪几个?具体概念如何?
2. 简述各会计要素的构成。
3. 简述资产的定义及特征。
4. 简述负债的定义及特征。
5. 如何理解会计基本等式?
6. 会计平衡公式中各要素之间的变动关系有哪些?

第三章

会计核算基础

◆**学习目标**◆

1. 掌握会计基本假设；
2. 掌握会计信息质量要求；
3. 掌握会计计量属性；
4. 掌握权责发生制的概念及运用。

第一节 会计假设

会计假设即会计核算的基本前提，是指为了保证会计工作的正常进行和会计信息的质量，对会计核算的范围、内容、基本程序和方法所做的基本假定。

一、会计主体假设

会计主体是指在经营上或经济上具有独立性或相对独立性的单位。《企业会计准则——基本准则》第五条指出："企业应当对其发生的交易或者事项进行会计确认、计量和报告"。这是对企业会计主体假设的描述。

会计主体假设（Accounting Entity Assumption）规定了会计核算的空间范围，即一个主体的会计核算只记录和反映本主体的经济活动，而不能记录和反映其他主体和主体所有者的经济活动。这个假设明确区分了本主体与其他主体、本主体与主体所有者之间的经济业务与事项。

会计主体与法律主体不是同一概念。一般来说，法律主体必定是会计主体，但会计主体不一定是法律主体。通常具有独立核算的要求，具备一定人员条件的企业都可以成为会计主体。会计主体，可以是一个具有法人资格的公司，也可以是公司下属的部门、分公司等二级核算单位，合伙企业、独资企业都可以成为会计核算的主体，但公司下属的部门、分公司、合伙企业、独资企业都不是法人。

会计主体假设是持续经营假设、会计分期假设和货币计量假设的基础。

二、持续经营假设

持续经营是指企业的生产经营活动在可以预见的将来，将会长期按它现时的形式和方向，持续不断地经营下去。《企业会计准则——基本准则》第六条指出："企业会计确认、计量和报告应当以持续经营为前提。"这是对企业持续经营假设的描述。

持续经营假设（Going Concern Assumption）明确了会计核算的时间范围。在这个假设下，企业能按照正常经营的状态选择和使用会计核算的方法和程序，否则企业将执行清算规则。

持续经营假设是一系列会计核算基础成立的前提，如权责发生制、历史成本计量等都是以持续经营假设为基础的。

三、会计分期假设

会计分期假设（Accounting Period Assumption）是指将企业持续不断的经营活动人为地划

分为若干个较短的相对等距的区间。《企业会计准则——基本准则》第七条指出："企业应当划分会计期间，分期结算账目和编制财务会计报告"。这是对企业会计分期假设的描述。

会计分期假设是对会计工作时间的具体划分。在这个假设下，企业可以分期结算账目和编制财务会计报告，及时地向有关方面提供反映企业财务状况和经营成果的会计信息，满足有关方面的需要。

我国的会计期间分为年度和中期。年度会计期间从每年的1月1日至12月31日，与我国财政年度相同。中期，"指短于一个完整的会计年度的报告期间"，一般按日历确定会计半年度、会计季度和会计月度。

持续经营假设和会计分期假设都是关于会计核算时间范围的假设，二者配合，才能使许多会计核算方法得以运用。有了会计分期，才产生了本期与非本期的区别，产生了权责发生制会计核算基础。

四、货币计量假设

货币计量假设（Money Measurement Assumption）是指会计核算中应以货币为主要计量单位记录和反映企业资产、负债、所有者权益、收入、费用及利润的变化情况。

《企业会计准则——基本准则》第八条指出："企业应当以货币计量。"这是对企业货币计量假设的描述。

货币计量假设包括两个层次，一个是货币计量单位，另一个是货币的币值稳定。

会计核算中企业应以货币为主要的计量单位，这里的货币是指记账本位币，我国的记账本位币为人民币。但是货币不是唯一的计量单位，实物、劳动、时间等计量单位也可以使用，只是它不占主要地位，会计核算中只起辅助作用。

货币作为会计计量单位，其价值必须是稳定的，或者变化很小，否则就没法进行经济业务的度量。因此"币值稳定"是货币计量假设的附带假设。

第二节　会计信息质量特征

会计作为一项管理活动，其主要目的之一是向企业的利益相关者提供反映经营者受托责任和供投资者决策有用的会计信息。要达到这个目的，就必须要求会计信息具有一定的质量特征。

一、可靠性

可靠性（Reliability）要求企业应当以实际发生的交易或者事项为依据进行确认、计量和报告，如实反映符合确认和计量要求的各项会计要素及其他相关信息，保证会计信息真实可靠、内容完整。

二、相关性

相关性（Relativity）要求企业提供的会计信息应当与财务报告使用者的经济决策需要相关，有助于财务报告使用者对企业过去、现在或者未来的情况作出评价或者预测。

三、可理解性

可理解性（Comprehensibility）要求企业提供的会计信息应当清晰明了，便于财务报告使用者理解和使用。

四、可比性

可比性（Comparability）要求企业提供的会计信息应当具有可比性。具体包括下列要求。

（1）同一企业对于不同时期发生的相同或者相似的交易或者事项，应当采用一致的会计政策，不得随意变更。

当然，满足会计信息可比性的要求，并不表明不允许企业变更会计政策，企业按照规定或者会计政策变更后可以提供更可靠、更相关的会计信息时，就有必要变更会计政策，以向使用者提供更为可靠、更为有用的信息，但是有关会计政策变更的情况，应当在附注中予以说明。

（2）不同企业发生的相同或者相似的交易或者事项，应当采用规定的会计政策，确保会计信息口径一致、相互可比，即对于相同或者相似的交易或者事项，不同企业应当采用一致的会计政策，以使不同企业按照一致的确认、计量和报告基础提供有关会计信息。

五、实质重于形式

实质重于形式（Substance Over Form）要求企业应当按照交易或者事项的经济实质进行会计确认、计量和报告，不应仅以交易或者事项的法律形式为依据。

在经济活动中大多数的交易或者事项的法律形式和经济实质相统一，法律形式能够反映经济活动的内在实质。但是，也存在法律形式不能完全真实反映交易或者事项的内在实质的。如果企业仅仅以交易或者事项的法律形式为依据进行会计确认、计量和报告，那么就容易导致会计信息失真，无法如实反映实际情况。这方面典型的事例就是融资租入固定资产。对承租方而言，租赁期间虽然不拥有租入固定资产的产权，但实际上承担了固定资产的风险，拥有租赁期间固定资产带来的收益。所以，在确认融资租入固定资产时，就不能仅仅依据产权这个法律形式，而应该根据企业实际承担的风险与义务，将融资租入固定资产记作企业的固定资产。

六、重要性

重要性（Importance）要求企业提供的会计信息应当反映与企业财务状况、经营成果和现金流量有关的所有重要交易或者事项。

什么样的信息具有重要性，依赖于会计人员的职业判断。一般来说，会计信息的省略或错报会影响使用者决策的，这样的信息就具有重要性。企业在运用重要性时，应根据所处环境和实际情况，从项目的性质和金额大小两方面判断。如“主营业务收入”和“其他业务收入”账户的设置。主营业务是企业的主要经营业务，对主营业务的反映就是重要的会计事项，因此需要设置“主营业务收入”账户，反映因为主营业务而产生的收入。对于主营业务之外产生的收入，由于其相对次要就可以合并在“其他业务收入”账户核算。

七、谨慎性

谨慎性（Prudence）要求企业对交易或者事项进行会计确认、计量和报告时应当保持应有的谨慎，不应高估资产或者收益、低估负债或者费用。

谨慎性适用的条件是经济业务的发生具有不确定性，在处理这类业务时有多种方法可以选用，这时应选择不导致虚增资产、虚增利润的方法。如果预计经济业务可能会给企业带来损失或费用，则应合理预计损失或费用。如对固定资产计提减值准备，就是对固定资产可能产生的减值损失，预先记入费用，冲减企业的利润，减少资产的账面价值。

合理地运用谨慎性，有利于估计企业经营中存在的风险，有利于投资者的决策。但是，不能滥用谨慎性。如果企业故意低估资产或者收益，或者故意高估负债或者费用，将损害会计信息质量，扭曲企业实际的财务状况和经营成果，从而对使用者的决策产生误导，这是会计准则所不允许的。

八、及时性

及时性（Betimes）要求企业对于已经发生的交易或者事项，应当及时进行确认、计量和报告，不得提前或者延后。

第三节 会 计 计 量

一、会计计量基本要求和会计计量属性的构成

企业在将符合确认条件的会计要素登记入账并列报于财务报表时，应当按照规定的会计计量属性进行计量，确定其金额。

会计计量属性主要包括以下内容。

1. 历史成本

在历史成本（Historical Cost）计量下，资产按照购置时支付的现金或者现金等价物的金额，或者按照购置资产时所付出的对价的公允价值计量。负债按照因承担现时义务而实际收到的款项或者资产的金额，或者承担现时义务的合同金额，或者按照日常活动中为偿还负债预期需要支付的现金或者现金等价物的金额计量。

2. 重置成本

在重置成本（Replacement Cost）计量下，资产按照现在购买相同或者相似资产所需支付的现金或者现金等价物的金额计量。负债按照现在偿付该项债务所需支付的现金或者现金等价物的金额计量。

3. 可变现净值

在可变现净值（Net Realizable Value）计量下，资产按照其正常对外销售所能收到现金或者现金等价物的金额扣减该资产至完工时估计将要发生的成本、估计的销售费用及相关税费后的金额计量。

4. 现值

在现值（Present Value）计量下，资产按照预计从其持续使用和最终处置中所产生的未来净现金流量的折现金额计量。负债按照预计期限内需要偿还的未来净现金流出量的折现金额计量。

5. 公允价值

在公允价值（Fair Value）计量下，资产和负债按照在公平交易中，熟悉情况的交易双方自愿进行资产交换或者债务清偿的金额计量。

二、会计计量属性的应用原则

企业在对会计要素进行计量时，一般应当采用历史成本。在某些情况下，为了提高会计

信息质量，实现财务报告目标，企业会计准则允许采用重置成本、可变现净值、现值、公允价值计量的，应当保证所确定的会计要素金额能够取得并可靠计量，如果这些金额无法取得或者可靠计量的，则不允许采用其他计量属性。

第四节 权责发生制与收付实现制

权责发生制与收付实现制（Accrual Basis Accounting and Cash Basis Accounting）是会计处理的计价基础，它主要解决收入与费用的归属期间问题。不同的计价基础下，企业的利润结果是不同的。

一、权责发生制

权责发生制，它是以收入的权利与支出的义务是否归属于本期为标准来确认收入与费用的会计处理方法。

在权责发生制下凡是本期应获得的收入，不管是否收到款项，都作为本期的收入处理；凡不属于本期的收入，即使款项本期收到也不作为本期的收入处理。同理，凡属本期应负担的费用，无论款项是否支付，都作为本期的费用处理；凡不属于本期的费用，即使其款项本期已付出，也不作为本期的费用处理，所以权责发生制又称应计制或应收应付制。现举例说明权责发生制下会计处理的特点。

【例 3-1】 2009 年 12 月 1 日甲企业贷款 2 000 000 元，一年期，利率 6%，按季付息。

分析：企业 12 月份使用了贷款，虽然本月份并没有向银行支付利息，但按权责发生制要求，应承担相应的利息费用，将 10 000 元的利息费用作为本月的费用记账。同理，次年各月份也应将 10 000 元的利息费用作为本月的费用记账。

【例 3-2】 甲企业 2009 年 12 月 3 日销售产品一批，售价 40 000 元，约定买方 3 个月后付款，产品已发出。

分析：货款 40 000 元虽然在 12 月份没有收到，但它属于 12 月份实现的销售收入，因此要将它作为 12 月份的收入入账。

【例 3-3】 甲企业 2009 年 12 月 10 日通过银行转账预收乙企业货款 50 000 元，预计产品次年 2 月份能销售给乙企业。

分析：货款 50 000 元虽然在 12 月份收到了，但没有销售产品，因此销售收入没有实现，50 000 元不能作为收入记入 12 月份的账。

【例 3-4】 甲企业 2009 年 12 月 15 日将价值 60 000 元的产品发给丙企业，货款 60 000

元已在10月份预收。

分析：产品发出，意味着甲企业销售收入实现，因此将60 000元记入12月份的收入账，并抵消10月份的预收款。

12月收入合计＝40 000＋60 000＝100 000（元）

12月费用合计＝10 000（元）

12月利润总额＝100 000－10 000＝90 000（元）

从上述例题可看出，收入和费用的确认主要根据权利和义务的匹配，因此要考虑预收、预付、应收、应付的问题。会计期末对预收、预付、应收、应付等事项进行调整，以便正确地确认收入和费用，从而准确计算企业的经营成果。采用权责发生制核算手续比较复杂，计算出的经营成果与企业实际的现金数额人多不一致，但它反映企业本期的收入和费用比较合理，所以适用于企业和有经营业务的事业单位。

二、收付实现制

收付实现制，它是以款项是否实际收付作为确认是否是本期的收入费用的一种会计处理方法。

在收付实现制下凡是本期款项已实际收到的，就作为本期收入处理；凡是本期款项已实际支出的，就作为本期费用处理。反之，只要款项不是本期收到的，就不作为本期收入处理；款项不是本期支出的，就不作为本期费用处理。因此收付实现制也称现金制或实收实付制。

现以权责发生制下的例题说明收付实现制会计处理的特点。

例3-1中，12月份没有实际支付利息，因此10 000元不能作为费用记入账。

例3-2中，40 000元的款项在12月份没有收到，因此不能作为12月份的收入入账。

例3-3中，货款50 000元已经收到，因此要作为12月份的收入入账。

例3-4中，60 000元的货款已经作为10月份的收入记过账，因此12月不能再记收入账。

12月收入合计＝50 000（元）

12月费用合计＝0（元）

12月利润总额＝50 000（元）

从上述例题可看出，无论收入的权利和支付的义务属于哪一会计期间，只要款项的支付在本期，就应确认为本期的收入和费用，不考虑预收、预付、应收、应付的问题。这种会计处理基础核算手续简单，不同时期缺乏可比性，但强调财务状况的切实性，它主要适用于行政和事业单位。

本章小结

1. 企业会计核算是以一定的假设作为前提的，这些假设包括会计主体假设、持续经营假设、会计分期假设和货币计量假设。只有建立了会计假设，企业才能按照一定的范围和时间，采用一定的会计核算程序和方法进行会计核算。

2. 企业向利益相关者提供的会计信息要符合一定的质量要求，这些要求包括可靠性、相关性、可理解性、可比性、实质重于形式、重要性、谨慎性和及时性。

3. 对会计要素计量时可采用历史成本、重置成本、可变现净值、现值和公允价值五种计量属性。但一般情况下采用历史成本计量，其他计量属性的采用要符合一定的条件。

4. 权责发生制主要解决收入与费用的归属期间问题，它以权利的归属和义务的承担作为判断收入和费用的标准，与收付实现制有明显的区别。

知识链接：中国的会计经典文献

1.《光绪会计表》，清户部主事刘岳云撰著，清光绪二十七年（1901 年）由教育世界社刊行，计四卷，卷各一册。

2.《连环账谱》，蔡锡勇撰著，清光绪三十一年（1905 年）由湖北官书局刊行，计两册，上册除序、凡例外，分五卷；下册分两部分。

3.《银行簿记学》，谢霖和孟森合著，清光绪三十三年（1907 年）在日本东京出版。

4.《商誉及其他无形资产》（*Goodwill and other Intangibles*），杨汝梅撰著，是作者 1926 年在美国密歇根大学的博士论文，计九章，1927 年由 Ronald Press Company 出版。施仁夫 1936 年将其译成中文，以《无形资产论》由商务印书馆出版。

5.《改良中式簿记概说》，徐永祚著，民国廿二年（1933 年）12 月 15 日由徐永祚会计师事务所出版。

6.《立信会计丛书》，立信会计编译所、立信会计图书用品社自 1927 年以后组织编著、编译的包括会计、审计、簿记内容在内的专业丛书。

7.《簿记核算原理》，弗·哥·马卡洛夫著，中国人民大学簿记核算教研室译，1952 年 3 月由中国人民大学出版社出版。

8.《会计原理》，杨纪琬、娄尔行、葛家澍、赵玉珉、吴诚之编写，1963 年由中国财政经济出版社出版。

9.《简明英汉财务与会计词典》，陈今池编译，1982 年 1 月由中国财政经济出版社出版。

10.《会计辞典》，龚清浩与徐政旦主编，1982 年 5 月由上海人民出版社出版。

11.《中国现代会计手册》，杨纪琬主编，1987 年 3 月由中国财政经济出版社出版。

12.《中华人民共和国会计与审计》（*Accounting and Auditing in People's Republic of China*），娄尔行主编，1987 年 8 月在美国得克萨斯达拉斯大学出版。

参考文献

[1] 陈国辉，迟旭升．基础会计．大连:东北财经大学出版社，2007.
[2] 中华人民共和国财政部．企业会计准则:基本准则．北京：经济科学出版社，2006.
[3] 娄尔行．基础会计．上海:上海三联书店，2002.
[4] 王俊生．基础会计学．北京:中国财政经济出版社，1999.
[5] 阎达五，于玉林．会计学．北京:中国人民大学出版社，2000.

复习思考题

1. 什么是会计假设？为什么要确定会计假设？
2. 会计假设包括哪些方面？各自的含义是什么？各自的作用是什么？
3. 会计主体与法律主体有什么关系？
4. 会计信息质量特征包括哪些方面？各自的含义是什么？
5. 会计计量的属性有哪些？
6. 什么是权责发生制？它与收付实现制在收入和费用的确认方面有什么区别？

第四章

账户和复式记账

◆学习目标◆

1. 掌握会计科目的概念及分类；
2. 掌握账户的基本结构；
3. 掌握复式记账法的原理；
4. 掌握借贷记账法的概念及特点；
5. 总分类账户与明细分类账户的关系及平行登记。

第一节 会计科目

一、会计科目的意义

会计科目（Accounting Title）就是对会计要素进行分类的项目。通过前面的学习，我们知道会计要素是对会计对象的具体分类，这是对会计对象的第一次分类，也是最基本的分类。通过会计要素，可以了解会计对象的构成内容，提供诸如企业的资产总额是多少，负债总额是多少等信息，这些信息虽然比会计对象具体了一些，但还是比较概括，满足不了管理上的需要。因为，会计信息使用者在决策的过程中，除了需要概括性的信息以外，还需要详细的信息，如企业的资产由哪些具体的资产构成，负债中哪些是流动性负债、哪些是非流动性负债等。因此，需要在将会计对象划分为会计要素的基础上进行再分类，即对每一会计要素的内容作进一步的分类。例如，将资产要素细分为库存现金、固定资产、应收账款等，将负债要素细分为应付账款、应付职工薪酬等，对应的每一项目称为“库存现金”会计科目、“固定资产”会计科目、“应收账款”会计科目等。

利用会计科目还可以设置会计账户，从而连续、分类地记录和反映企业经济业务的增减变化。

二、会计科目设置的原则

企业设置会计科目应遵循以下原则。

1. 必须能够全面反映会计要素的内容与特点

会计科目作为对会计要素分类的具体类别，其设置应能保证全面、系统地反映会计要素的全部内容，不能有任何遗漏。同时，会计科目的设置还必须反映会计要素的特点。各个会计主体，除了设置各行各业的共性账户外，还应根据本单位会计要素的特点，设置相应的会计科目。例如，存货是制造业资产要素中特有的，因而要设置反映存货采购、生产耗费成本的科目；贷款是商业银行资产要素特有的，因而要设置反映贷款发放、收回情况的科目。“原材料”、“库存商品”、“生产成本”、“贷款”等科目，就是为适应这一特点而设置的。

2. 既要满足对外报告的要求，又要符合内部经营管理的需要

企业会计核算资料的使用者既有企业外部的政府、投资者、债权人等，又有企业内部

管理者，因此提供的信息要满足各方面的需要。会计科目是企业会计核算的基础，在设置时要兼顾对外报告和内部管理的需要，根据需要信息的详细程度，分设总分类科目和明细分类科目。如“应收账款”，主要提供概括性资料，满足对外报告的需要。下设的明细分类科目，提供详细的债权人和金额等，主要满足企业管理、催讨应收账款的需要。

3. 既要适应经济业务发展的需要，又要保持相对稳定

会计科目的设置，要适应社会经济环境的变化和本单位经济业务发展的需要。例如，随着我国会计的国际化趋同，计量属性增加了公允价值，因此在会计科目中要增设“公允价值变动损益”用以反映企业因公允价值变动而产生的损益。又如，随着衍生金融工具越来越多地被企业使用，要设置“衍生工具”科目，反映衍生工具的公允价值。由于企业提供的信息要具有可比性，以利于不同企业同一时期和同一企业不同时期进行比较，所以科目的设置应保持相对稳定。

4. 做到统一性与灵活性相结合

统一性，指在设置会计科目时，要依据《企业会计准则》中确认和计量的规定制定，以便于汇总和分析。灵活性，指企业在不违反会计准则中确认、计量和报告的前提下，可以根据本单位的实际情况自行增设、分拆、合并会计科目。企业不存在的交易或事项，可不设置相关会计科目。如“周转材料”，也可以拆分为“包装物”和“低值易耗品”。

5. 要简明适用，含义明确

设置会计科目时，对每一个科目的特定核算内容必须严格地、明确地界定，以保证各个会计科目之间既有联系又有区别。总分类科目和明细分类科目的名称应通俗易懂。科目设置的数量和详略程度应根据企业规模的大小、业务的繁简和管理的需要而定。

综上所述，会计科目设置应遵循全面性、适用性、统一性、稳定性、灵活性。

三、会计科目的分类

会计科目可以按照一定的标准进行基本分类。

（一）按经济内容分类

会计科目按核算和监督的会计对象的具体内容分类，可以分为资产类、负债类、共同类、所有者权益类、成本类和损益类六类。

1. 资产类科目

资产类科目是用来反映和监督各种资产增减变动和结果的科目。如“库存现金”、“固定资产”、“应收账款”、“库存商品”、“交易性金融资产”均为企业常用的科目。

2. 负债类科目

负债类科目是用来反映和监督各种负债增减变动和结果的科目。如“短期借款”、“长期借款”、“应交税费”、“应付账款”等均为企业常用的科目。

3. 共同类科目

共同类科目是一种独特的会计科目，具有资产和负债的双重性质。当该科目的余额在借方时表现为资产，该科目的余额在贷方时表现为负债。在编制资产负债表时，根据账户余额的方向，分别列入资产或负债类科目进行反映。如“衍生工具”。

4. 所有者权益类科目

所有者权益类科目是用来反映和监督所有者权益增减变动和结果的科目。如“实收资本”、“资本公积”、“盈余公积”、“本年利润”、“利润分配”均为企业常用的科目。

5. 成本类科目

成本类科目是用来反映和监督生产成本增减变动和结果的科目。如“生产成本”、“制造费用”等。

6. 损益类科目

损益类科目是用来反映和监督企业经营过程中收入、费用增减变动情况的科目。收入和费用是利润的组成内容，可以反映企业经营成果的损益情况，因此，损益类科目主要包含收入类和费用类科目。如“主营业务收入”、“其他业务收入”、“投资收益”、“主营业务成本”、“营业税金及附加”、“管理费用”、“资产减值损失”等。

在我国，2006 年颁布的《企业会计准则——应用指南》对会计科目作了统一规范。在《企业会计准则——应用指南》规范的会计科目基础上，企业在不违反会计准则中确认、计量和报告规定的前提下，可以根据本单位的实际情况自行增设、分拆、合并会计科目，企业不存在的交易或者事项，可不设置相关会计科目。会计科目编号供企业填制会计凭证、登记会计账簿、查阅会计账目、采用会计软件系统参考，企业可结合实际情况自行确定会计科目编号。企业常用的会计科目如表 4-1 所示。

表 4-1

会计科目简表

编　　号	名　　称	编　　号	名　　称
	一、资产类	2203	应付票据
1001	库存现金	2211	应付职工薪酬
1002	银行存款	2221	应交税费
1012	其他货币资金	2231	应付利息
1101	交易性金融资产	2232	应付股利
1121	应收票据	2241	其他应付款
1122	应收账款	2501	长期借款

续表

编　号	名　称	编　号	名　称
1123	预付账款	2502	应付债券
1221	其他应收款	2701	长期应付款
1231	坏账准备	2711	专项应付款
1402	在途物资	2801	预计负债
1403	原材料	2901	递延所得税负债
1404	材料成本差异		三、共同类
1405	库存商品	3101	衍生工具
1408	委托加工物资	3201	套期工具
1411	周转材料		四、所有者权益类
1471	存货跌价准备	4001	实收资本
1501	持有至到期投资	4002	资本公积
1502	持有至到期投资减值准备	4101	盈余公积
1503	可供出售金融资产	4103	本年利润
1511	长期股权投资	4104	利润分配
1512	长期股权投资减值准备		五、成本类
1601	固定资产	5001	生产成本
1602	累计折旧	5101	制造费用
1603	固定资产减值准备	5201	劳务成本
1604	在建工程		六、损益表
1605	工程物资	6001	主营业务收入
1606	固定资产清理	6051	其他业务收入
1701	无形资产	6111	投资收益
1702	累计摊销	6301	营业外收入
1703	无形资产减值准备	6401	主营业务成本
1711	商誉	6402	其他业务成本
1801	长期待摊费用	6403	营业税金及附加
1811	递延所得税资产	6601	销售费用
1901	待处理财产损溢	6602	管理费用
	二、负债类	6603	财务费用
2001	短期借款	6711	营业外支出
2201	应付账款	6801	所得税费用
2202	预收账款	6901	以前年度损益调整

（二）按其所提供核算指标的详细程度分类

会计科目按其所提供核算指标的详细程度可分为总分类科目、二级科目、明细分类科目。

（1）总分类科目也称总账科目、一级科目，它是对会计要素的具体内容进行总括分类的类别。它提供的是总括指标，主要依据《企业会计准则》中确认和计量的规定制定。

（2）明细分类科目也称明细科目、细目，它是对总分类科目所含内容再做详细分类的科目。它提供更加详细、具体的指标。如在“实收资本”总分类科目下按投资人设置明细科目，具体反映投资者的投资金额。

(3) 二级科目也称子目。它是介于总分类科目和明细分类科目之间的科目。当总分类科目下设明细科目太多时，可以增设二级科目。如在“原材料”总分类科目下可按材料类别设置二级科目“原料及主要材料”、“辅助材料”、“燃料”等。

明细科目和二级科目由企业根据生产经营管理的需要自行设置。

第二节　账户及其结构

一、账户及其设置账户的必要性

账户是根据会计科目设置的，具有一定格式和结构，用于分类反映会计要素增减变动情况及其结果的载体。

设置会计科目只是规定了会计对象具体内容进行分类核算的项目。而为了全面、连续、系统地记录由于经济业务的发生而引起的会计要素的增减变动，提供各种会计信息，还必须根据规定的会计科目在账簿中开设账户。

二、账户的基本结构

账户的结构是指账页的格式。账户要记录由于经济业务发生而引起各会计要素增减变化的情况，必须拥有一定格式的账页。

作为账户，首先需要一个名称即会计科目。账户的名称规定了账户所要核算的内容。经济业务的发生会引起会计要素的各种变化，但归纳起来不外乎增加和减少两种情况。因此，用来记录其变化的账户，至少要具备反映增加和减少的结果。同时为了反映增加和减少的结果，账户还需要设置反映余额的部分。账户中还应有记录账户的时间、依据等栏目。概括起来，账户的基本结构应包括以下内容。

(1) 账户的名称：会计科目；

(2) 日期：登记账户的时间；

(3) 凭证编号：登记账户的依据；

(4) 摘要：经济业务的简要说明；

(5) 金额：增加数、减少数、余额。

账户的一般格式如图 4-1 所示。

为了便于说明和教学的需要，将上列账户基本格式简化为“T”字式。格式如图 4-2 所示。

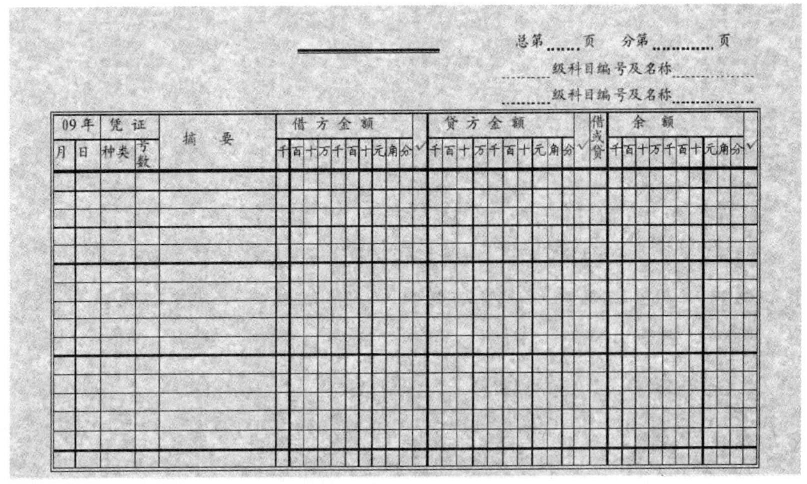

总第……页　分第……页

……级科目编号及名称……

……级科目编号及名称……

09年		凭证		摘要	借方金额	贷方金额	借或贷	余额
月	日	种类	号数		千百十万千百十元角分 √	千百十万千百十元角分 √		千百十万千百十元角分 √

图 4-1　账户基本格式示例

借方	账户名称	贷方
期初余额		期初余额
本期发生额		本期发生额
期末余额		期末余额

图 4-2　T 型账户结构示例

大多数账户都有四个要素：期初余额、本期增加发生额、本期减少发生额、期末余额，但损益类账户因为年终结转，所以没有年初余额和年末余额。一般而言，期初余额、本期增加发生额、期末余额登记账户的方向相同，本期增加发生额与本期减少发生额登记账户的方向相反。四要素之间具有以下关系。

期末余额 = 期初余额 + 本期增加发生额 − 本期减少发生额

如某企业某期间“库存现金”账户记录如下：

	借方	库存现金　贷方
期初余额 ——→	2 000	
本期发生额	（1）15 000 （2）1 000	（3）6 000
期末余额 ——→	12 000	

三、会计科目与会计账户的关系

（一）会计对象、会计要素、会计账户的关系

企业会计对象是企业生产经营过程中客观存在的资金运动。会计要素是指会计对象的具

体内容。账户是对会计对象具体内容进行分类核算和监督的一种工具。但它们反映的经济活动的内容本质上一样。

（二）会计科目与会计账户的关系

（1）会计科目是账户的名称，账户是根据会计科目开设的，账户还具有一定的格式。而且，设有某一会计科目，但某企业不一定就开设（使用）该账户。

（2）会计科目是设置账户的依据。根据总分类科目设置总分类账，根据二级科目设置二级账，根据明细分类科目设置明细分类账。

（3）有时在实际工作中把账户简称为会计科目。这实际上是由于账户的名称就是会计科目的名称的缘故，没有必要严格分清楚。

（4）但二者是有区别的，会计科目只是一个分类核算的标志，或者说，是符号、记号；但账户除了包括会计科目名称以外，还有具体的结构和格式，并且具有一定的登记方法。或者说，会计科目是无形的、抽象的，而账户是有形的、具体的。

第三节　复式记账法

一、记账方法记账方法定义及种类

所谓记账方法，就是根据一定的原理和规则，采取一定的计量单位，利用文字和数字来记载经济业务的一种专门方法。会计上的记账方法是随着社会经济的发展而逐渐改进的，从最初的单式记账法发展到现在的复式记账法。

1. 单式记账法

所谓单式记账法（Single-endry Bookkeeping）是指对发生的每一笔经济业务一般只在一个账户上登记一笔账。它具有的特点如下。

（1）账户设置不完整。一般根据需要设置账户，登记经济业务。通常只登记现金的收付，债权、债务事项，不登记实物的收付业务。

（2）每笔经济业务只记一笔账，即只记一个账户。

（3）不能按一定的计算公式试算平衡，因而不能用来检查全部记录是否正确。

因此，单式记账法虽然具有记账手续简单的优点，但不能全面、系统地反映经济业务的来龙去脉，也不便于检查账户记录的正确性和完整性。

2. 复式记账法

所谓复式记账法（Double-entry Bookkeeping）是指对发生的每一笔经济业务，都要以相等的金额，在相互联系的两个或两个以上账户中进行全面登记的一种记账方法。

例如："从银行提取现金 10 000 元"。这项经济业务表现引起的资金变化为：企业在银行的存款减少 10 000 元，库存现金增加 10 000 元，且减少额与增加额相等。为了完整地记录这项业务，应该在"银行存款"账户中记减少数，同时以相等的金额在"库存现金"账户中记增加数。这种记账方法就是复式记账法。

二、复式记账法的特点

复试记账法的特点归纳起来有以下四点。

(1) 以会计等式作为记账基础。会计等式是将会计要素之间的相互关系运用数学方程式的方法进行描述而形成的。它是客观存在的必然经济现象，同时也是资金运动规律的具体化。复式记账以会计等式作为记账基础，能够揭示资金运动的内在规律。

(2) 账户设置完整、全面，构成一个账户体系。复式记账法下对于发生的每一笔经济业务都有相应的账户来作相关联的记录，设置的账户包括会计要素的全部内容，形成了完整的账户体系。

(3) 每笔经济业务要根据其相互联系，用相等的金额至少记两笔账，即相互联系地记入两个或两个以上账户。例如，将库存现金 10 000 元交存银行，一方面记银行存款账户增加 10 000 元，另一方面记库存现金账户减少 10 000 元。通过在银行存款和库存现金两个账户中的同时记录，将资金的流动情况清晰地反映出来。

(4) 按一定的规则记账，并能按一定的计算公式进行试算平衡，检查全部会计记录是否正确。

通过复式记账的每笔经济业务的双重等额记录，定期汇总的全部账户的数据必须保持会计等式的平衡关系。

复式记账试算平衡有发生额平衡法和余额平衡法两种。

发生额平衡法的计算公式如下：

资产类账户增加额合计 + 权益类账户减少额合计 = 权益类账户增加额合计 + 资产类账户减少额合计

余额平衡法的计算公式如下：

资产类账户期末余额合计 = 权益类账户期末余额合计

第四节 借贷记账法

复式记账法的种类有：借贷记账法、增减记账法、收付记账法。《企业会计准则——基本准则》第十一条规定：会计记账采用借贷记账法。

一、借贷记账法的产生与演进

借贷记账法（Debit and Credit Bookkeeping）是以“借”、“贷”作为记账符号，反映资产、负债及所有者权益等各项会计要素增减变动的一种复式记账方法，是目前世界各国通用的一种记账方法。

从复式记账法产生的历史来看，虽然我国早在唐朝就已经有了“四柱清册”这种复式记账法的萌芽，但发展一直相当缓慢，到了明末清初，在民间运用着一种叫做“龙门账”的复式记账方法，但其理论体系还很不完善。此时地中海沿岸的威尼斯、佛罗伦萨等一些城邦国家，由于出现了资本主义萌芽，一时大大推动了其经济的迅猛发展，这就给诞生借贷复式记账法提供了客观的经济基础。到了15世纪在民间已逐渐形成比较完备的复式记账法。意大利数学家卢卡·帕乔利于1494年在著名的《算术、几何、比及比例概要》这本书中从理论上系统地总结了复式借贷记账法的原理，这就标志着复式借贷记账法的诞生。从此以后，意大利的复式借贷记账法就在欧洲的一些国家如德国、法国、英国，先后传播开来。借贷记账法正式传入我国始于1905年，我国会计学者以蔡锡勇、谢霖、孟森等为代表学习了日本的借贷记账法。解放后，我国的会计工作者在借贷记账法的基础上，创造性地应用并改造出增减记账法、收付记账法。但是不统一的记账方法给企业间的交往和国际间的交流带来很多不便。1993年我国进行了会计改革，逐步取消使用复式增减记账法和复式收付记账法，并全面采用借贷记账法，与国际惯例相接轨。

二、借贷记账法的特点

（一）借贷记账法的理论依据

如前所述，经济业务发生会影响两个或两个以上的会计要素项目发生增减变化。其变化形式或是等式左方资产项目金额和等式右方负债或所有者权益项目金额同时增加；或是等式左方资产项目金额和等式右方负债或所有者权益项目金额同时减少；或是引起等式左方资产方一些项目金额增加，另一些项目金额减少；或是引起等式右方负债或所有者权益项目一些金额增加，另一些项目金额减少。不论如何变动，结果不会破坏“资产 = 负债 + 所有者权益”的恒等关系。

借贷记账法以“资产 = 负债 + 所有者权益”为理论依据，采用在两个或两个以上的账户中进行登记的方法，完整反映会计要素项目变化的全过程。

（二）借贷记账法的记账符号

记账符号是会计中用以表示经济业务增减变动和记账方向的一种标志。借贷记账法下以“借”和“贷”作为记账符号。

在借贷记账法中，“借”和“贷”不再表示原有的债权和债务含义，而仅仅作为一种符号表示“增加”或“减少”。“借”可以表示“增加”也可以表示“减少”；同样“贷”可以表示“增加”也可以表示“减少”；具体运用时要结合账户的性质来判断“借”、“贷”究竟表示增加还是减少。

（三）借贷记账法账户的结构

借贷记账法的账户，其左方一律称为“借方”，其右方一律称为“贷方”。记账时，账户的借贷两方必须做相反方向的记录。在一个会计期间内，借方登记的合计数称为借方发生额；贷方登记的合计数称为贷方发生额。下面分别说明借贷记账法下不同性质账户的结构。

1. 资产类账户结构

资产类账户有库存现金、银行存款、应收账款等。资产类账户的基本结构是：账户的借方发生额登记本期资产的增加额，贷方发生额登记本期资产的减少额，如有余额，一般在借方。简化的资产类账户结构如图 4–3 所示。

借方	资产类账户　　　　贷方
期初余额	
本期增加额	本期减少额
期末余额	

图 4–3　资产类账户基本结构

资产类账户期末余额的计算公式如下。

资产类账户期末余额 = 期初借方余额 + 本期借方发生额 – 本期贷方发生额

【例 4–1】 A 企业 2009 年 12 月份有关账户的期初余额为：库存现金 10 000 元，银行存款 200 000 元。12 月 6 日，从银行提取现金 3 000 元备用。要求：根据期初余额及经济业务逐笔登记各账户。

分析：这笔业务涉及“库存现金”和“银行存款”这两个账户，“库存现金”和“银行存款”均属于资产类账户，所以“库存现金”期初余额 10 000 元、“银行存款”期初余额 200 000 元均登记在借方。

该笔业务的发生，使得库存现金增加 3 000 元，由于其属于资产类账户，本期增加额登记在本账户的借方。该笔业务的发生，使得银行存款减少 3 000 元，由于其属于资产类账户，本期减少额登记在本账户的贷方。在“库存现金”和“银行存款”这两本账中登记，如图 4–4 和图 4–5 所示。

借方	库存现金　　　　贷方
10 000	
3 000	
13 000	

图 4–4　登记的库存现金账户

借方	银行存款 贷方
200 000	
	3 000
197 000	

图 4-5 登记的银行存款账户

注意 在实际工作中，并不是直接根据经济业务登记账簿，而是根据经济业务先编制记账凭证，然后根据记账凭证登记账簿。本节为了很好地介绍账户的基本结构，就直接根据经济业务登记账簿了，中间省略了编制记账凭证的过程。以下各例思路与此相同。

2. 负债及所有者权益类账户结构

负债类账户主要有短期借款、应付账款、应付票据等。所有者权益类账户主要有实收资本、资本公积、盈余公积、本年利润、利润分配等。负债及所有者权益类账户的基本结构是：账户的借方发生额登记本期的减少额，贷方发生额登记本期的增加额，如有余额，一般在贷方。简化的负债及所有者权益账户基本结构如图 4-6 所示。

借方	负债及所有者权益账户 贷方
	期初余额
本期减少额	本期增加额
	期末余额

图 4-6 负债及所有者权益账户基本结构

负债及所有者权益类账户期末余额的计算公式如下。

负债及所有者权益类账户期末余额 = 期初贷方余额 + 本期贷方发生额 − 本期借方发生额

【例 4-2】 B 企业 2009 年 12 月初有关账户余额为：短期借款 200 000 元，应付账款 150 000 元，银行存款 300 000 元，实收资本 600 000 元。本月发生如下业务。

(1) 12 月 5 日从银行借入 60 000 元，期限为 3 个月，款项已存入银行。

(2) 12 月 20 日，用银行存款 150 000 元，支付前欠 W 单位货款。

(3) 12 月 25 日，收到 M 公司的投资款 400 000 元，款项已存入银行。

要求：根据期初余额及经济业务逐笔登记各账户。

分析："短期借款"和"应付账款"均属于负债类账户，所以短期借款期初余额200 000 元登记在贷方，应付账款期初余额 150 000 元登记在贷方。"银行存款"属于资产类账户，所以期初余额 300 000 元登记在借方。"实收资本"均属于所有者类账户，所以期初余额 600 000 元登记在贷方。

第（1）笔业务涉及“短期借款”和“银行存款”这两个账户。该笔业务的发生，使得短期借款和银行存款均增加60 000元，但由于“短期借款”属于负债类账户，本期增加额应登记在本账户的贷方；而“银行存款”属于资产类账户，本期增加额应登记在本账户的借方。

第（2）笔业务涉及“银行存款”和“应付账款”这两个账户。该笔业务的发生，使得应付账款和银行存款均减少150 000元，但“应付账款”属于负债类账户，本期减少额应登记在本账户的借方；而“银行存款”属于资产类账户，本期减少额应登记在本账户的贷方。

第（3）笔业务涉及“银行存款”和“实收资本”这两个账户。该笔业务的发生，使得实收资本和银行存款均增加400 000元，但由于“实收资本”属于所有者权益类账户，本期增加额应登记在本账户的贷方；而“银行存款”属于资产类账户，本期增加额应登记在本账户的借方。

根据上述业务，登记各账户如图4-7至图4-10所示。

短期借款

借方	贷方
	200 000
	（1）　60 000
	260 000

图4-7　登记的短期借款账户

应付账款

借方	贷方
	150 000
（2）　150 000	

图4-8　登记的应付账款账户

银行存款

借方	贷方
300 000	
（1）　60 000 （3）　400 000	（2）　150 000
610 000	

图4-9　登记的银行存款账户

借方	实收资本	贷方
		600 000
		(3)　400 000
		1 000 000

图 4-10　登记的实收资本账户

3. 成本类账户结构

成本类账户有生产成本、制造费用等。成本类账户的基本结构是：账户的借方发生额登记成本的增加额，贷方发生额登记成本的减少额，如有余额，一般在借方。简化的成本类账户结构如图 4-11 所示。

借方	成本类账户	贷方
期初余额		
本期增加额		本期减少额
期末余额		

图 4-11　成本类账户基本结构

成本类账户期末余额的计算公式如下。

成本类账户期末余额 = 期初借方余额 + 本期借方发生额 - 本期贷方发生额

【例 4-3】 C 企业 2009 年 12 月初有关账户余额为："生产成本" 80 000 元，"原材料" 200 000 元。12 月 20 日，车间领用原材料 60 000 元，用于产品生产。要求：根据期初余额及经济业务逐笔登记各账户。

分析："生产成本"属于成本类账户，所以期初余额 80 000 元应登记在借方。"原材料"属于资产类账户，所以期初余额 200 000 元应登记在借方。

本笔业务涉及"生产成本"和"原材料"这两个账户。该笔业务的发生，使得生产成本增加 60 000 元，由于"生产成本"属于成本类账户，所以本期增加额应登记在本账户的借方；该笔业务的发生，使得原材料减少 60 000 元，由于"原材料"属于资产类账户，本期减少额应登记在本账户的贷方。如图 4-12 和图 4-13 所示。

借方	生产成本	贷方
80 000		
60 000		
140 000		

图 4-12　登记的生产成本账户

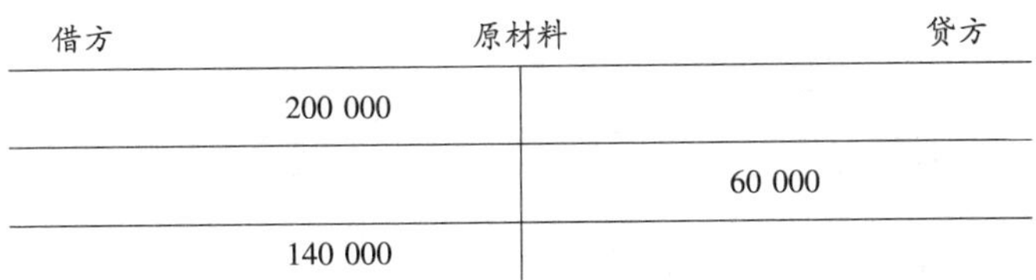

图 4-13　登记的原材料账户

4. 损益类账户结构

损益类账户包括收益类账户和费用类账户，它们性质不同，账户结构也不同。

收益类账户的结构是：账户的借方发生额登记收入的减少额或转销额，贷方发生额登记收入的增加额，结转后一般无期末余额。收益类账户基本结构如图 4-14 所示。

借方　　收益类账户	贷方
	一般无期初余额
本期减少额或转销额	本期增加额
	期末结转后一般无余额

图 4-14　收益类账户基本结构

费用类账户的结构是：账户的借方发生额登记费用的增加额，贷方发生额登记费用的减少额，结转后一般无期末余额。费用类账户基本结构如图 4-15 所示。

借方　　费用类账户	贷方
一般无期初余额	
本期增加额	本期减少额
期末结转后一般无余额	

图 4-15　费用类账户基本结构

综上所述，账户的结构可以归纳如下。

（1）账户综合结构如图 4-16 所示。

（2）成本、费用类账户与资产类账户相类似，但费用类账户一般无其末余额。

（3）收益类账户与负债及所有者权益账户相类似，但收益类账户一般无其末余额。

（4）会计科目实行不固定分类，会计科目的性质由余额的方向决定。虽然会计科目表中将会计科目分为六类，但会计科目的性质由其余额的方向来决定。比如，“应收账款”科目属于资产类科目，余额一般在借方，但有时可能会出现贷方余额。“应收账款”科目余额如果在借方，表示债权，是资产性质；但如果出现贷方余额，表示债务，是负债性质，实质上是预收账款（一种负债）了。

借方	______账户　　　　贷方
期初余额	期初余额
资产的增加 负债及所有者权益的减少 成本、费用的增加 收入的减少（或转销）	负债及所有者权益的增加 资产的减少 收入的增加 成本、费用的减少（或转销）
期末余额	期末余额

图4-16　账户综合结构

（四）借贷记账法的记账规则

借贷记账法的记账规则是以资产总额恒等于负债及所有者权益总额的平衡关系为基础，以"借"、"贷"作为记账符号，从资金增减变化的四种类型中归纳总结出来的，简单讲为"有借必有贷，借贷必相等"。

【例4-4】　华江公司从银行存款中提取现金30 000元。

这项经济业务的发生，企业资产项目的现金增加了30 000元，资产项目的银行存款却减少30 000元，引起了资产内部两个项目之间以相等的金额一增一减地变动。资产增加记借方，资产减少记贷方，借贷金额相等。

【例4-5】　华江公司签发商业汇票一张金额100 000元，归还前欠连云公司货款。

这项经济业务的发生，企业的权益内的应付票据负债项目增加了100 000元，权益内的应付账款负债项目却减少了100 000元，引起了权益内部两个负债项目之间以相等的金额一增一减地变动。权益减少记借方，权益增加记贷方，借贷金额相等。

【例4-6】　华江公司接受投资者投资800 000元，款项直接存入银行。

这项经济业务的发生，企业资产项目的银行存款增加了800 000元，权益项目的实收资本也增加了80 000元，引起了资产项目和权益项目以相等的金额同时增加，资产增加记借方，权益增加记贷方，借贷金额相等。

【例4-7】　华江公司以银行存款200 000元，偿还银行短期借款。

这项经济业务的发生，企业资产项目的银行存款减少了200 000元，权益的短期借款负债项目也减少了200 000元，引起了资产项目和权益项目以相等的金额同时减少，权益减少记借方，资产减少记贷方，借贷金额相等。

因为经济业务只有四种类型，而且这四种类型的经济业务均是有借有贷，借贷相等。所以，在借贷记账法下，对任何经济业务，都是有借有贷且借贷相等，这样就形成了借贷记账法的记账规则——"有借必有贷，借贷必相等"。

上述四种类型经济业务所举例子的每项业务同时只记一个账户的借方和另一个账户的贷方，它是复式记账法的基本形式。如果经济业务内容比较复杂，需要在一个（几个）账户的借方和几个（一个）账户的贷方进行登记时，也符合"有借必有贷，借贷必相等"的记账规则。

【例4-8】 华江公司收回应收销货款共20 000元。其中通过银行转账的款项19 500元，收现金500元。

这项经济业务的发生，使企业资产项目的银行存款增加了19 500元，资产项目的现金增加了500元，资产项目的应收账款减少了20 000元，引起了资产内部三个项目之间以相等的金额增减的变动。资产增加记借方，资产减少记贷方，两个增加的资产项目所记借方的金额之和与一个资产项目所记贷方的金额相等。

（五）账户对应关系和会计分录

1. 账户对应关系

所谓账户对应关系是指有关账户之间因某项经济业务而形成的应借、应贷相互关系。存在对应关系的账户称为对应账户。分清账户对应关系可以看清经济业务的来龙去脉。因此，采用借贷记账法登记某项经济业务时，应先通过编制会计分录来确定其所涉及的账户及其对应关系，从而保证账户记录的正确性。

2. 会计分录

所谓会计分录（Accounting Entry）是指标明某项经济业务应借、应贷的账户及其金额的记录。

编制会计分录的目的是为了对经济业务进行确认，指明应记入的账户名称，从而为登记账簿提供依据。实际工作中编制会计分录是通过编制记账凭证或登记普通日记账来完成的。

编制会计分录的基本思路如下。

（1）先分析一笔经济业务要涉及哪些账户。

（2）分析这些账户属于哪类。

（3）分析该笔经济业务使得哪些账户金额增加，使得哪些账户金额减少。根据账户的基本结构，即资产类、成本类、费用类账户借方登记增加数，贷方登记减少数，而负债类、所有者权益类、收益类账户借方登记减少数，贷方登记增加数，来确定登记在该笔经济业务涉及的各个账户的哪一方。

例如，2010年12月10日，甲企业用银行存款归还所欠乙企业的货款5 000元，要求编制甲企业的会计分录。

编制会计分录的思路：该笔业务涉及“银行存款”和“应付账款”，该笔业务的发生使得“银行存款”减少，它属于资产类账户，减少额应登记在其贷方；该笔业务的发生使得“应付账款”减少，它属于负债类账户，减少额应登记在其借方。

编制的会计分录为：

借：应付账款　　5 000
　贷：银行存款　　5 000

例4-4至例4-8的会计分录如下。

例 4-4 中，借：库存现金 30 000
　　　　　　贷：银行存款 30 000
例 4-5 中，借：应付账款 100 000
　　　　　　贷：应付票据 100 000
例 4-6 中，借：银行存款 80 000
　　　　　　贷：实收资本 80 000
例 4-7 中，借：短期借款 200 000
　　　　　　贷：银行存款 200 000
例 4-8 中，借：库存现金 500
　　　　　　　　银行存款 19 500
　　　　　　贷：应收账款 20 000

【例 4-9】 华江公司购买机器一台，价格 200 000 元，经协商，先支付款项 120 000 元，余款 80 000 元暂欠。

借：固定资产 200 000
　贷：银行存款 120 000
　　　应付账款 80 000

会计分录按所运用账户的多少分为简单会计分录和复合会计分录。

简单会计分录由两个账户组成。例 4-4 至例 4-7 的会计分录借方和贷方都只有一个账户，即一“借”一“贷”，是简单会计分录。复合会计分录由两个以上的账户组成。例 4-8 的会计分录借方有两个账户，贷方有一个账户，即一“贷”多“借”，是复合会计分录。例 4-9 的会计分录贷方有两个账户，借方有一个账户，即一“借”多“贷”，也是复合会计分录。

一般情况下不提倡编制多借多贷的会计分录，主要是因为多借多贷会计分录的账户对应关系不够清楚，或者说，这样会造成账户对应关系混乱。但在某些业务中只要账户对应关系不混乱，也可以编制多借多贷的会计分录。需要指出的是无论是编制什么样的会计分录都是针对同一笔业务而言，不能把不同性质的业务混在一起编制一笔会计分录。

（六）借贷记账法的试算平衡

1. 试算平衡原理及平衡公式

借贷记账法的试算平衡（Trail Balance）是指根据会计等式的平衡原理，按照记账规律的要求，通过汇总计算和比较，来检查账户记录的正确性、完整性。

根据资产总额等于负债及所有者权益总额，资产（含费用成本）类账户的借方余额合计必然和负债及所有者权益（含收入）类账户的贷方余额合计相等。首先表现为期初余额，其次表现为期末余额。

根据“有借必有贷，借贷必相等”，每一笔经济业务的借方发生额等于贷方发生额，所以，全部经济业务的借方发生额合计等于贷方发生额合计。

借贷记账法下，账户发生额及余额的试算平衡公式分别为：

全部账户借方发生额合计数 = 全部账户贷方发生额合计数

全部账户借方余额合计数 = 全部账户贷方余额合计数

综上所述，借贷记账法是以资产等于负债及所有者权益的会计等式作为理论基础的，用“借”、“贷”作为记账符号，按照“有借必有贷，借贷必相等”的记账规则来记载经济业务，并按账户借方余额合计与贷方余额合计，以及借方发生额合计与贷方发生额合计相等的方法进行试算平衡的一种复式记账方法。

2. 试算平衡表的编制

试算平衡工作，一般是在月末通过编制试算平衡表完成的。试算平衡表包括总分类账户本期发生额及余额试算平衡表。

企业月末编制试算平衡表前应做好以下准备工作：

（1）先登记各账户的期初余额；

（2）登记各账户本期发生的经济业务；

（3）结出各账户本期发生额及余额；

（4）准备编制总分类账户本期发生额对照表的空白表。

【例 4-10】 将本章以前所举的华江公司 12 月初的资产负债表的资料和例 4-4 至例 4-9 经济业务的会计分录，记入下列各总分类账户，并于 12 月末结出各账户的本期发生额和期末余额。如图 4-17 至图 4-24 所示。

借方	库存现金	贷方
	1 000	
（4）	30 000	
（8）	500	
	31 500	

图 4-17　登记的库存现金账户

借方	银行存款		贷方
	264 000		
		（4）	30 000
（6）	80 000		
		（7）	200 000
（8）	19 500		
		（9）	120 000
	13 500		

图 4-18　登记的银行存款账户

借方	应收账款	贷方
230 000		
	(8) 20 000	
210 000		

图 4-19　登记的应收账款账户

借方	固定资产	贷方
300 000		
(9) 200 000		
500 000		

图 4-20　登记的固定资产账户

借方	应付账款	贷方
	75 000	
(5) 100 000	(9) 80 000	
	55 000	

图 4-21　登记的应付账款账户

借方	应付票据	贷方
	100 000	
	(5) 100 000	
	200 000	

图 4-22　登记的应付票据账户

借方	实收资本	贷方
	400 000	
	(6) 80 000	
	480 000	

图 4-23　登记的实收资本账户

借方	短期借款	贷方
		220 000
(7)　200 000		
		20 000

图 4-24　登记的短期借款账户

根据上列资料，可以编制总分类账户本期发生额对照表如表 4-2 所示。

表 4-2

总分类账户本期发生额及余额试算平衡表

会计科目	期初余额		本期发生额		期末余额	
	借　方	贷　方	借　方	贷　方	借　方	贷　方
库存现金	1 000		30 500		31 500	
银行存款	264 000		99 500	350 000	13 500	
应收账款	230 000			20 000	210 000	
固定资产	300 000		200 000		500 000	
短期借款		220 000	200 000			20 000
应付账款		75 000	100 000	80 000		55 000
应付票据		100 000		100 000		200 000
实收资本		400 000		80 000		480 000
合　计	795 000	795 000	640 000	640 000	755 000	755 000

表 4-2 也可以根据需要编成总分类账户本期发生额试算平衡表和总分类账户余额试算平衡表两张表，如表 4-3 和表 4-4 所示。

表 4-3

总分类账户本期发生额试算平衡表

会计科目	本期发生额	
	借　方	贷　方
库存现金	30 500	
银行存款	99 500	350 000
应收账款		20 000
固定资产	200 000	
短期借款	200 000	
应付账款	100 000	80 000

续表

会计科目	本期发生额	
	借　方	贷　方
应付票据		100 000
实收资本		80 000
合　计	640 000	640 000

表 4-4

总分类账户余额试算平衡表

会计科目	期末余额	
	借　方	贷　方
库存现金	31 500	
银行存款	13 500	
应收账款	210 000	
固定资产	500 000	
短期借款		20 000
应付账款		55 000
应付票据		200 000
实收资本		480 000
合　计	755 000	755 000

3. 试算平衡表的作用

通过试算平衡表可以检查总分类账户中的记录是否基本正确、完整。并为编制财务会计报告提供一定的便利。但必须指出，即使试算平衡表中借贷金额相等，也不能说明账户记录是完全没有错误的。因为有一些错误并不影响借贷双方的平衡，通过试算无法发现其错误，如漏记或重记某项业务、借贷方向颠倒或串户。因此，根据试算平衡结果，只能确认账户记录是否基本正确。

第五节　总分类账户和明细分类账户

一、总分类账户和明细分类账户

在会计核算工作中，根据企业经营管理工作的需要，一切经济业务都要通过有关账户进行核算，既要提供总括的核算指标，又要提供明细的核算指标，也就是需要同时设置总分类账户（ General Ledger）和明细分类账户（Subsidiary Ledger）。

总分类账户（也称总账账户）是总括反映会计对象某一类别变化情况的账户。根据总分类会计科目（一级科目）来设置。例如，原材料、应付账款等。它只应用货币作为统一的计量单位。

明细分类账户（也称明细账户）是在某一总分类账核算内容的基础上，按照实际需要用更加具体的、详细的分类来设置的账户，根据明细科目（细目）来设置。它除了应用货币计量单位外，有时还需要应用实物计量单位。例如，按原材料类别、规格设置的明细账户中，既要用货币度量反映原材料的收发存的金额，又要用实物度量来记录原材料收发存的数量。

除总分类账户和明细分类账户以外，有时还要设置二级账户。二级账户是介于总分类账户和明细分类账户之间的账户。根据二级科目（子目）来设置。它所提供的资料比明细分类账户概括，比总分类账户详细。例如，固定资产可以设二级账户“生产用固定资产”，三级账户“车床”。

二级账户可以设账，也可以不设账。在设账的情况下，要像明细分类账户一样，开设账户进行登记。在不设账的情况下，可以在需要的时候，将有关明细分类账户中的资料按照一定的类别加以归并汇总，从而取得所需的指标。

二、总分类账户与明细分类账户的关系

（1）总分类账户是所属明细分类账户资料的综合，是所属明细分类账户的统驭性账户，对所属的明细分类账户起控制作用；而明细分类账户是有关总分类账户的具体化，是有关总分类账户的从属账户，对其隶属的某一个总分类账户起补充说明的辅助作用。

（2）总分类账户一般以货币作为统一的计量单位，而明细账分类账户除了货币计量外还可能应用实物单位等进行数量核算。

（3）总分类账户是提供总括资料，而明细分类账户是提供相对具体的、详细的核算资料的，但二者反映的对象是相同的，登记时的原始根据是相同的，它们提供的资料互相补充，既总括又详细地说明同一事物。

（4）总分类账户与明细分类账户之间要实行平行登记。

三、总分类账户和明细分类账户的平行登记

平行登记是指对每一笔经济业务，一方面要在总分类账户中进行登记，另一方面要在该总分类账户所属的明细分类账户中进行登记的工作。平行登记的要点可归纳为如下三个方面。

1. 平行登记的三要点

(1) 期间一致。对于发生的每一项经济业务，一方面要记录有关的总分类账户，另一方面还要记录在总分类账户所属的明细账户中。如果涉及的明细账户不止一个，则应分别记录有关的几个明细账户，两方面登记的会计期间应该一致。

(2) 方向一致。如果总分类账户登记借方，明细分类账户必须登记借方。如果总分类账户登记贷方，明细分类账户也必须登记贷方。

但是，这一要点有例外，当采用不同的账务处理程序（如科目汇总表）时，总分类账户和明细分类账户的登记方向就可能不一致。

(3) 金额相等。记入总分类账户的金额必须与记入有关的几个明细账户金额之和相等。

下面分别以“原材料”和“应付账款”两个账户为例，说明总分类账户与明细分类账户的平行登记。

2. 关于原材料的总分类账户和明细分类账户的平行登记的方法

假设华江公司“原材料”总分类账户月初的结存金额系由下列各项组成：

甲原材料	10 t	4 000 元/t = 40 000 元
乙原材料	50 kg	600 元/kg = 30 000 元
		合　计　70 000 元

华江公司本月份内收入和发出的原材料如下。

【例 4-11】 仓库收入外购原材料一批，买价 30 000 元（暂不考虑增值税），发票账单已到，货款暂欠。该项原材料系由下列各项组成：

甲原材料	2 t	4 000 元/t = 8 000 元
乙原材料	40 kg	400 元/kg = 16 000 元
丙原材料	120 件	50 元/件 = 6 000 元
		合　计　30 000 元

对于该项业务，应编制的会计分录为：

借：原材料——甲材料	8 000	
——乙材料	16 000	
——丙材料	6 000	
贷：应付账款		30 000

【例 4-12】 仓库发出产品生产用原材料 30 200 元，系由下列各项组成：

甲原材料	3 t	4 000 元/t = 12 000 元
乙原材料	50 kg	400 元/kg = 20 000 元
丙原材料	70 件	50 元/件 = 3 500 元
		合　计　35 500 元

对于该项业务，应编制的会计分录为：

借：生产成本——基本生产成本　　35 500
　贷：原材料——甲材料　　12 000
　　　　　　——乙材料　　20 000
　　　　　　——丙材料　　3 500

根据上列原材料结存、收入和发出的资料，在“原材料”总分类账户及其所属的“甲材料”、“乙材料”、“丙材料”三个明细分类账户中进行平行登记。如图 4-25 至图 4-28 所示。

借方　原材料	贷方
70 000	
(11)　30 000	(12)　35 500
64 500	

图 4-25　登记的原材料总账

借方　原材料——甲材料	贷方
40 000	
(11)　8 000	(12)　12 000
36 000	

图 4-26　登记的原材料——甲材料明细账

借方　原材料——乙材料	贷方
30 000	
(11)　16 000	(12)　20 000
26 000	

图 4-27　登记的原材料——乙材料明细账

借方　原材料——丙材料	贷方
0	
(11)　6 000	(12)　3 500
2 500	

图 4-28　登记的原材料——丙材料明细账

从以上的“T”字账可以看出，平行登记的结果，“原材料”总分类账户的期初余额 70 000 元、本期借方发生额 30 000 元、本期贷方发生额 35 500 元、期末余额 64 500 元，分别与其所属的甲、乙、丙三种材料的期初余额之和（40 000 + 30 000）、本期借方发生额之和（8 000 + 16 000 + 6 000）、本期贷方发生额之和（12 000 + 20 000 + 3 500）、期末余额之和（36 000 + 26 000 + 2 500）相等。利用账户平行登记的关系，可以检查总分类账和明细分类账双方的登记是否正确、完整。

本章小结

1. 会计科目就是对会计要素进行分类的类别。它是在对会计对象划分为会计要素的基础上进行的再分类，即对每一会计要素的内容作进一步的分类。

2. 企业设置会计科目应遵循以下原则：①必须能够全面反映会计要素的内容与特点；②既要满足对外报告的要求，又要符合内部经营管理的需要；③既要适应经济业务发展的需要，又要保持相对稳定；④做到统一性与灵活性相结合；⑤要简明实用，含义明确。

3. 会计科目按核算和监督的会计对象的具体内容的分类，可以分为资产类、负债类、共同类、所有者权益类、成本类和损益类六类科目。会计科目按其所提供核算指标的详细程度可分为总分类科目（也称总账科目、一级科目）、二级科目（也称子目）、明细分类科目（也称明细科目、细目）。

4. 账户是根据会计科目设置的，具有一定的格式和结构，用于分类反映会计要素增减变动情况及其结果的载体。账户的基本结构应包括以下内容：①账户的名称；②日期；③凭证编号；④摘要；⑤金额。

5. 会计科目是账户的名称，账户是根据会计科目开设的，账户还具有一定的格式。而且，设有某一会计科目，但某企业不一定就开设（使用）该账户。会计科目是设置账户的依据。

6. 复式记账法是指对发生的每一笔经济业务，都要以相等的金额，在相互联系的两个或两个以上账户中进行全面登记的一种记账方法。

7. 在借贷记账法中，“借”和“贷”不再表示原有的债权和债务含义，而仅仅作为一种符号表示“增加”或“减少”。“借”可以表示“增加”，也可以表示“减少”；同样，“贷”可以表示“增加”，也可以表示“减少”。具体运用时要结合账户的性质来判断“借”、“贷”究竟表示增加还是减少。

8. 总分类账户是提供总括资料，而明细分类账户是提供相对具体的、详细的核算资料的，但二者反映的对象是相同的，登记时的原始根据是相同的，它们提供的资料互相补充，既总括又详细地说明同一事物。总分类账户与明细分类账户之间要实行平行登记。

知识链接：宋代的会计故事

宋朝在我国漫长的封建社会发展中，也是一位匆匆过客，转眼即逝。宋初的统治者励精图治，对政治、经济等进行了一系列的改革，取得了明显成效。改革促进了社会生产力的发展，调动了百姓的生产积极性，促进了农业的经济增长，增加了农民收入，提高了农民生活水平。活字印刷术的发明、交子的广泛使用，为宋朝工商业的繁荣、经济和文化的超常发展创造了前所未有的契机和动力。经济基础的坚实推动了上层建筑的发展，带动了宋代文化事业的超常发展，宋代的文学艺术盛况空前，宋词更是独具魅力、独领风骚。伴随着社会经济的发展，一支优秀的文学家队伍异军突起，这支队伍以唐宋八大家的优秀代表为首，他们不仅文采出众，而且个个精通会计，善于理财，这是宋代文豪与其他历代文人不同的地方，在历史上留下了优美、动人、奇特的篇章。

王安石（公元 1021—1086 年），中国宋代改革家、思想家、文学家。字介甫、号半山。江西临川（今江西抚州）人，世称临川先生。庆历二年进士第四名及第。王安石担任官吏后，力主变法革新，深得宋神宗和封建士大夫的信任。熙宁二年，他出任参知政事，次年，升任宰相，从此开始了大张旗鼓的改革。王安石认为理财是宰相要抓的头等大事，只有发展生产、节约支出，才能做好国家财政经济工作，才能真正实现国富民强。在实施改革中，王安石把发展生产力作为当务之急摆在头等重要的位置。在发展经济和促进农业生产方面，实施了《均输法》，减轻了纳税户的许多额外负担；建立了《市易法》，限制了大商人对市场的垄断行为，增加了国家的财政收入；实行了《青苗法》，使广大农民能够“赴时趋事”，减轻了农民负担，提高了农民的生活水平；采用了《农田水利法》，使贫瘠的土地变成了良田，增加了农民收入。通过王安石的变法图强措施的实施，宋朝经济出现了一定程度的繁荣景象，正当王安石的改革措施初见成效、逐渐走向成功之时，他的经济改革也开始面临厄运。由于变法触及了当时大地主、大官僚的利益，一股强大的反对势力开始施加压力，最后变法不得不停止，王安石也不得不辞去宰相职务，闲居江宁府。王安石是唐宋八大家之一，其文学素养和政治才能出类拔萃，而其理财的理念和能力与文学水平和政治才能相比，也毫不逊色。

曾巩（公元 1019—1083 年），字子固，南丰（今江西）人。他是唐宋八大家之一，也是中国北宋时期著名的散文家。嘉祐二年（公元 1057 年）考中进士，任召编校史馆书籍，官至中书舍人。曾巩是欧阳修古文运动的支持者和参与者，以散文见长，也能诗。《宋史·曾巩传》评其文“立言于欧阳修、王安石间，纡徐而不烦，简奥而不晦，卓然而自成一家”。曾巩不仅文采出众，对会计也是非常精通的，他曾写《经费议》一文，论述了量入为出、开源节流对经济生活的影响和重要性，宋神宗看后对其给予了高度评价：“曾巩把节用作为理财之要，目前谈论财政者，都未注意到这个问题。”（中国史籍精华译丛，黄河出版社等四家出版社1993年版第1332页）曾巩认为“用之有节，则天下虽贫，其富易致也；用之无节，则天下虽富，其贫易致也。”曾巩在议论经费时，不是空洞地进行说教，而是采用了因素分析法，对景德、皇祐和治平三朝费用开支情况进行了对比分析，“景德户七百三十万，垦田一百七十万顷；皇祐户一千九十万。垦田二百二十五万顷；治平户一千二百九十万，垦田四百三十万顷。天下岁入皇祐、治平皆一亿万以上，岁费亦一万亿以上。景德官一万余员，治平并幕职州县官三千三百有余，其总三万四千员。景德缴费六百万，皇祐一千二百万。治平一千三十万。以二者校之，官之众一倍于景德，校之费亦一倍于景德。”曾巩作为一个文学家，其在会计上的造诣也很不一般。(《文献通考》卷二十四，《国用二》，曾巩：《议经费》)

苏轼（公元1037—1101年），中国宋代文学家、书画家。字子瞻，一字和仲，号东坡居士。眉州眉山（今属四川）人。嘉祐元年（公元1056年）苏轼首次出川赴京应举，次年与弟苏辙同中进士，苏轼文采深受主考官欧阳修的赏识。苏轼一生虽经历坎坷、屡次遭贬，但仍能挥毫泼墨、潇洒自如。文学造诣很深，诗、词、散文、书画等无一不精，脍炙人口之作甚多，在此不再列举。苏轼曾著《省费用》一文，其主旨大意与曾巩的《经费议》大致相同。苏轼认为国有三计，“有万世之计、有一时之计，有不终月之计。”凡“计”均应以费用为中心，费有计，则国安。如能节天下无益之费，使国有储备，则无大患难。苏轼通过理论分析阐述了节约费用开支对国家的好处和意义。在苏轼为官的生涯中，他都能以会计的思维和理财的方法为当地的百姓增加财源。提高生活水平，无论走到哪里，他都为当地百姓做实事、做好事，深受老百姓的欢迎和喜爱。

苏辙（公元1039—1112年），中国北宋散文家。字子由，自号颍滨遗老。眉山（今属四川）人，嘉祐二年（公元1057年）进士。官至尚书右丞、门下侍郎，执掌朝政。晚年隐居著述，与其父苏洵、其兄苏轼合称“三苏”，位居唐宋八大家之列。元祐初年，苏辙与户部尚书李常等人主编了《元祐会计录》三十卷，并为该书作序。苏辙认为：凡节冗官，精士卒，克众用，便国富有余。若冗员充积，国用奢侈，积糜耗多，便会导致财匮不给。《宋文鉴》卷八十七记载：其在《上皇帝书》中以“去冗”为主题，发表了自己关于节约费用支出的看法。他认为：害财者三，一曰冗吏，二曰冗兵，三曰冗费。而要做好会计核算工作，做到节约支出，就必须“以简自处，而以繁寄人。以简自处，则心不可乱。心不可乱，则利至而必知，害至而必察。以繁寄人，则事有所分。事有所分，则毫末不遗，而情伪必见。”也就是说，在会计工作中，手续、程序要简便易行，账簿设置要少而精，冗员冗费减少了，才能节约支出，使机构运行合理有序。(《宋文鉴》卷五十六)

黄庭坚（公元1045—1105年），北宋文学家、书法家。字鲁直，自号山谷道人，又号涪翁，分宁（今江西修水）人。能诗文及词，为苏门四学士之一。他是治平进士，以校书郎为《神宗实录》检讨官，迁著作佐郎。后因修实录不实的罪名被贬。病逝于宜州（今广西宜山）。公元1101年4月，黄庭坚到湖北去访友。在荆州的路上，正好邂逅自己八年未见的老朋友李辅圣，心里异常激动。从元祐八年（公元1093年）分手，此时已经是八年未见。突然在荆州相见，两人都是非常激动。黄庭坚赋诗一首相赠，诗中以会计的有关知识和老友叙旧，并和老朋友开了个玩笑。此诗诗名《赠李辅圣》，记载在《黄山谷年谱》一书中。诗的全文如下：

交盖相逢水急流，
八年今复会荆州。
已回青眼追鸿翼，
肯使黄尘没马头？
旧管新收几妆镜，
流行坎止一虚舟。
相看绝叹女博士，
笔研管弦成古丘。

诗的大意是：时光流逝，转眼已经八年过去了，没有想到今天我们竟然意外地在荆州相会了。这么长时间了，老朋友有几位红颜知己相伴啊？你过去的和现在新收的红颜知己一共有多少啊？那个吹拉弹唱、色艺双绝的女博士——孔君还好吗？

诗人这里运用了在宋朝官厅会计中常用的会计核算法——四柱清册法的知识和老朋友李辅圣叙旧。诗中涉及的"旧管"、"新收"本是四柱清册法中四柱中的二柱，其他二柱为"开除"和"实在"。四柱清册法始于唐朝，盛行于宋朝，是一种重要的会计核算法。四柱清册法在当时来讲，其先进程度远远超过西方。四柱清册法写成公式就是：

旧管＋新收＝开除＋实在

或：

旧管＋新收－开除＝实在。

它相当于今天的：期初余额＋本期增加额＝本期减少额＋期末余额或：

期初余额＋本期增加额－本期减少额＝期末余额

相传，在宋朝士大夫家中，买歌伎侍妾是很平常的事，诗中以"妆镜"比喻女人，诗人以玩笑的口吻逗李辅圣"旧管和新收"了多少女人，开除了孔君，现在还"实在"多少个女人啊？诗人是以俗为雅，雅俗共赏也。这也充分说明了黄庭坚对"四柱清册法"是十分精通的，这些从侧面说明了宋朝的官厅会计发展和社会经济发展情况。

比黄庭坚稍后的辛弃疾诞生于公元1140年、逝世于公元1207年。辛弃疾字幼安，号稼轩，历城（今山东济南）人。出生时，其家乡山东已被金人所占。辛弃疾一生主张抗金，年轻时，激情满怀，大有"金戈铁马、气吞万里如虎"的豪情壮志，一心想驱除金人，建功立业。只可惜，平生抱负，未能实现。其名作《鹧鸪天》有"却将万字平戎策，换得东家种树书"之句，表明了他报国志愿未能实现，愤懑不平的心情。辛弃疾晚年退居江西上饶一带，并取"人生在勤，当以田力为先"之意，自号稼轩。其词在数量上超过前辈和当时的作家，风格多样，以豪放为主，与苏轼并称"苏辛"。辛弃疾晚年仿效晋代隐士陶渊明，过着恬淡、舒适的田园生活，有词为证。

万事云烟忽过，
百年蒲柳先衰，
而今何事最相宜，
宜醉宜游宜睡。
早趁催科了纳，
更量出入收支，
乃翁依旧管些儿，
管竹管山管水。

这首词见于《稼轩长短句》卷十，《西江月·示儿曹以家事付之》。它基本上反映了辛弃疾晚年的生活和心境。辛弃疾一生对政治、军事、经济都有着深刻的见解，对会计核算亦深有研究。这首词的下半部，以掌管家事而悠然自得，以计量收支而称心自娱。词中所用“出”、“入”乃当时官厅会计所用记账符号，“收”、“支”乃民间会计常用的记账符号。辛弃疾将之用到自己的词中，自有一番新意。归纳起来，主要是表明：第一，家计核算非常重要，不当家不知柴米油盐贵；第二，向自己的孩子们表明，自己虽然老了，但不是白吃闲饭的，自己是有掌管家计才能的；第三，以俗为雅，显示出他自然恬淡、看破红尘、超然物外的达观思想和风度。

众所周知，我国封建社会的会计发展非常缓慢，会计人员的地位也很低微。在会计地位与发展同样不受重视的宋朝，却诞生了如此众多精通会计业务、善于理财的文学大师，这不能不说是一个奇迹！遗憾的是，正当宋代的统治者捍卫和加强封建统治的时候，西方却正在酝酿着一场震惊世界的资本主义革命，它以摧枯拉朽之势改变了世界发展的格局，从而使西方诸国跃然成为世界强国。在这场革命的发源地——意大利，诞生了被史学家公认的近代会计之父——卢卡·帕乔利。如果这场革命也同样发生在我国的宋代，也许近代会计之父的桂冠就会花落于本文所推介的这些宋代文人墨客头上。然而，历史就是这样的滑稽，她真的能翻手为云、覆手为雨！

参考文献

[1] 陈国辉，迟旭升．基础会计．大连：东北财经大学出版社，2007.
[2] 中华人民共和国财政部．企业会计准则：基本准则．北京：经济科学出版社，2006.
[3] 娄尔行．基础会计．上海：上海三联书店，2002.
[4] 王俊生．基础会计学．北京：中国财政经济出版社，1999.
[5] 中华人民共和国财政部．企业会计准则：应用指南．北京：中国财政经济出版社，2006.

复习思考题

1. 什么是会计科目？设置会计科目应遵循哪些原则？
2. 账户的基本结构应包含哪些要素？账户中各项金额之间具有什么样的关系？
3. 会计对象、会计要素、账户三者间有什么样的关系？
4. 会计科目和会计账户有何异同？
5. 什么是复式记账法？它有什么特点？
6. 借贷记账法的理论依据是什么？
7. 借贷记账法下各类账户的结构是怎样的？
8. 借贷记账法有哪些特点？
9. 试算平衡表有什么作用？
10. 总分类账户和明细分类账户有什么样的关系？如何进行二者的平行登记？

第五章

制造业企业主要经济业务的核算

◆学习目标◆

1. 了解制造业企业的主要经济业务；
2. 理解并掌握资金筹集业务的核算；
3. 理解并掌握供应过程业务的核算；
4. 理解并掌握产品生产业务的核算；
5. 理解并掌握产品销售业务的核算；
6. 理解并掌握财务成果形成与分配业务的核算。

第一节 制造业企业的主要经济业务概述

制造业是以产品的加工制造和销售为主要生产经营活动的营利性经济组织，其生产经营活动过程以生产过程为中心，包括供应过程、生产过程和销售过程。一般来说，制造业企业的经济业务包括资金筹集业务、供应过程业务、产品生产业务、产品销售业务和财务成果形成与分配业务。

一、资金筹集业务

为了进行正常的生产经营活动，每一个企业都必须拥有一定数量的经营资金，作为从事生产经营活动的物质基础。

资金筹集业务包括权益资金筹集业务和负债资金筹集业务。

权益资金主要是由投资人投入的，形成企业的所有者权益。如吸收所有者对企业投资，称为实收资本（或股本）。

负债资金主要是向债权人筹资借入的，形成企业的负债。如向金融机构举借短期借款和长期借款等。

二、供应过程业务

供应过程也称生产准备过程。供应过程业务主要包括固定资产的购建业务和材料采购业务。企业从各种渠道筹集到的资金，其中所占比重较大的是货币资金。企业首先以货币资金购建固定资产（厂房、机器设备等）和采购各种材料物资，为进行产品的加工制造做准备。这时资金就由货币资金形态转化为固定资金形态和储备资金形态。

三、产品生产业务

产品生产业务主要包括产品在直接生产过程中所发生的各种材料费用、人工费用和制造费用等生产费用的发生、归集和分配，以及产品成本的形成。随着各种生产费用的发生，资金逐渐由储备资金、固定资金和货币资金形态转化为生产资金形态。伴随着产品的完工和验收入库，资金又从生产资金形态转化为成品资金形态。

四、产品销售业务

产品销售业务，是企业将产品销售给购买者的过程中，所发生的发出产品、支付销售费用、确认销售收入、办理货款结算、结转产品销售成本等经济活动。通过这一过程，资金又从成品资金形态转化为货币资金形态。

五、财务成果形成与分配业务

财务成果形成与分配业务包括确定企业实现的利润和对利润进行分配。

企业一定时期内取得的收入与其相应的成本费用相抵后的差额即为企业在当期的财务成果（盈利或亏损）。如为盈利应进行分配，如为亏损应进行弥补。通过资金的补偿和分配，一部分资金（税收和股息或红利）要退出企业，另一部分资金（补偿的成本和费用）会重新投入企业的生产经营活动过程中去，开始新的资金的循环。

在上述企业生产经营活动过程中，资金筹集、资金收回或退出企业与供应过程（生产准备）、产品生产过程和产品销售三个过程首尾相接，构成了制造业企业的主要经济业务，形成了企业的资金循环和周转。

第二节　资金筹集业务的核算

一、实收资本的核算

1. 实收资本概念

实收资本是企业投资者按照企业章程，或合同、协议的约定，实际投入企业的资本，是企业所有者权益中的主要部分。

股份有限公司的投资者投入企业的资本则称为股本。股份有限公司简称股份公司，是指全部资本由等额股份构成并通过发行股票筹集资本，股东以其所持股份对公司承担有限责任，公司以其全部资产对公司债务承担责任的企业法人。

2. 实收资本的分类

按投资者的不同分为国家投入资本、法人投入资本、个人投入资本和外商投入资本等。

3. 账户设置

设置“实收资本”账户。

该账户主要用于核算企业实收资本的增减变动情况及结果。

性质：所有者权益类账户。

明细账户的设置：该账户一般按不同的投资者进行明细核算。

账户结构：该账户的贷方登记企业收到投资人投入的资本；借方登记依法减资而减少的资本数；期末余额在贷方，表示期末企业实有的资本数额。

借方　实收资本——××投资者　贷方

借方	贷方
	期初余额
依法减资而减少的资本数	收到投资人投入的资本
	期末余额：企业实有的资本数额

4.“实收资本”主要账务处理

投资者投入企业的资金可以是货币资金、实物资产、无形资产等。

企业收到投资者投入的资金时，涉及企业的资产类账户和所有者权益类账户。一方面是资产类账户增加，记入“银行存款”、“原材料”、“固定资产”、“无形资产”等账户的借方；另一方面是企业所有者权益的增加，记入“实收资本”账户的贷方。

会计分录为：

借：银行存款
　　原材料
　　固定资产
　　无形资产等
　贷：实收资本

【例 5-1】 华江公司是增值税一般纳税企业，12 月 16 日，企业收到国家投入资金 400 000元并存入银行。

会计分录为：

借：银行存款　400 000
　贷：实收资本——国家资本　400 000

二、短期借款业务的核算

企业在生产经营过程中，经常需要向银行等金融机构借款，以弥补经营资金的不足。企业借入的各种借款必须按规定用途使用，按期支付利息并按期归还本金。

借款按其借用期限的长短分为长期借款和短期借款。

这里只介绍短期借款的核算。

1. 短期借款的含义

短期借款是指企业在生产经营过程中向银行或其他金融机构借入的期限在一年以内（含一年）的各种款项。

2. 账户设置

(1)“短期借款”账户。该账户用于核算短期借款借入和归还情况。

性质：负债类账户。

明细账户的设置：该账户一般按借款单位及借款种类设置明细账。

账户结构：该账户的贷方登记企业借入的短期借款本金；借方登记企业归还借款本金；期末余额在贷方，表示期末尚未归还的短期借款本金。

借方　短期借款——××借款单位——××借款种类　贷方

	期初余额
本期归还的短期借款本金	本期借入的短期借款本金
	期末余额：尚未归还的短期借款本金

(2)“财务费用”账户。财务费用是指企业为筹集生产经营所需资金而发生的各项费用，主要包括银行借款的利息支出、利息收入和金融机构手续费等项目。

该账户用于核算短期借款的利息情况。

性质：损益类账户中的费用类账户。

明细账户的设置：该账户一般按费用项目设置明细账。

账户结构：该账户借方登记实际发生的财务费用；贷方登记期末转入“本年利润”账户借方的财务费用；期末无余额。如有利息收入应记入该账户的贷方。

借方　财务费用——××费用　贷方

本期实际发生的利息支出、金融机构手续费等	本期利息收入 期末转入“本年利润”账户借方数

(3)“应付利息”账户。该账户用于核算企业按合同约定应支付的借款利息。

性质：“应付利息”账户是负债类账户。

明细账户的设置：该账户一般按银行或其他金融机构设置明细账。

账户结构：该账户的贷方登记企业应付而未付的利息；借方登记企业实际归还的利息；

期末余额在贷方，表示期末尚未归还的利息。

借方　应付利息——××银行	贷方
	期初余额
本期实际归还的利息	本期应付而未付的利息
	期末余额：尚未归还的利息

3. 短期借款的核算

（1）借入短期借款的核算。此项经济业务的发生，涉及银行存款和短期借款两个账户。一方面使银行存款增加，记入“银行存款”账户的借方；另一方面使短期借款增加，记入“短期借款”账户的贷方。

会计分录为：

借：银行存款
　贷：短期借款

（2）短期借款利息的核算。在实际工作中，各种短期借款的使用，均要支付利息。

利息的计算公式：利息 = 本金 × 利率 × 期限

计算利息时要注意利率与期限口径应保持一致。“利率”，除非另外指明，一般指年利率；期限如按月表示，利率要换算成月利率；期限如按日表示，利率要换算成日利率。在实际会计处理时，为方便计算，一般规定一年为 360 天。

企业应于期末计算应付利息，会计分录为：

借：财务费用——利息支出
　贷：应付利息

按期支付利息时，会计分录为：

借：应付利息
　贷：银行存款

（3）归还借款的核算。此项经济业务的发生，同样涉及银行存款和短期借款账户。一方面使银行存款减少，记入“银行存款”账户的贷方；另一方面使短期借款减少，记入“短期借款”账户的借方。

会计分录为：

借：短期借款
　贷：银行存款

【例 5-2】 1 月 1 日，华江公司从银行取得 80 000 元短期借款，借款期为 6 个月，每季末付息一次。借款年利率为4%。

有关会计分录为:

① 1月1日借入借款时

借:银行存款 80 000
　贷:短期借款 80 000

② 3月31日计提利息时

$$应归还利息 = 80\,000 \times 4\% \div 12 \times 3 = 800(元)$$

借:财务费用 800
　贷:应付利息 800

③ 4月1日付息时

借:应付利息 800
　贷:银行存款 800

④ 6月30日计提利息时

$$应归还利息 = 80\,000 \times 4\% \div 12 \times 3 = 800(元)$$

借:财务费用 800
　贷:应付利息 800

⑤ 7月1日付息时

借:应付利息 800
　贷:银行存款 800

⑥ 7月1日归还本金时

借:短期借款 80 000
　贷:银行存款 80 000

第三节　供应过程业务的核算

一、材料采购业务的核算

供应阶段是制造业企业的生产准备阶段。企业以货币资金购买各种原材料，并且支付货款、采购费用和税金等，这样就形成了供应阶段的采购业务。企业在购入各种原材料和支付购买材料的各项费用时一定要和供应单位发生货款结算关系，则又形成供应阶段的结算业务。

采购业务、结算业务及材料采购成本的计算是供应阶段的基本经济业务。

(一) 材料采购成本的计算

1. 材料采购成本组成内容

材料采购成本，一般包括买价和采购费用等。

具体如下：

(1) 购货价格（买价）；

(2) 采购过程中的运杂费（包括运输费、装卸费、保险费、包装费、仓储费等）；

(3) 运输途中的合理损耗（定额内损耗）；

(4) 入库前的挑选整理费用（包括挑选整理中发生的工、费支出和必要的损耗，并扣除回收的下脚废料价值）；

(5) 购入存货应负担的税金和其他费用。

【例 5-3】 华江公司为增值税一般纳税企业，本期购入原材料一批 1 000 kg，材料买价为 10 元/kg，发票价款为 10 000 元，增值税额为 1 700 元；运杂费 900 元；入库前发生的整理挑选费为 1 100 元。材料运达企业，全部验收入库。所购材料用于应交增值税产品的加工。试计算该批材料的总成本与单位成本。

分析： 该批材料的总成本 $=1\,000\times 10+900+1\,100=12\,000$(元)

该批材料的单位成本 $=12\,000\div 1\,000=12$(元/kg)

【例 5-4】 华江公司为增值税一般纳税企业，本期购入原材料一批 1 000 kg，材料买价为 10 元/kg，发票价款为 10 000 元，增值税额为 1 700 元；运杂费 900 元；入库前发生的整理挑选费为 1 100 元。材料运达企业，验收时发现材料只有 990 kg，经查，所短少的 10 kg 材料为运输途中的合理损耗。所购材料用于应交增值税产品的加工。试计算该批材料的总成本与单位成本。

分析： 该批材料的总成本 $=1\,000\times 10+900+1\,100=12\,000$(元)

该批材料的单位成本 $=12\,000\div 990=12.12$(元/kg)

2. 材料采购成本的归集

材料采购成本的计算是按材料品种归集费用的。

如支付的费用能分清为哪一种材料而发生，则该部分费用应直接记入该种材料的成本；如几种材料共同耗用某些费用，应将这部分费用在几种材料之间按一定的标准进行分配。

常用的分配标准有材料的买价、重量、体积等。

$$材料采购费用分配率=\frac{采购费用总额}{材料总买价(重量、体积等)}\times 100\%$$

某种材料应分摊运杂费 = 该种材料的买价(重量、体积等) × 材料采购费用分配率

【例 5-5】 华江公司为增值税一般纳税企业，同时购入 A、B 两种材料。A 材料 1 000 kg，买价为 40 元/kg，发票价款为 40 000 元，增值税额为 6 800 元；B 材料 200 kg，买价为 100 元/kg，发票价款为 20 000 元，增值税额为 3 400 元。发生材料的共同运杂费 1 200 元。所有款项均以银行存款支付。运杂费按材料的买价比例进行分配。试计算 A、B 两种材料的采购成本。

分析：

采购费用分配率 = 1 200 ÷ (40 000 + 20 000) = 0.02(元)

A 材料应分摊运杂费 = 40 000 × 0.02 = 800(元)

B 材料应分摊运杂费 = 20 000 × 0.02 = 400(元)

A 材料的采购成本 = 40 000 + 800 = 40 800(元)

B 材料的采购成本 = 20 000 + 400 = 20 400(元)

【例 5-6】 华江公司为增值税一般纳税企业，同时购入 A、B 两种材料。A 材料 1 000 kg，买价为 40 元/kg，发票价款为 40 000 元，增值税额为 6 800 元；B 材料 200 kg，买价为 100 元/kg，发票价款为 20 000 元，增值税额为 3 400 元。发生材料的共同运杂费 1 200 元。所有款项均以银行存款支付。若运杂费按材料的重量比例进行分配。试计算 A、B 两种材料的采购成本。

分析：

采购费用分配率 = 1 200 ÷ (1 000 + 200) = 1.00(元/kg)

A 材料应分摊运杂费 = 1 000 × 1.00 = 1 000(元)

B 材料应分摊运杂费 = 200 × 1.00 = 200(元)

A 材料的采购成本 = 40 000 + 1 000 = 41 000(元)

B 材料的采购成本 = 20 000 + 200 = 20 200(元)

可见，对于几种材料共同耗用的费用，按不同的分配标准进行分配得到的材料采购成本是有差别的。实际工作中，应结合材料本身的特点选取恰当的标准进行分配。

(二) 账户设置

1. “在途物资”账户

该账户用于核算已付款但尚未验收入库的材料物资的采购成本。

性质：资产类账户。

明细账户的设置：该账户一般按材料品种设置明细账。

账户结构：该账户借方登记已付款但尚未验收入库的材料物资成本；贷方登记已验收入库转入“原材料”账户借方的材料物资成本；期末余额在借方，反映已经付款但尚未验收入库的在途物资实际成本。

借方　在途物资——××材料　贷方

借方	贷方
期初在途物资的成本	
本期已付款尚未验收入库材料物资的成本	本期已验收入库材料的成本
期末余额： 期末尚未验收入库的在途物资实际成本	

2.“原材料”账户

该账户用于核算企业库存各种原材料的收入、发出、结存情况。

性质：资产类账户。

明细账户的设置：该账户一般按原材料类别、品种、规格等设置明细账。

账户结构：该账户借方登记已验收入库的材料物资实际成本；贷方登记发出、领用的材料物资实际成本；期末余额在借方，反映库存原材料实际成本。

借方　原材料——××类别、品种、规格　贷方

借方	贷方
期初库存材料的成本	
本期已验收入库的各种材料物资的实际成本等	本期发出、领用材料物资的实际成本等
期末余额：期末库存原材料的实际成本	

3.“应付账款”账户

该账户用于核算企业因采购材料、商品和接受劳务等而应付给供应单位的款项。

性质：负债类账户。

明细账户的设置：该账户一般按供应单位的名称设置明细账。

账户结构：该账户贷方登记应付给供应单位的款项；借方登记已偿还给供应单位的款项；期末余额一般在贷方，表示企业尚未偿还的款项。

借方　应收账款——××供应单位　贷方

借方	贷方
	期初余额
本期已偿还的供应单位的款项	本期发生的应付给供应单位的款项
	期末余额：企业尚未偿还的款项

4.“预付账款”账户

该账户用于核算企业按照合同规定预付给供应单位的款项。

性质：资产类账户。

明细账户的设置：该账户一般按供应单位的名称设置明细账。

账户结构：该账户借方登记预付及补付给供应单位的款项；贷方登记收到材料物资时所需支付的款项及退回多余的款项；期末余额一般在借方，表示预付给供应单位尚未结算的预付款项；若余额在贷方，表示尚未补付的款项，相当于应付款项。

借方　预付账款——××购货单位　贷方

借方	贷方
（1）本期预付给供应单位的款项 （2）补付给供应单位的款项	（1）本期收到材料物资时所需支付的款项 （2）退回多余的款项
期末余额：预付给供应单位尚未结算的预付款项	期末余额：表示尚未补付的款项

5.“应付票据”账户

该账户用于核算企业因采购材料、商品和接受劳务等而开出的商业汇票。

性质：负债类账户。

明细账户的设置：该账户一般按供应单位的名称设置明细账。

账户结构：该账户贷方登记采购材料等开出并承兑的商业汇票的金额；借方登记到期支付的票据金额；期末余额在贷方，表示尚未到期的应付票据金额。

借方　应付票据——××供应单位　贷方

借方	贷方
	期初余额
到期支付的票据金额	本期采购材料开出并承兑的商业汇票的金额
	期末余额：尚未到期的应付票据金额

6.“应交税费”账户

该账户用于核算企业按税法规定应缴纳的各种税费的计算及实际缴纳情况，包括增值税、消费税、营业税、城市维护建设税、教育费附加、企业所得税等。

性质：负债类账户。

明细账户的设置：该账户一般应按照各种税种设置明细分类账户。

账户结构：该账户贷方登记企业计算出应交而未交的各种税费；借方登记企业实际缴纳的各种税费；期末余额如在贷方，表示应交而未交的各种税金；期末余额如在借方，表示预交或多交的税金或尚未抵扣的增值税额等。

借方　应交税费——××税种　贷方

借方	贷方
本期企业实际缴纳的各种税费	本期发生的应交而未交的各种税费
期末余额：预交或多交的税金或尚未抵扣的增值税额等	期末余额：应交而未交的各种税费

在材料采购业务中，“应交税费”账户主要核算的是增值税。

《中华人民共和国增值税暂行条例》规定：增值税是对在我国境内销售货物或者提供加工、修理修配劳务及进口货物的单位和个人，就其取得的货物或应税劳务的销售额和进口货物的金额计算税款，并实行税款抵扣制的一种流转税。

按照纳税人经营规模大小、会计核算是否健全和是否能够提供准确的税务资料，增值税暂行条例将纳税人分为一般纳税人和小规模纳税人。

一般纳税人符合规定的，可以使用增值税专用发票，实行税款抵扣制度；适用基本税率为17%，低税率为13%；其增值税应纳税额 = 当期销项税额 − 当期准予抵扣的进项税额。

对于一般纳税人来说，“应交税费——应交增值税”下设置“进项税额”、“销项税额”、“已交税额”、“转出未交增值税”、“转出多交增值税”等专栏。

账户结构：

借方　应交税费——应交增值税　贷方

借方	贷方
进项税额 已交税额 转出未交增值税	销项税额 转出多交增值税
期末余额：尚未抵扣的进项税额	

小规模纳税人只能使用普通发票，购进货物或应税劳务不得抵扣进项税额；适用3%的征收率；其增值税应纳税额 = 含增值税销售额 ÷ (1 + 征收率) × 征收率。

对于小规模纳税人，只设置“应交税费——应交增值税”二级账户，不设置专栏。

本书如无特别说明，均假设企业为增值税一般纳税人。

（三）材料采购业务的主要账务处理

1. 企业购入材料，先收料，后结算

此项经济业务的发生，涉及“原材料”、“应交税费——应交增值税”和“银行存款”、“应付账款”、“应付票据”等账户。

购入材料入库时，一方面是原材料增加，记入“原材料”和“应交税费——应交增值税”账户的借方；另一方面是银行存款减少或者应付账款或应付票据增加，记入“银行存款”、“应付账款”、“应付票据”等账户的贷方。

会计分录为：

借：原材料
　　应交税费——应交增值税（进项税额）
　贷：银行存款　　（收料，同时付款结算）
　　　应付账款　　（收料，款项未付）
　　　应付票据等　（收料，货款采用商业汇票结算）

【例 5-7】 华江公司是增值税一般纳税企业，12 月 1 日购进 A 原材料一批，价款 3 000 元和增值税 510 元用转账支票支付，材料已验收入库。

此项经济业务的发生，涉及“原材料”、“应交税费——应交增值税”和“银行存款”等账户。

购入材料入库时，一方面是原材料增加，记入“原材料”和“应交税费——应交增值税”账户的借方；另一方面是银行存款减少，记入“银行存款”账户的贷方。

会计分录为：

借：原材料——A 材料　　3 000
　　应交税费——应交增值税（进项税额）　　510
　贷：银行存款　　3 510

【例 5-8】 华江公司是增值税一般纳税企业，12 月 2 日向丙企业赊购 D 原材料一批，价款 5 000 元和增值税 850 元未付，材料已验收入库。

此项经济业务的发生，涉及“原材料”、“应交税费——应交增值税”和“应付账款”等账户。

购入材料入库时，一方面使原材料增加，记入“原材料”和“应交税费——应交增值税”账户的借方；另一方面是应付款项的增加，记入“应付账款”账户的贷方。

会计分录为：

借：原材料——D 材料　　5 000
　　应交税费——应交增值税（进项税额）　　850
　贷：应付账款——丙企业　　5 850

12 月 12 日，华江公司以银行存款 5 850 元归还前欠丙企业货款及增值税款。

分析：用银行存款归还欠款应记入“应付账款”账户的借方，应记入“银行存款”账户的贷方。

会计分录为：

借：应付账款——丙企业　　5 850
　贷：银行存款　　5 850

【例 5-9】 华江公司是增值税一般纳税企业，12 月 5 日从大明工厂购进 C 材料 400 kg，增值税专用发票上注明的 C 材料价款 12 000 元，增值税款为 2 040 元。价款和增值税款通过商业承兑汇票结算。材料已验收入库。

此项经济业务的发生，涉及“原材料”、“应交税费——应交增值税”和“应付票据”等账户。

购入材料入库时，一方面使原材料增加，记入“原材料”、“应交税费——应交增值税”账户的借方；另一方面使应付款项的增加，记入“应付票据”账户的贷方。

会计分录为：

借：原材料——C 材料　　12 000
　　应交税费——应交增值税（进项税额）　　2 040
　贷：应付票据　　14 040

2. 企业购入材料，先付款或结算，后收料

此项经济业务的发生，涉及“在途物资”、“原材料”、“应交税费——应交增值税”和“银行存款”、“应付账款”、“应付票据”等账户。

购入材料时，一方面使在途物资增加，记入“在途物资”和“应交税费——应交增值税”账户的借方；另一方面使银行存款减少或者应付账款、应付票据增加，记入“银行存款”、“应付账款”、“应付票据”等账户的贷方。

材料验收入库时，一方面使原材料增加，记入“原材料”账户的借方；另一方面使在途物资减少，记入“在途物资”账户的贷方。

会计分录为：

(1) 购入材料先付款或结算。

借：在途物资
　　应交税费——应交增值税（进项税额）
　贷：银行存款　（付款结算）
　　　应付账款　（款项未付）
　　　应付票据等　（采用商业汇票结算）

(2) 材料到达，验收入库。

借：原材料
　贷：在途物资

【例 5-10】 华江公司是增值税一般纳税企业，12 月 5 日，从大明工厂购进 C 材料 400 kg，增值税专用发票上注明的 C 材料价款 12 000 元，增值税款为 2 040 元。价款和增值税款通过银行存款结算。12 月 20 日材料验收入库。

12 月 5 日付款结算的会计分录：

借：在途物资——C 材料　　12 000
　　应交税费——应交增值税（进项税额）　　2 040
　贷：银行存款　　14 040

12 月 20 日材料验收入库的会计分录：

借：原材料——C 材料　　12 000
　贷：在途物资——C 材料　　12 000

【例 5-11】 华江公司是增值税一般纳税企业，12 月 5 日，从大明工厂购进 C 材料 400 kg，增值税专用发票上注明的 C 材料价款 12 000 元，增值税款为 2 040 元。价款和增值税款尚未支付。12 月 20 日材料验收入库。

12 月 5 日付款结算的会计分录：

借：在途物资——C 材料 12 000
　　应交税费——应交增值税（进项税额） 2 040
　贷：应付账款 14 040

12 月 20 日材料验收入库的会计分录：

借：原材料——C 材料 12 000
　贷：在途物资——C 材料 12 000

【例 5-12】 华江公司是增值税一般纳税企业，12 月 5 日，从大明工厂购进 C 材料 400 kg，增值税专用发票上注明的 C 材料价款 12 000 元，增值税款为 2 040 元。价款和增值税款通过商业承兑汇票结算。12 月 20 日材料验收入库。

12 月 5 日付款结算的会计分录：

借：在途物资——C 材料 12 000
　　应交税费——应交增值税（进项税额） 2 040
　贷：应付票据 14 040

12 月 20 日材料验收入库的会计分录：

借：原材料——C 材料 12 000
　贷：在途物资——C 材料 12 000

【例 5-13】 华江公司是增值税一般纳税企业。本月发生如下业务：

① 12 月 6 日，向宏伟厂购进 A 材料 200 kg，单价 280 元，计价款 56 000 元，增值税款为 9 520 元；购进 B 材料 300 kg，单价 250 元，计价款 75 000 元，增值税款为 12 750 元。价款和税款尚未支付。材料尚未入库。

分析：此项业务应分别将 A、B 材料的采购价与材料的增值税记入“在途物资”与“应交税费——应交增值税（进项税额）”账户借方；由于价款与税款均未支付，故应记入“应付账款”的贷方。

会计分录为：

借：在途物资——A 材料 56 000
　　在途物资——B 材料 75 000
　　应交税费——应交增值税（进项税额） 22 270
　贷：应付账款——宏伟厂 153 270

② 12 月 6 日，收到运输公司开来的运费发票，以银行存款支付上述两种材料的运输费 929 元，装卸费 271 元，保险费 365 元，共计 1 565 元。假定采购费用按两种材料的重量进行分摊。

分析： 按增值税法规定，支付运输费用的，按照运输费用结算单据上注明的运输费用金额和 7% 的扣除率计算进项税额。运输费用金额指运输单位开具的货票上注明的运费和建设基金两项，不包括装卸费、保险费等。

进项税额计算公式：进项税额 = 运输费用金额 × 扣除率

运输费准予扣除的进项税额 = 929 × 7% = 65（元）

两种材料共计采购费用总额 = 929 + 271 + 365 − 65 = 1 500（元）

采购费用分配率 = 采购费用总额 ÷ 材料总重量

= 1 500 ÷（200 + 300）= 3（元/kg）

A 材料应分摊采购费用 = 200 × 3 = 600（元）

B 材料应分摊采购费用 = 300 × 3 = 900（元）

其分摊的采购费用应分别记入相应的“在途物资”账户的借方。

会计分录为：

借：在途物资——A 材料　600
　　在途物资——B 材料　900
　　应交税费——应交增值税（进项税额）　65
　贷：银行存款——宏伟厂　1 565

③ 12 月 16 日，向宏伟厂购入的 A 材料和 B 材料均已到达企业并已验收入库，结转其采购成本。

分析： 根据业务①与业务②“在途物资”账户的登记情况可知：

A 材料的采购成本 = 56 000 + 600 = 56 600（元）

B 材料的采购成本 = 75 000 + 900 = 75 900（元）

结转采购成本，即将其由“在途物资”账户转入“原材料”账户。

会计分录为：

借：原材料——A 材料　56 600
　　原材料——B 材料　75 900
　贷：在途物资——A 材料　56 600
　　　在途物资——B 材料　75 900

3. 先预付，后收货

此处涉及不同的经济业务。

预付款时，会计处理与外购原材料无关。主要涉及“银行存款”和“预付账款”账户。

一方面使银行存款减少，记入“银行存款”账户的贷方；另一方面使预付账款增加，记入“预付账款”账户的借方。

收货时，涉及“原材料”、“应交税费——应交增值税”和“预付账款”账户。购入材料入库时，一方面使原材料增加，记入“原材料”和“应交税费——应交增值税”账户的借方；另一方面使预付账款减少，记入“预付账款”账户的贷方。

会计分录为：

（1）预付款时。

借：预付账款
　贷：银行存款

（2）已经预付货款的材料验收入库。

借：原材料
　　应交税费——应交增值税
　贷：预付账款

（3）预付账款不足，按补付金额。

借：预付账款
　贷：银行存款

（4）预付账款多余，退回多付的款项。

借：银行存款
　贷：预付账款

【例 5-14】 华江公司是增值税一般纳税企业，12 月 10 日按合同规定预付购货款 2 000 元给海安工厂。

华江公司做如下会计分录：

	借方	贷方
借：预付账款	2 000	
贷：银行存款		2 000

6 月 25 日收到海安工厂发来 D 材料一批已验收入库，同时收到增值税专用发票凭证，注明价款 3 000 元，增值税 510 元。公司补付货款 1 510 元。

华江公司做如下会计分录：

	借方	贷方
借：原材料	3 000	
应交税费——应交增值税（进项税额）	510	
贷：预付账款		3 510
借：预付账款	1 510	
贷：银行存款		1 510

二、固定资产业务的核算

（一）固定资产的定义及确认

固定资产是指企业为生产商品、提供劳务、出租或经营管理而持有的，使用寿命超过一个会计年度的有形资产。

房屋、建筑物、机器、运输工具及其他与生产、经营有关的设备、器具、工具等资产均可作为固定资产。

（二）固定资产成本

固定资产成本也称为固定资产原始价值（简称原值）。

外购固定资产成本包括企业购入固定资产发生的一切支出，包括买价、包装费、运输费、装卸费、保险费、安装费、场地整理费、专业人员服务费、相关税费（如进口关税、耕地占用税、契税、车辆购置税等）及有关的间接费用，均计入固定资产原值。

注意：按税法规定，从2009年1月1日开始，增值税一般纳税人购进的除房屋建筑物等不动产之外的固定资产，其增值税额可以从当期销项税额中抵扣。

（三）账户设置

“固定资产”账户：该账户用于核算企业固定资产的增减变动和结存情况。

性质：资产类账户。

明细账户的设置：该账户按固定资产类别、使用部门和项目设置明细账。

账户结构：该账户借方登记因接受投资、购买、建造等增加的固定资产原始价值（简称原值）；贷方登记因转入、报废或投资等减少的固定资产原始价值；期末余额在借方，表示期末结存固定资产的原始价值。

借方　固定资产——××类别　贷方

借方	贷方
期初余额：结存固定资产的原值	
本期增加的固定资产原值	本期减少的固定资产原值
期末余额：结存固定资产的原值	在期末余额上画一条横线

（四）企业购入不需安装即可使用的机器设备等固定资产的核算

企业购入不需安装即可使用的机器设备等固定资产时，应按该项固定资产取得时的实际成本入账。

购入不需安装固定资产的业务，涉及“固定资产”、“应交税费——应交增值税”账户和“银行存款”、“应付账款”等账户。

此项经济业务的发生，一方面使固定资产增加，记入“固定资产”、“应交税费——应交增值税”账户的借方；另一方面使银行存款减少，记入“银行存款”账户的贷方，或使应付账款增加，记入“应付账款”账户的贷方。

会计分录为：

借：固定资产
　　应交税费——应交增值税（进项税额）
　贷：银行存款
　　　应付账款等

【例 5-15】 企业购入不需安装全新设备一台，收到的增值税发票注明：价值 10 000 元，增值税额 1 700 元，企业用银行存款支付。

	借方	贷方
借：固定资产	10 000	
应交税费——应交增值税（进项税额）	1 700	
贷：银行存款		11 700

【例 5-16】 企业购入不需安装全新设备一台，收到的增值税发票注明：价值 10 000 元，增值税额 1 700 元，发生运杂费等 300 元，企业用银行存款支付。

	借方	贷方
借：固定资产	10 300	
应交税费——应交增值税（进项税额）	1 700	
贷：银行存款		12 000

第四节　产品生产业务的核算

一、产品生产费用及其分类

产品生产阶段是制造业企业生产经营活动中极为重要的一个阶段。

生产费用是指制造业企业在一定时期内为生产产品而发生的能够用货币表现的耗费，如材料耗费、支付给产品生产工人薪酬、固定资产的折旧等。

生产费用按各种产品归集时，可以分为直接材料、直接人工和制造费用等三个主要项目，这些项目在会计上称为产品生产成本项目，简称成本项目。

1. 直接材料

这是指直接用于产品生产、构成产品实体的原料、主要材料、外购半成品，有助于产品形成的辅助材料及其他直接材料。

2. 直接人工

这是指直接参加产品生产的职工的薪酬。

职工薪酬包括：工资、奖金、津贴和补贴；职工福利费；医疗保险费、养老保险费、失业保险费、工伤保险费和生育保险费等社会保险费；住房公积金；工会经费和职工教育经费等各种费用。

3. 制造费用

这是指企业各生产单位为组织和管理生产而发生的各项间接费用。包括工资和福利费、折旧费、修理费、办公费、水电费、机物料消耗、劳动保护费及其他制造费用等。

如果企业生产的产品超过一种，则制造费用和其他属多种产品共同耗用的费用应在各种产品之间采用一定方法进行分配。

在产品制造过程中，发生的能直接记入各成本计算对象的费用均直接记入各个成本计算对象；不能直接记入各个成本计算对象的间接费用，应先在“制造费用”账户进行归集，期末再按适当的标准进行分配，将分配的数额记入各个成本计算对象。

在对制造费用进行分配时，一般可按生产工人工资比例法、生产工时比例法、机器工时比例法等进行分配。制造费用分配的计算公式如下：

$$\text{制造费用分配率}=\frac{\text{本月发生的制造费用总额}}{\text{生产工人工资(生产工时、机器工时)总数}}$$

某产品应分配的制造费用＝该产品所耗生产工人工资数(或生产工时数、机器工时数)×制造费用分配率

二、产品生产业务账户设置

为了反映和监督各项生产费用的发生、归集和分配，正确计算产品的生产成本，企业应设置下列有关账户。

1.“生产成本”账户

该账户用于归集和分配企业生产各种产品所发生的直接材料费、直接人工费、制造费用等，以正确计算产品成本。

性质：成本类账户，按经济内容划分属于资产类账户。

明细账户的设置：按照成本计算对象设置明细分类账户。

生产成本——基本生产成本——×车间——×产品　（料）（工）（费）

——辅助生产成本——×车间——×产品（劳务）（料）（工）（费）

账户结构：

借方 生产成本——××品种等	贷方
期初尚未完工的在产品的成本	
本期发生的各项生产费用 直接材料费 直接人工费 制造费用等	本期完工入库产品的生产成本
期末余额：尚未完工的在产品的成本	

2. "制造费用"账户

该账户用于归集和分配企业生产车间为制造产品和提供劳务而发生的各项间接费用，包括工资和福利费、折旧费、修理费、办公费、水电费、机物料消耗、劳动保护费等。

性质：成本类账户，按经济内容划分属于资产类账户。

明细账户的设置：按照不同车间、部门设置明细分类账户，按费用项目设置专栏。

制造费用——基本生产车间——×车间——××费用

——辅助生产车间——×车间——××费用

账户结构：

借方 制造费用——××车间——××费用	贷方
（一般没有期初余额）	
各车间发生的各项间接费用	期末按一定标准和方法分配转入"生产成本"账户借方的制造费用数额
（一般没有期末余额）	

3. "应付职工薪酬"账户

该账户用于核算企业应付给职工的薪酬。

性质：负债类账户。

明细账户的设置：按照职工薪酬组成内容设置明细分类账户，如"工资"、"职工福利"、"社会保险费"等。

账户结构：

借方 应付职工薪酬——××	贷方
期初余额：企业以前多付的职工薪酬	期初余额：期初企业应付未付的职工薪酬
本期支付的职工薪酬	本期应付的职工薪酬
	期末余额：期末企业应付未付的职工薪酬

4. "累计折旧" 账户

固定资产由于不断使用，随着损耗而逐渐转移的价值，称为固定资产折旧。为了反映这部分损耗价值，应通过"累计折旧"账户核算。

性质：资产类账户，是"固定资产"账户的抵减账户。

明细账户的设置：手工核算时一般不设明细账。

账户结构：

借方　累计折旧　贷方

借方	贷方
	期初的累计折旧额
本期累计折旧额的减少（固定资产由于出售、毁损、报废等原因而减少时，注销已计提的折旧额）	本月计提的折旧额
	期末余额：现有固定资产累计提取的折旧额

5. "库存商品" 账户

该账户用于核算企业库存产成品实际成本的增减变动和结存情况。

性质：资产类账户。

明细账户的设置：按产成品品种等设置明细分类账户。

账户结构：

借方　库存商品——××品种　贷方

借方	贷方
期初库存商品的成本	
本期完工并验收入库产成品的成本	本期转出产成品的成本
期末余额：期末库存产成品的成本	

6. "其他应收款" 账户

该账户用于核算企业除应收账款、应收票据、预付账款以外的其他各种应收、暂付款项，包括赔款、罚款、备用金、应向职工收取的各种垫付款等。

性质：资产类账户。

明细账户的设置：该账户一般按不同的债务人设置明细分类账。

账户结构：

借方 其他应收款——××债务人 贷方	
期初余额	
本期发生的应收、暂付款	本期收回的应收、暂付款
期末余额：尚未收回的款项	

三、产品生产业务的主要账务处理

（一）材料费用的归集与分配

此项经济业务的发生，涉及“原材料”、“生产成本”、“制造费用”、“管理费用”、“销售费用”等账户。

材料领用，一方面使库存的原材料减少，记入“原材料”账户的贷方；另一方面也使生产费用中的材料费用增加，需要按领用材料的用途分配。

其中，制造产品耗用的材料属直接材料，应通过“生产成本”账户核算；车间一般耗用的材料应通过“制造费用”账户核算；行政管理部门耗用的材料应通过“管理费用”账户核算；单设的销售机构耗用的材料应通过“销售费用”账户核算等。

会计分录为：

借：生产成本
　　制造费用
　　管理费用
　　销售费用等
　贷：原材料

【例 5-17】 华江公司生产甲、乙两种产品。12 月 9 日，仓库发出 A、B 两种材料，共计 380 000 元，其用途如表 5－1 所示。

表 5-1　A、B 两种材料的用途

材料 用途	A 材料		B 材料		合计/元
	数量（kg）	金额（元）	数量（kg）	金额（元）	
生产甲产品	300	90 000	350	88 000	178 000
生产乙产品	200	58 000	400	104 000	162 000
车间一般性耗用			100	26 000	26 000
行政管理部门耗用	50	14 000			14 000
合 计	550	162 000	850	218 000	380 000

分析：制造产品耗用的材料属直接材料，应通过“生产成本”账户核算；车间一般耗用的材料应通过“制造费用”账户核算；行政管理部门耗用的材料应通过“管理费用”账户核算。

会计分录为：

借：生产成本——甲产品（直接材料）　178 000
　　　　　　——乙产品（直接材料）　162 000
　　制造费用　26 000
　　管理费用　14 000
　贷：原材料——A 材料　162 000
　　　　　　——B 材料　218 000

(二) 职工薪酬费用的归集与分配

1. 从银行提取现金，准备发放职工工资

此项业务实际上只是一笔从银行提取现金的业务，准备发放工资是提取现金的用途。从银行提取现金，涉及“库存现金”和“银行存款”账户。“库存现金”增加，记入借方，“银行存款”减少，记入贷方。

会计分录为：

借：库存现金
　贷：银行存款

2. 以现金发放本月份职工工资

以现金发放职工工资，涉及“库存现金”和“应付职工薪酬”账户。“应付职工薪酬”减少，记入借方，“库存现金”减少，记入贷方。会计分录为：

借：应付职工薪酬
　贷：库存现金

3. 月末分配结转职工薪酬

职工薪酬应按企业职工所在的工作岗位进行分配结转。

此项经济业务的发生，涉及“应付职工薪酬”、“生产成本”、“制造费用”、“管理费用”、“销售费用”等账户。

分配结转职工薪酬，一方面使应付职工薪酬增加，记入“应付职工薪酬”账户的贷方；另一方面也使生产费用中的人工费用增加，需要按企业职工所在的工作岗位进行分配结转。其中，制造产品工人的工资，应通过“生产成本”账户核算；车间管理人员的工资，应先通过“制造费用”账户归集，再分配到有关产品生产成本中；厂部管理人员的工资，应通过“管理费用”账户核算；单设的销售机构人员的工资应通过“销售费用”账户核算等。

会计分录为：

借：生产成本
　　制造费用
　　管理费用
　　销售费用等
　贷：应付职工薪酬

【例 5-18】 12 月 15 日，华江公司从银行提取现金 166 000 元，准备发放工资。

分析：该业务实际上只是一笔从银行提取现金的业务，准备发放工资是提取现金的用途。

会计分录为：

借：库存现金　　166 000
　贷：银行存款　　166 000

【例 5-19】 12 月 15 日，华江公司以现金发放本月份职工工资 166 000 元。

分析：按照制度规定，工资不论是否在当月支付，都应通过“应付职工薪酬”账户核算。

会计分录为：

借：应付职工薪酬　　166 000
　贷：库存现金　　166 000

【例 5-20】 12 月 31 日，华江公司本月份应付职工工资 166 000 元，其中：

制造甲产品的生产工人工资	55 000 元
制造乙产品的生产工人工资	45 000 元
小 计	100 000 元
车间管理人员工资	20 000 元
厂部管理人员工资	36 000 元
专设产品销售机构人员工资	10 000 元
合计	166 000 元

分析：职工薪酬应按企业职工所在的工作岗位进行分配结转。其中，制造产品工人的工资应通过“生产成本”账户核算；车间管理人员的工资，应先通过“制造费用”账户归集，再分配到有关产品生产成本中；厂部行政管理人员的工资应通过“管理费用”账户核算；单设的销售机构人员的工资应通过“销售费用”账户核算等。

此项业务中：

应记入生产成本的职工薪酬金额 = 100 000（元）

其中：应记入甲产品生产成本的职工薪酬金额 = 55 000（元）

应记入乙产品生产成本的职工薪酬金额＝45 000（元）

应记入制造费用的职工薪酬金额＝20 000（元）

应记入管理费用的职工薪酬金额＝36 000（元）

应记入销售费用的职工薪酬金额＝10 000（元）

会计分录为：

借：生产成本——甲产品（直接人工）　55 000
　　　　　　——乙产品（直接人工）　45 000
　　制造费用　20 000
　　管理费用　36 000
　　销售费用　10 000
　贷：应付职工薪酬——工资　166 000

（三）其他费用的归集

1. 期末计提固定资产折旧

固定资产由于不断使用，随着损耗而逐渐转移的价值，称为固定资产折旧。为了反映这部分损耗价值，应通过“累计折旧”账户核算。

固定资产折旧是生产费用的组成部分，应根据固定资产的使用部门分别记入“制造费用”（生产车间使用）、“管理费用”（行政管理部门使用）“销售费用”（单设的销售机构使用）等账户。

期末计提固定资产折旧，涉及“制造费用”、“销售费用”、“管理费用”和“累计折旧”等账户。“制造费用”、“销售费用”、“管理费用”增加，记入借方；“累计折旧”增加，记入贷方。

会计分录为：

借：制造费用
　　管理费用
　　销售费用等
　贷：累计折旧

【例 5-21】 12 月 31 日，华江公司按规定计提本月固定资产折旧 12 000 元。其中生产车间负担 9 000 元，行政管理部门负担 3 000 元。

分析：固定资产由于不断使用，随着损耗而逐渐转移的价值，称为固定资产折旧。为了反映这部分损耗价值，应通过“累计折旧”账户核算。固定资产折旧是生产费用的组成部分，应根据固定资产的使用部门分别记入“制造费用”和“管理费用”账户。

这项经济业务应作如下会计分录：

借：制造费用　　9 000
　　管理费用　　3 000
　贷：累计折旧　　12 000

2. 发生的修理费、保险费、办公费、水电费、机物料消耗、劳动保护费等费用

此项经济业务的发生，涉及"制造费用"、"销售费用"、"管理费用"和"银行存款"等账户。

费用的发生需要按受益对象进行分配。其中，生产车间发生的费用应通过"制造费用"账户核算；行政管理部门发生的费用应通过"管理费用"账户核算；单设的销售机构发生的费用应通过"销售费用"账户核算等。

会计分录为：

借：制造费用
　　管理费用
　　销售费用等
　贷：银行存款
　　　库存现金等

【例 5-22】 12 月 31 日，华江公司负担本月保险费 1 000 元（其中车间负担 600 元，行政部门负担 400 元）。以转账支票支付。

分析：该费用应由车间负担的部分记入"制造费用"，应由行政管理部门负担的部分记入"管理费用"。以转账支票支付，使"银行存款"减少，记入贷方。

会计分录为：

借：制造费用　　600
　　管理费用　　400
　贷：银行存款　　1 000

3. 差旅费

（1）员工借支差旅费。应作为员工的借款处理，对企业来说是一种应收账款，为区别应收账款，会计上一般在"其他应收款"账户中反映，本业务发生时应记入"其他应收款"账户的借方，现金支付则应记入"库存现金"账户的贷方。

会计分录为：

借：其他应收款——××
　贷：库存现金等

（2）员工报销差旅费。按员工所在的工作岗位应记入"管理费用"（行政管理部门）或"制造费用"（生产车间）。差额补足现金或余款退回现金。

会计分录为：

借：管理费用
　　制造费用等
　　库存现金（差额补足）
　贷：其他应收款——××
　　　库存现金（余款退回）

【例5-23】 华江公司采购员王月出差，到财务科预借差旅费2 000元，以现金付讫。

借：其他应收款——王月　　2 000
　贷：库存现金　　2 000

王月出差归来，报销差旅费1 500元，余款退回。

借：库存现金　　500
　　管理费用　　1 500
　贷：其他应收款——王月　　2 000

（四）期末分配结转制造费用

制造费用是为生产产品而发生的间接费用，最终应由有关产品负担，是产品制造成本的组成部分，因此月末应转入“生产成本”账户。月末分配结转产品承担的制造费用，涉及“生产成本”和“制造费用”账户。“生产成本”增加，记入借方；“制造费用”减少，记入贷方。

会计分录为：

借：生产成本
　贷：制造费用

【例5-24】 12月31日，华江公司分配结转本月制造费用55 600元。假设按生产工人工资进行分配。

分析：制造费用是为生产产品而发生的间接费用，最终应由有关产品负担，是产品制造成本的组成部分，因此月末应转入“生产成本”账户。

制造费用总额 = 26 000 + 20 000 + 9 000 + 600 = 55 600（元）

制造费用的分配：甲、乙两产品的生产工人工资分别为55 000元和45 000元。

制造费用分配率 = 55 600 ÷（55 000 + 45 000）= 0.556

甲产品应分配的制造费用 = 55 000 × 0.556 = 30 580（元）

乙产品应分配的制造费用 = 45 000 × 0.556 = 25 020（元）

会计分录：

借：生产成本——甲产品（制造费用）　　30 580
　　　　　　——乙产品（制造费用）　　25 020
　贷：制造费用　　55 600

（五）期末结转完工产品成本

生产完工并已验收入库的产成品，应通过“库存商品”账户核算。结转完工验收入库的产品实际成本，涉及“库存商品”和“生产成本”账户。“库存商品”增加，记入借方；“生产成本”减少，记入贷方。

会计分录为：

借：库存商品
　贷：生产成本

【例 5-25】 12 月 31 日，华江公司本月投产的甲产品 2 000 件已全部生产完工，并已验收入库，结转实际生产成本 263 580 元；乙产品 1 400 件尚未完工。

分析： 生产完工并已验收入库的产成品，应通过“库存商品”账户核算。

结转甲产品 2 000 件已全部生产完工验收入库的实际生产成本 263 580 元（178 000 + 55 000 + 30 580）。

会计分录为：

借：库存商品——甲产品　　263 580
　贷：生产成本——甲产品　　263 580

乙产品尚未制造完工，因此，“生产成本——乙产品”账户的借方余额为乙产品的在产品成本 232 020 元（162 000 + 45 000 + 25 020），不需进行账务处理。

第五节　销售过程业务的核算

一、销售过程基本业务

销售过程是企业资金循环的最后一个阶段。企业要将完工的产品尽快销售出去，收回货币资金，以保证企业再生产的正常运转。

1. 产品销售业务

产品销售业务是制造业企业生产完工的产品进入市场流通过程，也是企业的生产耗费取得补偿并实现积累的过程。

基本经济业务：销售收入的确认与计量；发出产品；与购货单位进行货款结算；代税务机关向购货单位收取税金；支付各种销售费用；计算和结转已售产品的销售成本、销售税金的计算和缴纳等。

2. 其他销售业务

主要包括销售材料、出租包装物、出租无形资产、出租固定资产等。

二、营业收入的内容

我国《企业会计准则第 14 号——收入》定义的收入，是指企业在日常活动中形成的、会导致所有者权益增加的、与所有者投入资本无关的经济利益的总流入。我国准则定义的收入指的是营业收入，企业主要设置“主营业务收入”账户和“其他业务收入”账户核算。

1. 主营业务收入

主营业务收入是指企业在销售商品和提供劳务等主要经营业务中取得的收入。在制造企业，主营业务收入包括销售库存商品、自制半成品和提供工业性劳务等所取得的收入等。

2. 其他业务收入

其他业务收入是指除主营业务活动以外的其他经营活动实现的收入。在制造企业，销售材料、出租包装物、出租固定资产、出租无形资产等收入就是其他业务收入。

3. 主营业务收入和其他业务收入的划分目的

对主营业务收入和其他业务收入分开核算，目的是为了加强对主营业务收入的考核与管理，突出生产经营工作的重点。

需要说明的是，不同企业由于业务范围不同，衡量主营业务的标准也有所不同。其划分依据主要以经营的重心及其在收入中所占的比重为准。主营业务是相对于非主营业务而言的。一个企业属于主营业务的内容，在另一个企业则可能作为其他业务处理，反之亦然。

三、主营业务收支的核算

主营业务收入是指企业在销售商品和提供劳务等主要经营业务中取得的收入。在制造企业，主营业务收入包括销售库存商品、自制半成品和提供工业性劳务等所取得的收入等。

（一）账户设置

1.“主营业务收入”账户

该账户用于核算企业销售产品，包括产成品、自制半成品、工业性劳务等所取得的收入。

性质：损益类账户中的收入类账户。

明细账户设置：按照产品种类设置明细分类账户。

账户结构：

借方　主营业务收入——××产品种类　贷方

借方	贷方
（1）本期销售退回冲减的销售收入 （2）期末转入“本年利润”账户的净销售收入	本期企业销售产品或提供劳务时实现的销售收入
	（期末一般无余额）

2.“主营业务成本”账户

该账户用于核算企业已销售产品的生产成本。

性质：损益类账户中的费用类账户。

明细账户设置：按照产品种类设置明细分类账户。

账户结构：

借方　主营业务成本——××产品种类　贷方

借方	贷方
本期已销售产品的生产成本	期末转入“本年利润”账户
（期末一般无余额）	

3.“销售费用”账户

该账户用于核算制造业企业在产品销售阶段所发生的各种销售费用。

销售费用是指企业在销售商品和材料、提供劳务的过程中发生的各种费用，包括企业销售过程中发生的运输费、装卸费、保险费、包装费、展览费和广告费、商品维修费等以及为销售本企业商品而专设的销售机构（含销售网点、售后服务网点等）的职工薪酬、业务费、折旧费等经营费用。

性质：损益类账户中的费用类账户。

明细账户设置：按照销售费用项目设置明细分类账户。

账户结构：

借方　销售费用——××费用项目　贷方

借方	贷方
发生的各种销售费用	期末转入“本年利润”账户
（期末一般无余额）	

4.“营业税金及附加”账户

该账户用于核算应由销售产品和提供劳务等负担的各种销售税金。

这些销售税金主要包括营业税、消费税、资源税、城市维护建设税和教育费附加等，不包括增值税。

性质：损益类账户中的费用类账户。

明细账户设置：按税费的种类设置明细分类账户。

账户结构：

借方　营业税金及附加——××税费　贷方

企业计算的应负担的销售税金	期末转入“本年利润”账户
（期末一般无余额）	

5.“应收账款”账户

该账户用于核算企业因销售产品、材料、提供劳务等业务，应向购货单位或接受劳务单位收取的货款。

性质：资产类账户。

明细账户设置：按照不同的购货单位设置明细分类账户。

账户结构：

借方　应收账款——××购货单位　贷方

期初的应收账款额	
本期由于销售产品或提供劳务等而发生的应收款项	本期企业收回的款项
期末余额：企业尚未收回的应收账款	期末余额：预收的账款

6.“预收账款”账户

该账户用于核算企业按合同规定预收购买单位的订货款的增减变动及其结余情况。

性质：负债类账户。

明细账户设置：按照不同的购货单位设置明细分类账户。

账户结构：

借方　预收账款——××购货单位　贷方

	期初的预收账款余额
本期企业用产品或劳务偿付的金额	本期预收购买单位的订货款
期末余额：购货单位应补付的款项或企业应收回的应收账款	期末余额：预收账款的结余

7.“应收票据”账户

该账户用于核算因销售产品、材料、提供劳务等业务，收到购货单位开出的商业汇票的结算情况。

性质：资产类账户

明细账户设置：企业应按照购货单位设置明细分类账户。

账户结构：

借方　应收票据——××购货单位　贷方

借方	贷方
期初余额	
本期的应收票据增加额	本期收回的应收票据款等
期末余额：尚未收到的应收票据款	

（二）主营业务收支主要账务处理

1. 主营业务收入的核算

（1）企业现销货物的核算。此项经济业务的发生，一般涉及“银行存款”、“主营业务收入”、“应交税费——应交增值税”等三个账户。现销货物时，一方面企业的银行存款增加，记入“银行存款”账户的借方；另一方面企业的产品销售收入和应交增值税增加，记入“主营业务收入”、“应交税费——应交增值税（销项税额）”两个账户的贷方。

会计分录为：

借：银行存款
　贷：主营业务收入
　　　应交税费——应交增值税（销项税额）

【例 5-26】 12 月 11 日，华江公司出售给丙公司 E 产品 1 000 件，每件售价 300 元，销售收入 300 000 元，该产品增值税率 17%，应收取增值税额 51 000 元；开具增值税专用发票，款已收讫并存入银行。

分析：销售收入与代收的增值税分别在“主营业务收入”与“应交税费——应交增值税（销项税额）”账户中核算；由于款项已经收到，故通过“银行存款”账户核算。

华江公司会计分录为：

借：银行存款　351 000
　贷：主营业务收入——E 产品　300 000
　　　应交税费——应交增值税（销项税额）　51 000

（2）企业赊销货物的核算。此项经济业务的发生，一般涉及“应收账款”、“应收票据”、“主营业务收入”、“应交税费——应交增值税（销项税额）”、“银行存款“等账户。

赊销货物时，一方面企业的应收账款或应收票据增加，记入“应收账款”、“应收票据”账户的借方；另一方面企业的产品销售收入和应交增值税增加，记入“主营业务收入”、

"应交税费——应交增值税（销项税额）"账户的贷方。如果企业以银行存款代垫运杂费，则代垫金额应记入"银行存款"的贷方，表示银行存款的减少。

会计分录为：

借：应收账款
　　应收票据
　贷：主营业务收入
　　　应交税费——应交增值税（销项税额）
　　　银行存款

【例5-27】 12月17日，华江公司出售给丁公司S产品1 500件，每件售价260元，销售收入为390 000元，该产品增值税率为17%，应收取增值税额66 300元；开具增值税专用发票，但货款和税款尚未收到。

分析：销售收入与代收的增值税分别在"主营业务收入"与"应交税费——应交增值税（销项税额）"账户中核算；由于款项尚未收到，故通过"应收账款"账户核算。

华江公司应作如下会计分录：

	借方	贷方
借：应收账款	456 300	
贷：主营业务收入——S产品		390 000
应交税费——应交增值税（销项税额）		66 300

【例5-28】 12月27日，华江公司收到丁公司还来所欠货款和税款456 300元，当即存入银行。

分析：丁公司还款，在"应收账款"的贷方核算，而收到款项存入银行应记入"银行存款"的借方。

华江公司应作如下会计分录：

	借方	贷方
借：银行存款	456 300	
贷：应收账款——丁公司		456 300

（3）企业预收款项的销售业务。

① 企业预收货款时。此时没有发生销售。一般涉及"银行存款"和"预收账款"两个账户。一方面银行存款增加，记入"银行存款"的借方；另一方面预收账款增加，记入"预收账款"的贷方。

会计分录为：

借：银行存款
　贷：预收账款

② 企业向预付货款方销售货物时。此时涉及产品销售。一般涉及"主营业务收入"、"应交税费——应交增值税（销项税额）"、"预收账款"、"银行存款"、"应收账款"等账

户。一方面企业的主营业务收入和应交税费增加，记入“主营业务收入”、“应交税费——应交增值税（销项税额）”的贷方；另一方面企业的预收账款减少，记入“预收账款”的借方。

会计分录为：

借：预收账款
　贷：主营业务收入
　　　应交税费——应交增值税（销项税额）

③ 如果需要购货方补付货款。此时涉及“银行存款”和“预收账款”两个账户。一方面银行存款增加，记入“银行存款”借方；另一方面预收账款增加，记入“预收账款”贷方。

会计分录为：

借：银行存款
　贷：预收账款

④ 如果应退回购货方多付的款项。此时涉及“银行存款”和“预收账款”两个账户。一方面预收账款减少，记入“预收账款”借方；另一方面银行存款减少，记入“银行存款”贷方。

会计分录为：

借：预收账款
　贷：银行存款

【例 5-29】 12 月 10 日，华江公司收到戊公司预付 200 000 元，当即存入银行。

此业务涉及“银行存款”和“预收账款”两个账户。一方面银行存款增加，记入“银行存款”的借方；另一方面预收账款增加，记入“预收账款”的贷方。

华江公司应作如下会计分录：

借：银行存款　　200 000
　贷：预收账款——戊公司　　200 000

【例 5-30】 12 月 28 日，华江公司出售给戊公司 W 产品 1 000 件，每件售价 200 元，销售收入为 200 000 元，该产品增值税率为 17%，应收取增值税额 34 000 元；开具增值税专用发票。

此业务涉及“主营业务收入”、“应交税费——应交增值税（销项税额）”、“预收账款”、“银行存款”等账户。一方面企业的主营业务收入和应交税费增加，记入“主营业务收入”、“应交税费——应交增值税（销项税额）”的贷方；另一方面企业的预收账款减少，记入“预收账款”的借方。

华江公司应作如下会计分录：

借：预收账款　　234 000
　贷：主营业务收入——W 产品　　200 000
　　应交税费——应交增值税（销项税额）　　34 000

【例 5-31】 12 月 29 日，华江公司收到对方以银行存款补付的差额。

此业务涉及“银行存款”和“预收账款”两个账户。一方面银行存款增加，记入“银行存款”的借方；另一方面预收账款增加，记入“预收账款”的贷方。

华江公司应作如下会计分录：

借：银行存款　　34 000
　贷：预收账款——戊公司　　34 000

2. 主营业务成本及相关税金、费用等核算

(1) 结转已销售产品生产成本的核算。此项经济业务的发生，一般涉及“主营业务成本”和“库存商品”两个账户。一方面使主营业务成本增加，记入“主营业务成本”的借方；另一方面使库存商品减少，记入“库存商品”的贷方。

会计分录为：

借：主营业务成本
　贷：库存商品

主营业务成本的计算，可以采用先进先出法、加权平均法或个别计价法等确定。成本的结转方法有月终结转法和随时结转法。

【例 5-32】 12 月 31 日，华江公司结转上述已售 E 产品、S 产品、W 产品的销售成本。已知 E 产品的单位成本为 200 元，S 产品的单位成本为 150 元，W 产品的单位成本为 120 元。

分析：售出产品的销售成本可计算如下：

E 产品销售成本：200 元 ×1 000 件 =200 000（元）

S 产品销售成本：150 元 ×1 500 件 =225 000（元）

W 产品销售成本：120 元 ×1 000 件 =120 000（元）

售出产品减少了产成品的库存，应通过“库存商品”账户核算。

华江公司应作如下会计分录：

借：主营业务成本——E 产品　　200 000
　　　　　　　——S 产品　　225 000
　　　　　　　——W 产品　　120 000
　贷：库存商品——E 产品　　200 000
　　　　　　——S 产品　　225 000
　　　　　　——W 产品　　120 000

（2）支付销售费用的核算。此项经济业务的发生，涉及“银行存款”和“销售费用”等账户。一方面使销售费用增加，记入“销售费用”的借方；另一方面使银行存款等减少，记入“银行存款”的贷方。

会计分录为：

借：销售费用
　贷：银行存款

【例 5-33】 12 月 30 日，华江公司以银行存款支付广告费 15 000 元。

分析：为产品销售而发生的广告费应在“销售费用”账户中核算。

华江公司应作如下会计分录：

借：销售费用——广告费	15 000	
贷：银行存款		15 000

（3）按规定计算当期应负担的营业税金及附加的核算。此项经济业务的发生，一般涉及“营业税金及附加”和“应交税费”两个账户。一方面使产品的销售税金增加，记入“营业税金及附加”账户的借方；另一方面使企业的应交税费增加，记入“应交税费”账户的贷方。

会计分录为：

借：营业税金及附加
　贷：应交税费——应交消费税
　　　　　　——应交资源税
　　　　　　——应交城建税
　　　　　　——应交教育费附加等

【例 5-34】 12 月 31 日，华江公司按本月应交增值税税额的 7% 和 3% 计算并结转本月应负担的城建税 4 200 元及教育费附加 1 800 元。（假定本月发生的增值税进项税额为 91 300 元。）

分析：本月增值税的销项税额为 151 300 元(51 000 + 66 300 + 34 000)。

$$本期应交增值税 = 本期销项税额 - 本期进项税额$$
$$= 151\,300 - 91\,300 = 60\,000(元)$$
$$应交城建税 = 60\,000 \times 7\% = 4\,200(元)$$
$$应交教育费附加 = 60\,000 \times 3\% = 1\,800(元)$$

借：营业税金及附加	6 000	
贷：应交税费——应交城建税		4 200
——应交教育费附加		1800

（4）缴纳税金的核算。此项经济业务的发生，一般涉及“应交税费”和“银行存款”

两个账户。一方面使应交税费减少，记入“应交税费”的借方；另一方面使企业银行存款减少，记入“银行存款”的贷方。

借：应交税费——应交消费税
　　　　　　——应交资源税
　　　　　　——应交城建税
　　　　　　——应交教育费附加等
　贷：银行存款

【例 5-35】 华江公司上缴城建税 4 200 元及教育费附加 1 800 元。

借：应交税费——应交城建税　　4 200
　　　　　　——应交教育费附加　　1 800
　贷：银行存款　　6 000

四、其他业务收支的核算

其他业务收入是指除主营业务活动以外的其他经营活动实现的收入，包括销售材料、出租包装物、出租固定资产、出租无形资产等收入。

（一）账户设置

1.“其他业务收入”账户

该账户用于核算企业销售材料、出租包装物、出租固定资产、出租无形资产等所发生的收入。

性质：损益类账户中的收入类账户。

明细账户的设置：按照销售材料、出租包装物、出租固定资产、出租无形资产等设置明细分类账户。

账户结构：

借方　其他业务收入——××种类　贷方

借方	贷方
期末转入“本年利润”账户	本期销售材料、出租包装物、出租固定资产、出租无形资产等所发生的收入
	（期末一般无余额）

2.“其他业务成本”账户

该账户用于核算企业销售材料、出租包装物、出租固定资产、出租无形资产等所发生的成本费用等。

性质：损益类账户中的费用类账户。

明细账户的设置：按照销售材料、出租包装物、出租固定资产、出租无形资产等设置明细分类账户。

账户结构：

借方　其他业务成本——××种类	贷方
本期销售材料、出租包装物、出租固定资产、出租无形资产等所发生的成本、费用等	期末转入“本年利润”账户
（期末一般无余额）	

（二）其他业务收支的主要账务处理

本书主要以销售材料为例来说明其他业务收支的账务处理。

1. 销售材料收款时

此项经济业务的发生，一般涉及“银行存款”、“其他业务收入”、“应交税费——应交增值税（销项税额）”等账户。一方面企业的银行存款增加，记入“银行存款”的借方；另一方面企业的其他业务收入和应交增值税增加，记入“其他业务收入”、“应交税费——应交增值税（销项税额）”的贷方。

会计分录为：

借：银行存款
　贷：其他业务收入——销售材料
　　　应交税费——应交增值税（销项税额）

2. 结转销售材料成本时

此项经济业务的发生，一般涉及“其他业务成本”和“原材料”两个账户。一方面使其他业务成本增加，记入“其他业务成本”的借方；另一方面使原材料减少，记入“原材料”的贷方。

会计分录为：

借：其他业务成本——销售材料
　贷：原材料

3. 计算销售材料应交的城建税和教育费附加时

此项经济业务的发生，一般涉及“营业税金及附加”和“应交税费”两个账户。一方面使销售材料税金增加，记入“营业税金及附加”的借方；另一方面使企业的应交税费增加，记入“应交税费”的贷方。

会计分录为：

借：营业税金及附加——销售材料

　贷：应交税费——应交城建税

　　　　　　　——应交教育费附加

4. 缴纳城建税、教育费附加等税金时

此项经济业务的发生，一般涉及“应交税费”和“银行存款”两个账户。一方面使应交税费减少，记入“应交税费”的借方；另一方面使企业银行存款减少，记入“银行存款”的贷方。

借：应交税费——应交城建税

　　　　　　——应交教育费附加

　贷：银行存款

【例 5-36】 华江公司对外销售原材料一批，价款 10 000 元，增值税 1 700 元。该批材料实际成本 5 000 元。按规定计算应交城建税 59.5 元，应交教育费附加 25.5 元。

分析：材料销售的销项税额和购进时的进项税额通过“应交税费——应交增值税”明细账核算。

材料销售的增值税销项税额 = 1 700（元）

材料销售的增值税进项税额 = 5 000 × 17% = 850（元）

材料销售应交增值税 = 销项税额 - 进项税额 = 1 700 - 850 = 850（元）

应交城建税 = 850 × 7% = 59.5（元）

应交教育费附加 = 850 × 3% = 25.5（元）

华江公司做如下分录。

（1）销售材料收款存入银行时。

借：银行存款　　11 700

贷：其他业务收入——销售材料　　10 000

　　应交税费——应交增值税（销项税额）　　1 700

（2）结转销售材料成本时。

借：其他业务成本——销售材料　　5 000

　贷：原材料　　5 000

（3）计算应交城建税和教育费附加时。

借：营业税金及附加——销售材料　　59.5

　贷：应交税费——应交城建税　　59.5

借：营业税金及附加——销售材料 25.5

　贷：应交税费——应交教育费附加 25.5

（4）上缴城建税、教育费附加时。

借：应交税费——应交城建税 59.5

　　　　　——应交教育费附加 25.5

　贷：银行存款 85

第六节　财务成果形成与分配业务的核算

一、财务成果的含义

财务成果即利润（或亏损），是企业在一定时期内从事生产经营活动所取得的经营成果，是企业的收入减去有关成本与费用后的差额。收入大于相关的成本费用，企业就可获取盈利；收入小于相关的成本费用时，企业就会发生亏损。利润是反映企业经济效益的一项重要指标。

利润分配指企业根据国家规定和投资者决议，对企业净利润进行的分配。

利润的形成与分配是财务成果形成与分配业务核算的基本经济业务。

二、利润总额的构成

利润是指企业在一定会计期间的经营成果，包括营业利润、利润总额和净利润。

1. 营业利润

营业利润是指企业经营业务所取得的利润。公式如下：

营业利润 = 营业收入 − 营业成本 − 营业税金及附加 − 销售费用 − 管理费用 − 财务费用 − 资产减值损失 ± 公允价值变动损益 ± 投资收益

其中：营业收入 = 主营业务收入 + 其他业务收入

营业成本 = 主营业务成本 + 其他业务成本

营业毛利 = 营业收入 − 营业成本

2. 利润总额

利润总额 = 营业利润 + 营业外收入 − 营业外支出

3. 净利润

$$净利润=利润总额-所得税费用$$

三、利润实现的核算

（一）期间费用的核算

期间费用包括管理费用、财务费用和销售费用三项。

1. 管理费用的核算

（1）“管理费用”账户。管理费用是指企业行政管理部门为组织和管理生产经营活动而发生的各项费用。包括：行政管理部门职工工资及福利费、办公费和差旅费、固定资产折旧费、工会经费、业务招待费、房产税、车船使用税、土地使用税、印花税、职工教育经费、劳动保险费、技术转让费、聘请中介机构费、咨询费、诉讼费、董事会费、无形资产摊销费、研究费用、排污费等。

性质：损益类账户中的费用类账户。

明细账户设置：按照费用项目设置明细分类账户。

账户结构：

借方　管理费用——××费用　贷方

本期实际发生的管理费用数	期末转入“本年利润”账户
（期末一般无余额）	

（2）主要账务处理。企业发生的办公费、水电费、业务招待费、聘请中介机构费、咨询费、诉讼费、技术转让费，房产税、车船使用税、土地使用税、印花税，研究费用，行政管理部门人员的职工薪酬，行政管理部门计提的固定资产折旧等，应作如下会计分录：

借：管理费用
　贷：库存现金
　　　银行存款
　　　应交税费
　　　研发支出
　　　应付职工薪酬
　　　累计折旧等

【例 5-37】 12 月 31 日，华江公司计算应交纳房产税 1 000 元、车船使用税 500 元、土地使用税 3 000 元、印花税 400 元。假定以上税金均已用银行存款支付。

会计分录为：

借：管理费用——房产税　　1 000
　　　　　　——车船使用税　　500
　　　　　　——土地使用税　　3 000
　贷：应交税费——房产税　　1 000
　　　　　　　——车船使用税　　500
　　　　　　　——土地使用税　　3 000

借：应交税费——房产税　　1 000
　　　　　　——车船使用税　　500
　　　　　　——土地使用税　　3 000
　贷：银行存款　　4 500

【例 5-38】 12 月 31 日，华江公司计算缴纳印花税 400 元，以银行存款支付。

会计分录为：

借：管理费用——印花税　　400
　贷：银行存款　　400

2. 财务费用的核算

（1）"财务费用"账户。财务费用是指企业为筹集生产经营所需资金等而发生的各项费用，主要包括银行借款的利息支出、利息收入和金融机构手续费等项目。

性质：损益类账户中的费用类账户。

明细账户设置：按照费用项目设置明细分类账户。

账户结构：

借方　财务费用——××费用	贷方
本期实际发生的财务费用数	本期发生的利息收入 期末转入"本年利润"账户数
（期末一般无余额）	

（2）主要账务处理。

① 企业计算应支付利息支出时，会计分录如下。

借：财务费用
　贷：应付利息

实际支付时，会计分录为：

借：应付利息
　贷：银行存款

【例 5-39】 12 月 31 日，华江公司计提短期借款利息 1 200 元。

借：财务费用　　1 200
　贷：应付利息　　1 200

② 企业支付金融机构手续费时，会计分录如下。

借：财务费用
　贷：库存现金
　　　银行存款等

【例 5-40】 12 月 31 日，华江公司以银行存款支付给银行手续费 600 元。

会计分录为：

借：财务费用　　600
　贷：银行存款　　600

③ 企业计算应收利息收入时，会计分录如下。

借：应收利息
　贷：财务费用

收到利息收入时，会计分录如下。

借：银行存款
　贷：应收利息

【例 5-41】 12 月 31 日，华江公司计算应收的银行存款利息 300 元。

借：应收利息　　300
　贷：财务费用　　300

3. 销售费用的核算

(1)“销售费用”账户。销售费用是指企业在销售商品和材料、提供劳务的过程中发生的各种费用，包括企业销售过程发生的运输费、装卸费、保险费、包装费、展览费和广告费、商品维修费等及为销售本企业商品而专设的销售机构的职工薪酬、业务费、折旧费等经营费用。

性质：损益类账户中的费用类账户。

明细账户设置：按照费用项目设置明细分类账户。

账户结构：

借方　销售费用——××费用项目　贷方

借方	贷方
本期发生的各种销售费用	期末转入“本年利润”账户数
（期末一般无余额）	

（2）主要账务处理。企业发生销售费用时，应作如下会计分录：

借：销售费用
　贷：库存现金
　　　银行存款
　　　应付职工薪酬
　　　累计折旧等

【例 5-42】 12 月 25 日，华江公司以现金支付销售产品的运杂费 500 元。

会计分录为：

借：销售费用——运杂费　　500
　贷：库存现金　　500

（二）营业外收支的核算

营业外收支，是指与企业的生产经营活动无直接关系的各项收支，必须具备以下条件：①意外发生，企业无法加以控制；②偶然发生，不重复出现，包括营业外收入和营业外支出。

1. 营业外收入的核算

（1）“营业外收入”账户。营业外收入指与企业日常营业无直接关系的各项利得，主要包括非流动资产处置利得、盘盈利得、捐赠利得、罚没利得等。

性质：损益类账户中的收入类账户。

明细账户设置：按照利得项目设置明细分类账户。

账户结构：

借方　营业外收入——××利得	贷方
期末转入“本年利润”账户数	本期发生的营业外收入
	（期末一般无余额）

（2）主要账务处理。企业发生营业外收入时，应作如下会计分录：

借：库存现金
　　银行存款等
　贷：营业外收入

【例 5-43】 华江公司对违反公司管理制度的职工赵钱罚款 300 元，会计部门收到赵钱交来的现金。

会计分录为：

借：库存现金　　300
　贷：营业外收入——罚没利得　　300

【例 5-44】　华江公司收到 WA 公司捐赠的款项 50 000 元，存入银行。

会计分录为：

借：银行存款　　50 000
　贷：营业外收入——捐赠利得　　50 000

2. 营业外支出的核算

(1)“营业外支出”账户。营业外支出是指与企业日常营业无直接关系的各项损失，主要包括非流动资产处置损失、盘亏损失、债务重组损失、捐赠支出、罚款支出、非常损失等。

性质：损益类账户中的费用类账户。

明细账户设置：按照损失项目设置明细分类账户。

账户结构：

借方　营业外支出——××	贷方
本期发生的各项营业外支出	期末转入“本年利润”账户数
（期末一般无余额）	

(2) 主要账务处理。企业发生营业外支出时，应作如下会计分录：

借：营业外支出
　贷：银行存款
　　　库存现金等

【例 5-45】　华江公司以银行存款支付当年税收滞纳金 1 500 元。

会计分录为：

借：营业外支出——罚款支出　　1 500
　贷：银行存款　　1 500

【例 5-46】　华江公司以银行存款捐助当地希望小学 10 000 元。

会计分录为：

借：营业外支出——捐赠支出　　10 000
　贷：银行存款　　10 000

（三）投资收益的核算

1.“投资收益”账户

投资是企业为通过分配来增加财富，或为谋求其他利益，而将资产让渡给其他单位所获得的另一项资产。“投资收益”账户用于核算企业对外投资取得的收入或发生的损失。

性质：损益类账户中的收入类账户。

明细账户设置：按照投资种类设置明细分类账户。

账户结构：

借方 投资收益——××种类（债券、股票）	贷方
（1）本期发生的投资损失数 （2）期末转入“本年利润”账户投资净收益数	（1）本期实现的投资收益数 （2）期末转入“本年利润”账户投资净损失数
	（期末一般无余额）

2. 主要账务处理

实现的投资收益，应作如下会计分录：

借：应收股利

　　应收利息等

　贷：投资收益

发生的投资损失，应作如下会计分录：

借：投资收益

　贷：银行存款等

【例5-47】 华江公司收到对外投资分得的利润1 000元，存入银行。

会计分录为：

借：银行存款　　1 000

　贷：投资收益　　1 000

（四）所得税费用的核算

1.“所得税费用”账户

所得税费用是指企业依照《中华人民共和国企业所得税法》的规定，对企业某一经营年度的所得，按照规定的税率计算并缴纳的税款。企业所得税按年计算、分期预交。

性质：损益类账户中的费用类账户。

账户结构：

借方 所得税费用	贷方
本期发生的所得税费用	期末转入“本年利润”账户
（期末一般无余额）	

2. 主要账务处理

计提所得税费用时，应作如下会计分录：

借：所得税费用
　贷：应交税费——应交所得税

上缴所得税费用时，应作如下会计分录：

借：应交税费——应交所得税
　贷：银行存款

【例 5-48】 华江公司当年利润总额 100 000 元，按 25% 的所得税税率计算应缴纳企业所得税 25 000 元。

会计分录为：

借：所得税费用　　25 000
　贷：应交税费——应交所得税　　25 000

假定公司以银行存款缴纳了企业所得税 25 000 元。

会计分录为：

借：应交税费——应交所得税
　贷：银行存款

（五）净利润的核算

1. 利润总额核算账户的设置

“本年利润”账户：该账户用于核算企业在本年度内实现的净利润（或发生的净亏损）。

性质：利润类账户，同时也是所有者权益类账户。

账户结构：该账户贷方登记从损益类账户转入的各项收入，借方登记从损益类账户转入的各项费用。收入大于费用的部分，为企业实现的净利润；反之，费用大于收入的部分，为企业发生的亏损。该账户年终无余额。

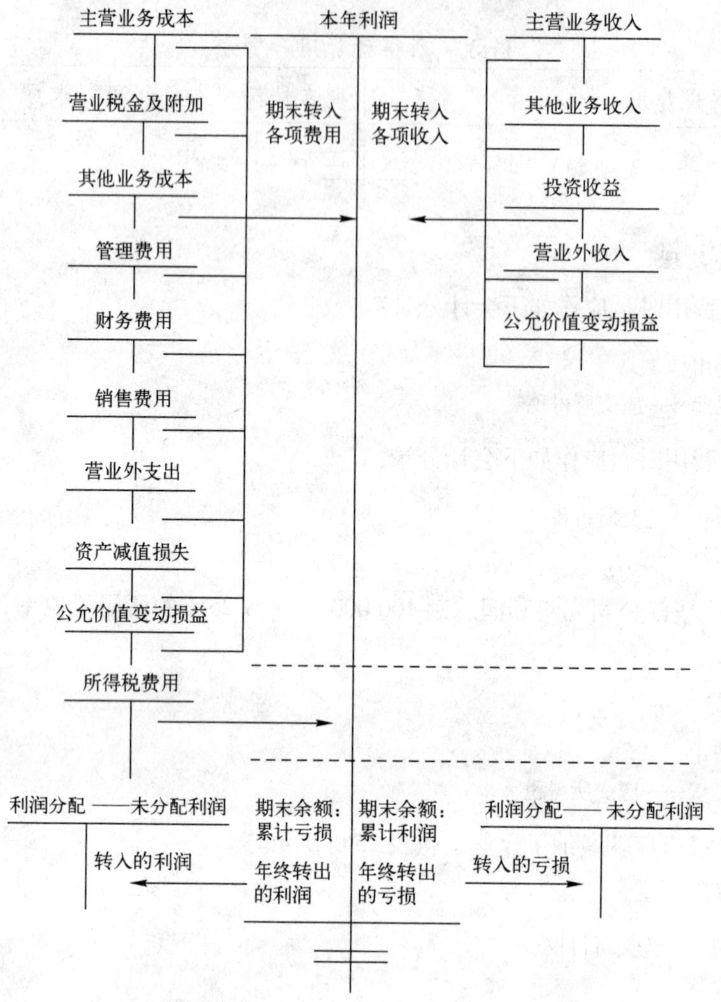

2. 利润的结转

企业利润的结转在期末进行。

期末有月末、季末和年末，企业可根据实际情况，选择账结法或表结法。

(1) 账结法。它要求企业一般是在月末将损益类账户的全部收入和全部费用的余额都转入“本年利润”账户。

【例 5-49】 假定华江公司 20××年 12 月末结账前损益类账户余额如下所示。

华江公司 20××年 12 月末结账前损益类账户余额　　单位：元

费用账户（借方余额）		收入账户（贷方余额）	
主营业务成本	300 000	主营业务收入	500 000
营业税金及附加	6 000	其他业务收入	60 000
其他业务成本	3 000	投资收益	1 000
销售费用	5 000	营业外收入	15 000
管理费用	6 000		
财务费用	4 000		
营业外支出	13 000		

根据表中数字编制华江公司 12 月末结账分录如下。

① 月末，结转所有损益类下的收入类账户。

借：主营业务收入　500 000
　　其他业务收入　60 000
　　投资收益　1 000
　　营业外收入　15 000
　贷：本年利润　576 000

如果"投资收益"账户为借方余额，则借记"本年利润"，贷记"投资收益"。

② 月末，结转所有损益类下的费用类账户（除"所得税费用"外）。

借：本年利润　337 000
　贷：主营业务成本　300 000
　　　营业税金及附加　6 000
　　　其他业务成本　3 000
　　　销售费用　5 000
　　　管理费用　6 000
　　　财务费用　4 000
　　　营业外支出　13 000

经过以上结转后，该企业"本年利润"账户 12 月份贷方差额 239 000 元（576 000 - 337 000）即为当月实现的利润总额。企业据此可计算填制利润表中相应项目的金额。

③ 企业按 25% 的所得税率计算应缴纳企业所得税 59 750 元。

借：所得税费用　59 750
　贷：应交税费——应交所得税　59 750

④ 期末结转所得税费用 59 750 元。

借：本年利润 59 750

贷：所得税费用 59 750

经过以上结转后，该企业“本年利润”账户12月份贷方差额179 250元（239 000－59 750），即为当月实现的净利润（也称税后利润）。企业据此可计算填制利润表中相应项目的金额。

（2）表结法。指各月对损益类账户的全部收入和全部费用的余额不予结转，而是累计到年终一次结转，但各月要将损益类账户的当月数和累计数填在利润表上，按利润计算公式计算出利润总额。这种方法，实际上是表结账不结。

四、利润分配的核算

利润分配是指企业根据国家规定和投资者的决议，对企业实现的净利润所进行的分配。

（一）利润分配的程序

1. 提取盈余公积

盈余公积按照本年实现净利润的一定比例提取。2006年1月1日开始实施的《中华人民共和国公司法》规定，公司分配当年净利润时，应当按净利润的10%提取法定盈余公积金。提取的法定盈余公积累计达到其注册资本的50%以上的，可以不再提取。

注意：企业如果以前年度发生亏损，在依法提取法定盈余公积金之前，要先用当年实现的利润弥补亏损。企业以前年度亏损未弥补完，不能提取法定盈余公积。

盈余公积金主要用途是用于弥补亏损、扩大生产经营或者转增资本。

2. 向投资者分配利润

企业弥补亏损和提取盈余公积金之后，可以向投资者分配利润。

3. 未分配利润

为了稳健起见，企业一般不把利润分光，而是保留一部分利润，留在企业不作分配，以便以后年度弥补亏损，或以后年度分配。

当年可供分配的利润＝年初未分配利润＋当年实现的净利润

当年已分配的利润＝提取盈余公积＋向投资者分配利润

年末未分配利润＝可供投资者分配的利润－当年已分配的利润

（二）利润分配业务主要账户设置

1.“利润分配”账户

该账户用于核算企业的利润分配或亏损弥补情况及历年分配或弥补后的累积金额。

性质：所有者权益类账户，是“本年利润”的抵减账户。

明细账户的设置：该账户一般设置“提取盈余公积”、“应付利润”、“盈余公积补亏”、“未分配利润”等明细账户。

账户结构：“利润分配”账户的借方平时登记提取的盈余公积、应付利润数，贷方平时不作登记，因而该账户在年度中间的期末余额为借方余额，表示累计已分配利润。期末，企业将全年实现的净利润从“本年利润”账户的借方转入“利润分配——未分配利润”账户的贷方；或将全年实现的净亏损从“本年利润”账户的贷方转入“利润分配——未分配利润”账户的借方。结转后，如利润分配账户为贷方余额，则表示为历年累积的未分配的利润；如为借方余额，则表示为历年累积的未弥补的亏损。

年末，应将“利润分配”账户下的其他明细账户的余额转入“利润分配——未分配利润”明细账户；结转后，除“利润分配——未分配利润”明细账户有余额外，其他明细账户应无余额。

借方　　利润分配——××　　贷方

借方	贷方
期初累积未弥补的亏损	期初累积未分配的利润
(1) 年末转入的本年净亏损数 (2) 实际分配的利润数： 提取盈余公积 应付利润等	(1) 年末转入的本年实现净利润数 (2) 本年的盈余公积补亏数
期末累积的未弥补的亏损	期末累积的未分配的利润

2.“盈余公积”账户

“盈余公积”账户用于核算企业从净利润中提取盈余公积。

性质：所有者权益类账户。

明细账户的设置：设置“法定盈余公积”、“任意盈余公积”等明细账户。

账户结构：

借方　盈余公积——××盈余公积　贷方

借方	贷方
	期初余额
本期弥补亏损或者转增资本	本期提取的盈余公积金
	期末余额：盈余公积金的结存数

3.“应付利润”账户

“应付利润”账户用于核算企业向投资者分配利润的情况。

股份有限公司企业则设置“应付股利”账户来核算企业通过董事会或股东大会或类似

机构决议确定分配的现金股利。

性质：负债类账户。

明细账户的设置：一般按投资人或股东来设置明细账户。

账户结构：

借方　应付利润——××投资人　贷方

	期初余额
本期实际支付给投资者的利润	本期应支付给投资者的利润
期末余额：多支付的利润	期末余额：尚未支付的利润

（三）利润分配业务主要账务处理

1. 结转“本年利润”账户

在账结法下，企业各月取得的收入和发生的费用均分别转入“本年利润”账户贷方和借方。该账户年终转账前贷方余额为全年实现净利润总额，借方余额为全年发生的亏损总额。年终，将“本年利润”账户贷方余额或借方余额一律转入“利润分配——未分配利润”账户的贷方或借方；转账后，“本年利润”账户年终无余额。

如为盈利，会计分录为：

借：本年利润

　贷：利润分配——未分配利润

如为亏损，会计分录为：

借：利润分配——未分配利润

　贷：本年利润

2. 提取盈余公积金

此项经济业务的发生，涉及“盈余公积”和“利润分配”两个账户。一方面使企业的利润分配数增加，记入“利润分配”账户的借方；另一方面使企业的盈余公积金增加，记入“盈余公积”账户的贷方。

会计分录为：

借：利润分配——提取盈余公积金

　贷：盈余公积——法定盈余公积

3. 向投资者分配利润

此项经济业务的发生，一般涉及“利润分配”和“应付利润”两个账户。一方面使利润分配数增加，记入“利润分配”账户的借方；另一方面使企业的应付利润增加，记入“应付利润”账户的贷方。

会计分录为：

借：利润分配——应付利润
　贷：应付利润

4. 其他明细账户

年末，将利润分配账户下的其他明细账户的余额，转入“利润分配——未分配利润”明细账户。

会计分录为：

借：利润分配——未分配利润
　贷：利润分配——提取法定盈余公积
　　　　　　——应付利润

年末结账后，“利润分配——未分配利润”账户如有贷方余额，则表示企业历年累积的未分配的利润，可以留待以后年度分配；如有借方余额，则表示历年累积的未弥补的亏损，留待以后年度弥补。

接例 5-49 举例如下。

（1）年末结转“本年利润”账户。

【例 5-50】 12 月 31 日，华江公司结转全年净利润 179 250 元。

借：本年利润　　179 250
　贷：利润分配——未分配利润　　179 250

（2）提取盈余公积金。

【例 5-51】 12 月 31 日，华江公司按全年净利润的 10% 计提法定公积金 17 925 元（179 250 × 10%）。

借：利润分配——提取法定盈余公积　　17 925
　贷：盈余公积——法定盈余公积　　17 925

（3）向投资者分配利润。

【例 5-52】 12 月 31 日，华江公司决定本年按净利润的 20% 向投资者分配利润 35 850 元。假定当日已支付利润。

借：利润分配——应付利润　　35 850
　贷：应付利润　　35 850
借：应付利润　　35 850
　贷：银行存款　　35 850

（4）年末结转“利润分配”账户。

【例 5-53】 12 月 31 日，华江公司结转“利润分配”账户。

借：利润分配——未分配利润　　53 775
　贷：利润分配——提取法定盈余公积　　17 925
　　　　　　——应付利润　　35 850

年末结转后，“利润分配——未分配利润”账户余额 125 745 元（179 520 - 53 775）为历年累积的净利润（本题假定“利润分配”账户年初无余额）。

本章小结

1. 一般来说，制造业企业的经济业务包括资金筹集业务、供应过程业务、产品生产业务、产品销售业务和财务成果形成与分配业务。

2. 资金筹集业务包括投资人投入资金业务和借入资金业务。

3. 供应过程业务主要包括材料采购业务和固定资产业务。

4. 产品生产业务主要包括产品在直接生产过程中所发生的各种材料费用、人工费用和制造费用等生产费用的发生、归集和分配，以及产品成本的形成。

5. 产品销售业务主要包括确认销售收入、发出商品产品、结转产品销售成本、支付销售费用、办理货款结算等经济活动。

6. 财务成果形成与分配业务主要包括确定企业实现的利润和对利润进行分配。

知识链接：常用会计网站网址

中国证券监督管理委员会(http://www.csrc.gov.cn)

中国注册会计师协会(http://www.cicpa.org.cn)

中国会计准则委员会(http://www.casc.gov.cn/internet)

国际会计准则委员会(http://www.iasb.org)

国际会计师联合会(http://www.ifac.org)

独立审计准则委员会(http://www.cpaindependence.org)

美国注册会计师协会（http://www.aicpa.org)

美国财务会计准则委员会(http://www.fasb.org)

加拿大注册公众会计师联合会(http://www.cga-online.org)

亚太地区会计师联合会（http://www.capa.com.my)

英国会计准则委员会（http://www.frc.org.uk/asb/）
国际内部审计师协会(http://www.theiia.org)
国际管理会计师协会(http://www.imanet.org)
中国会计学术研究网(http://www.asc.em.tsinghua.edu.cn)
中华财会网(http://www.e521.com)
中国会计视野(http://www.esnai.com)
中国财经网(http://www.fec.com.cn)
北京国家会计学院(http://www.nai.edu.cn)
上海国家会计学院(http://www.snai.edu)
厦门国家会计学院(http://www.xnai.edu.cn)
中国会计网(http://www.canet.com.cn)
中华会计网校(http://www.chinaacc.com)
江苏财经信息网(http://www.jscj.com)

参考文献

[1] 财政部会计司．企业会计准则．北京:经济科学出版社，2006.
[2] 财政部会计司．企业会计制度讲解(全国会计人员继续教育系列教材之四)．北京:中国财政经济出版社，2001.
[3] 陈国辉．基础会计学．大连:东北财经大学出版社，2007.
[4] 林斌．现代会计学原理．北京:科学出版社，1991.
[5] 杨纪琬,娄尔行,葛家澍．会计原理.4版．北京:中国财政经济出版社，1998.
[6] 财政部会计司．企业会计制度2001. 北京:中国财政经济出版社，2001.
[7] 安索尼．会计学:教程与案例．骆珣,译．北京:北京大学出版社，2000.
[8] 亨格伦．财务会计教程.6版．北京:华夏出版社，1998.
[9] 葛家澍,余绪缨,侯文铿．会计大典(第一卷):会计理论．北京:中国财政经济出版社，1998.
[10] 阎达五,于玉林．会计学．北京:中国人民大学出版社，2000.
[11] 葛家澍，刘峰．会计学导论．上海:立信会计出版社，1999.
[12] 吴水澎，刘峰．会计学原理．沈阳:辽宁人民出版社，2001.

复习思考题

1. 制造业企业的主要经济业务有哪些？
2. 资金筹集业务如何核算？
3. 供应过程业务如何核算？
4. 产品生产业务如何核算？
5. 产品销售业务如何核算？
6. 简述企业财务成果的形成及分配业务的核算。

第六章

账户的分类

◆学习目标◆

1. 掌握账户按经济内容的分类；
2. 掌握账户按用途和结构的分类；
3. 了解按经济内容分类与按用途和结构分类之间的联系。

第一节　账户分类的意义

一、账户分类的意义

企业设置的每一个账户反映的经济活动内容是特定的，不同账户之间在内容上相互排斥。但不同的账户反映的最终内容都是企业的资金流动，因此账户之间既相互区别，又相互联系，由此构成了一个完整的账户体系。为了正确的设置和运用账户，有必要进一步研究账户的分类。

账户分类是对所有账户按照一定的标志和要求所进行的科学概括和归纳。是在理解各个账户特性的基础上，科学地对某些账户的共性作出的区分。准确地对账户进行分类，掌握各类账户在提供核算指标方面的规律性，有利于合理设计和应用会计账簿的格式，有利于全面反映企业资金运动，有利于提供准确的会计信息。

二、账户分类的标志

账户按不同的标志进行分类，实际上就是从不同的角度寻找账户的共性。账户的分类标志一般有四种：按经济内容分类，按用途和结构分类，按提供会计信息的详细程度分类，按与会计报表的关系分类。

第二节　账户按经济内容分类

一、账户按经济内容分类的意义

按账户的经济内容对账户进行分类，就是按账户所反映的会计要素的具体内容对账户进行分类。在借贷记账法下，不同会计要素增减变动的记账方向是不同的；不同的会计要素，其增减变动由不同的账户进行反映。明确了账户的经济内容，就为明确账户的用途和结构打下了一个良好的基础。另外，不同的会计报表，包含不同的会计要素，明确了账户的经济内容，就能正确掌握会计账户和相应会计报表之间的关系。因此，按经济内容对账户进行分类，可以为更好地运用借贷记账法，确切地了解每类和每个账户具体应核算和监督的内容，设置能适应本单位的经营管理需要、科学完整的账户体系打下良好的基础。

二、账户按经济内容的分类

账户按经济内容分类，实质上是按会计对象的具体内容分类。如前所述，经济组织的会计对象就其具体内容而言，可以归结为资产、负债、所有者权益、收入、费用和利润六个会计要素。由于利润一般隐含在收入与费用的配比中。因此，从满足管理和会计信息使用者需要的角度考虑，账户按其经济内容可以分为资产类账户、负债类账户、所有者权益类账户、成本类账户和损益类账户等五类。会计核算中还存在具有资产和负债的双重性质的账户，称之为共同性账户。具体分类分别介绍如下。

(一) 资产类账户

资产类账户是核算企业各种资产增减变动及结余额的账户。资产按流动性不同，又可以分为流动资产和非流动资产两类，因而资产类账户也可分为反映流动资产的账户和反映非流动资产的账户两类。反映流动资产的账户有“库存现金”、“银行存款”、“应收账款”、“预付账款”、“原材料”、“库存商品”等账户。反映非流动资产的账户有“长期股权投资”、“固定资产”、“在建工程”、“无形资产”等账户。

(二) 负债类账户

负债类账户是核算企业各种负债增减变动及结余额的账户。按照负债的还款期不同，又可以分为核算流动负债的账户和核算非流动负债的账户两类。核算流动负债的账户有“短期借款”、“应付账款”、“预收账款”、“应付职工薪酬”、“应交税费”等账户；核算非流动负债的账户有“长期借款”、“应付债券”、“长期应付款”等账户。

(三) 共同类账户

共同类账户是一种独特的会计账户，具有资产和负债的双重性质。当该账户的余额在借方时表现为资产，该科目的余额在贷方时则表现为负债，如“衍生工具”。

(四) 所有者权益类账户

所有者权益类账户是核算企业所有者权益增减变动及结余额的账户。所有者权益类账户按照来源和构成的不同可以再分为投入资本类所有者权益账户和资本积累类所有者权益账户。投入资本类账户主要有：“实收资本”、“资本公积”等；资本积累类账户主要有：“盈余公积”、“本年利润”、“利润分配”等。

（五）成本类账户

成本类账户是核算企业成本增减变动及结余额的账户。按照是否需要分配可以分为直接计入类成本账户和分配计入类成本账户。直接计入类成本账户有“生产成本”；分配计入类成本账户有“制造费用”。

（六）损益类账户

损益类账户是核算企业一定时期内利润形成情况的账户。按照利润的形成情况，又可以分为收入类账户和费用类账户。

收入类账户是核算企业在生产经营过程中所取得的各种经济利益的账户。收入类账户主要有：“主营业务收入”、“其他业务收入”、“投资收益”、“营业外收入”账户。

费用类账户是核算企业在生产经营过程中发生的各种费用支出的账户。费用类账户主要有：“主营业务成本”、“营业税金及附加”、“其他业务成本”、“销售费用”、“管理费用”、“财务费用”和“资产减值损失”、“营业外支出”、“所得税费用”账户。

（七）利润类账户

利润类账户是核算利润的形成和分配情况的账户，包括核算利润形成情况的账户“本年利润”及核算利润分配情况的账户“利润分配”。

第三节　账户按用途和结构分类

账户的用途是指设置和运用账户的目的是什么，通过账户记录能够提供什么核算指标。账户的结构是指在账户中如何记录经济业务，以取得各种必要的核算指标，也就是账户的借方和贷方登记的内容、余额的方向及其表示的内容。

账户按经济内容分类是账户的基本分类，在这种分类下，同一类别的账户可能具有不同的用途和结构。为方便会计核算，满足信息使用者的要求，需要再按账户的用途和结构分类，以对按经济内容分类的账户体系进行必要的补充。

一、账户按用途和结构的分类

账户按照用途和结构可以分为盘存类账户、所有者权益类账户、结算类账户、跨期摊配类账户、备抵类账户、抵减附加类账户、集合分配类账户、成本计算类账户、收入计算类账户、费用计算类账户和财务成果计算类账户等11类。

现以制造企业为例，说明在借贷记账法下，按用途和结构分类的账户体系。

（一）盘存类账户

盘存类账户是用来核算、监督各项财产物资和货币资金（包括库存有价证券）的增减变动及其实有数额的账户。属于盘存类的账户有："库存现金"、"银行存款"、"原材料"、"库存商品"、"固定资产"等账户。盘存类账户的特点是：可以通过财产清查的方法，即实际盘点或对账的方法，核对货币资金和实物资产的实际结存数与账面结存数是否相符，并检查经营管理上存在的问题。除"库存现金"和"银行存款"账户外，其他盘存类账户普遍运用数量金额式等明细分类账，可以提供实物和价值两种指标。盘存类账户的基本结构如下。

盘 存 账 户

期初余额：财产物资或货币资金的期初实有数	
本期发生额：财产物资或货币的本期增加数	本期发生额：财产物资或货币资金的本期减少数
期末余额：财产物资或货币资金的期末实有数	

（二）所有者权益类账户

所有者权益类账户是用来核算投资者对企业净资产的增减变动及实有数额的账户。这一类账户有："实收资本"、"资本公积"、"盈余公积"等。所有者权益类账户的特点是：有的账户（如"实收资本"）应按照企业的投资者分别设置明细分类账户，以便反映各投资者对企业净资产实际拥有的份额；所有者权益类账户只提供价值指标。所有者权益类账户的基本结构如下。

所有者权益类账户

	期初余额：期初所有者权益余额
本期发生额：本期所有者权益的减少数	本期发生额：本期所有者权益的增加数
	期末余额：期末所有者权益余额

（三）结算类账户

结算类账户是用来核算和监督企业与其他单位和个人之间往来账款结算业务的账户。按照账户的用途和结构，具体又可分为债权结算账户、债务结算账户两类。

1. 债权结算账户

债权结算账户是用来核算和监督企业债权的增减变动和实有数额的账户。属于债权结算账户的有："应收账款"、"其他应收款"、"应收票据" 等账户。债权结算账户的基本结构如下：

债权结算账户

期初余额：债权的期初实有数	
本期发生额：债权的本期增加数	本期发生额：债权的本期减少数
期末余额：债权的期末实有数	

2. 债务结算账户

债务结算账户是用来核算和监督企业债务的增减变动和实有数额的账户。属于债务结算账户的有："应付账款"、"其他应付款"、"应付职工薪酬"、"应交税费"、"应付股利"、"短期借款"、"长期借款"、"应付债券" 和 "长期应付款" 等账户。债务结算账户的基本结构如下：

债务结算账户

	期初余额：债务的期初实有数
本期发生额：债务的本期减少数	本期发生额：债务的本期增加数
	期末余额：债务的期末实有数

（四）跨期摊配类账户

跨期摊配类账户用来核算和监督应由若干个会计期间共同负担的费用，并将这些费用摊配于各个相应的会计期间。企业在生产经营过程中所发生的费用，有些是应由几个会计期间共同负担的，按权责发生制要求，必须严格划分费用的归属期，把应由若干个会计期间共同负担的费用，合理地分摊到各个会计期间。跨期摊配账户有 "待摊费用" 账户和 "预提费用" 账户。这两个账户的性质虽然不同，但它们都涉及跨期费用问题。跨期摊配账户的基本结构如下：

跨期摊配类账户

期初余额：已支付但尚未摊配的待摊费用数	期初余额：已预提尚未支付的费用数
本期发生额：本期增加的待摊费用数或预提费用的支付数	本期发生额：本期增加的预提费用或待摊费用的摊销数
期末余额：已支付但尚未摊配的待摊费用数	期末余额：已预提尚未支付的预提费用数

跨期摊配类账户的特点是：只提供价值指标。需要说明的是，我国目前实行的最新的会计准则里，并没有直接规定“待摊费用”和“预提费用”账户的设置和使用，企业可以根据实际情况决定是否设置。

（五）备抵类账户

备抵类账户是用抵减相关被调整账户金额的方法，以反映被调整账户核算内容的实际价值的账户。其调整可用下列公式表示：

被调整账户余额－备抵调整账户余额＝被调整账户核算内容的实际价值

由于备抵类账户对被调整账户的调整，实际上是对被调整账户余额的抵减，因此，被调整账户余额的方向与备抵账户的余额方向必定相反。如果被调整账户的余额方向在借方（或贷方），则备抵账户的余额方面一定在贷方（或借方）。“累计折旧”、“固定资产减值准备”、“坏账准备”和“存货跌价准备”等账户是较典型的抵减账户。

（六）抵减附加类账户

抵减附加类账户亦称备抵附加账户，是既可能用来抵减又可能用来增加被调整账户的余额，以求得被调整账户的实际余额的账户。到底是用来抵减被调整账户还是用来增加被调整账户，取决于该账户的余额与被调整账户的余额在方向上是否一致。当其余额与被调整账户余额在不同方向时，它所起的是抵减作用；当余额与被调整账户余额在相同方向时，它所起的是附加的作用。

“材料成本差异”账户就是“原材料”账户的抵减附加调整账户。当“材料成本差异”账户是借方余额时，表示实际成本大于计划成本的超支数，用“原材料”账户的借方余额加上“材料成本差异”账户的借方余额，就是材料的实际成本；当“材料成本差异”账户是贷方余额时，表示实际成本小于计划成本的节约数，用“原材料”账户的借方余额减去“材料成本差异”账户的贷方余额，即为材料的实际成本。

“材料成本差异”账户与被调整的“原材料”账户之间的关系如下：

材料成本差异——甲种

本期发生额 5 000	本期发生额 2 000
期末余额 3 000	

原材料

本期发生额	本期发生额
甲种 80 000	甲种 35 000
乙种 50 000	乙种 15 000
期末余额 80 000	

材料成本差异——乙种

本期发生额 2 000	本期发生额 7 000
	期末余额 5 000

“原材料”账户的借方余额（计划成本） 80 000
加：“材料成本差异”账户的借方余额（超支差）3 000
减：“材料成本差异”账户的贷方余额（节约差）5 000
原材料的实际成本 78 000

（七）集合分配类账户

集合分配类账户是用来汇集和分配经营过程中某一阶段所发生的某种间接费用，借以核算、监督有关间接费用计划执行情况及间接费用分配情况的账户。设置这类账户，一方面可以将某一经营过程中实际发生的间接费用和计划指标进行比较，考核间接费用的超支和节约情况；另一方面也便于将这些费用摊配出去。属于这类的账户有“制造费用”账户。集合分配类账户的特点是：具有明显的过渡性质，平时用它来归集那些不能直接计入某个成本计算对象的间接费用，期末将费用全部分配出去，由有关成本计算对象负担；这类账户期末费用分配后一般应无余额。集合分配类账户的基本结构如下：

集合分配类账户

本期发生额：汇集经营过程中间接费用的本期发生额	本期发生额：本期分配到有关成本计算对象上的间接费用额

（八）成本计算类账户

成本计算类账户是用来核算和监督经营过程中应计入特定成本计算对象的经营费用，并确定各成本计算对象实际成本的账户。属于成本计算类的账户有“材料采购”、“在途物资”、“生产成本”等账户。成本计算账户的特点是：除了设置总分类账户外，还应按照各个成本计算对象和成本项目设置专栏，分别设置明细分类账户，进行明细分类核算；既提供实物指标，又提供价值指标。成本计算账户的基本结构如下：

成本计算类账户

期初余额：未转出成本计算对象的实际成本	
本期发生额：经营过程中发生的由成本计算对象承担的费用	本期发生额：转出成本计算对象的实际成本
期末余额：期末未转出成本计算对象的成本	

（九）收入计算类账户

收入计算类账户是用来核算和监督企业在一定时期（月、季或年）内所取得的各种收入和收益的账户。属于这一类账户的有：“主营业务收入”、“其他业务收入”等账户。收入计算类账户的特点是：除了设置总分类账户外，还应按照业务类别设置明细分类账，进行明细分类核算；收入计算类账户只提供价值指标。收入计算类账户的基本结构如下：

收入计算类账户

本期发生额：收入和收益的减少数及期末转入“本年利润”账户的收入和收益额	本期发生额：本期收入和收益的增加额

（十）费用计算类账户

费用计算类账户是用来核算和监督企业在一定时期（月、季或年）内所发生的应计入当期损益的各项费用、成本和支出的账户。属于这一类的账户有：“主营业务成本”、“营业税金及附加”、“其他业务成本”、“销售费用”、“管理费用”、“财务费用”、“营业外支出”、“所得税费用”等账户。费用计算类账户的特点是：除了设置总分类账户外，还应按业务内容、费用支出项目等设置明细分类账户，进行明细分类核算；费用计算类账户只提供价值指标。费用计算类账户的基本结构如下：

费用计算类账户

本期发生额：本期费用支出的增加数	本期发生额：本期费用支出的减少或转销数和期末转入“本年利润”账户的费用支出数

（十一）财务成果计算类账户

财务成果计算类账户是用来核算和监督企业在一定时期（月、季或年）内全部经营活动最终成果的账户。属于这类账户的有“本年利润”。财务成果计算类账户的特点是：借方和贷方所登记的内容，应遵循权责发生制要求。财务成果计算类账户只提供价值指标。财务成果计算类账户的基本结构如下：

财务成果计算类账户

本期发生额：本期从“费用”账户转入的各项成本、费用支出数	本期发生额：本期从收入账户转入的各项收入、收益数
期末余额：（1—11 月份）发生的亏损数	期末余额：（1—11 月份）实现的利润数
	年末无余额

二、账户的其他分类

会计账户除了按照反映的经济内容和用途结构分类外，还可以按照提供信息的详细程度、按照与会计报表的关系分类。

（一）按照提供信息的详细程度分类

1. 总分类账户（一级账户）

这类账户主要提供总括的会计信息，如“原材料”、“库存现金”、“应收账款”等。

2. 明细分类账户

这类账户提供的信息比较详细、具体，是对总分类账户的补充和说明。如“原材料”下设“甲材料”，是对“原材料”的进一步说明。

（二）按照与会计报表的关系分类

设置会计账户，为编制会计报表提供了方便，账户的余额是编制会计报表的依据。根据账户与报表的关系，账户可以分为以下两类。

1. 资产负债表账户

资产负债表是反映企业某一特定日期财务状况的报表，是根据资产类、负债类、所有者权益类账户的期末余额计算填列的，资产类、负债类、所有者权益类账户是编制资产负债表的依据，因此，资产类、负债类、所有者权益类账户被称为资产负债表账户。

2. 利润表账户

利润表是反映企业一定时期内财务成果的形成情况的报表，是根据收入类、费用类和利润类账户的本期发生额编制的，收入类、费用类和利润类账户是编制利润表的依据，因此，收入类、费用类和利润类账户被称为利润表账户。

本章小结

1. 账户的分类标志一般有四种：按经济内容分类，按用途和结构分类，按提供信息的详细程度分类，按与会计报表的关系分类。

2. 按账户的经济内容分类，实质上是按会计对象的具体内容分类。这种分类下，账户划分为资产、负债、所有者权益、收入、费用和利润。其中资产、负债、所有者权益这一类账户期末通常是有余额的，因此又常被称为实账户；收入、费用和利润这一类账户期末通常是无余额的，因此又常被称为虚账户。

3. 按经济内容分类是账户的基本分类，按用途和结构分类的账户体系是对按经济内容分类的账户体系的必要补充。按用途和结构分类的账户体系分为盘存类账户、所有者权益类账户、结算类账户、跨期摊配类账户、备抵类账户、抵减附加类账户、集合分配类账户、成本计算类账户、收入计算类账户、费用计算类账户和财务成果计算类账户。

知识链接：决定会计发展的6个重要事件

1. 意大利商业革命

意大利位于地中海，特殊的地理位置使其成为东西方文化的连接点。中世纪，意大利的地区贸易和国际贸易促使商品货币经济关系迅速发展，随着贸易的发展，意大利的商业和金融业获得了长足的发展，居欧洲领先地位。此时，在佛罗伦萨、热那亚、威尼斯等地出现复式簿记的萌芽。1494年，意大利数学家卢卡·帕乔利，在总结前人实践的基础上出版了《数学大全》（又名《算术、几何、比及比例概要》），在第三部分的簿记中详细论述了借贷记账方法，提出“借”、“贷”符号、会计基本恒等式、财产清算方法，日记账、分录账、总账登记方法，以及试算平衡方法。卢卡·帕乔利由此被称为“近代会计之父”。商业革命促使了复式簿记的诞生。

2. 东印度公司

1600 年成立的英国东印度公司垄断着好望角以东各国的贸易权。由于东印度公司在每次航海后都没有足够的现金向股东支付股利，于是使用下次航海的股份来代替，这就是股票股利的前身。当最后清算股本时，需要极其复杂的会计核算，于是，1657 年 9 月该公司发布新章程，允许签发永久性的股份，作为未来所有航海冒险活动的一种联合投资。将每次清算转换为永久性股份，提出每年而不是每次冒险活动结束时结算利润，从而形成了持续经营和会计分期的概念，同时也产生了股份公司。这些引起了会计思想的巨大变化，对建立以年度为报告期的划分基础，确定流动资产和流动负债、固定资产和固定负债的划分界限，起到极大的推动作用。

3. 英国工业革命

随着 1733 年飞梭的发明、1764 年珍妮纺纱机的出现、1769 年瓦特蒸气机的试制成功，英国进行了开始于 18 世纪 60 年代、完成于 19 世纪三四十年代的工业革命，工业革命中出现了工厂制度和批量生产，导致固定资产成本在生产中成比例上升，使折旧概念变得越来越重要。企业规模的扩大导致经营活动更加复杂，对生产成本信息需求的增长，使成本会计应运而生。同时由于工厂制度的出现，大额资本的需要导致所有权与经营权的分离，从而使向不参与经营的所有者提供财务状况和经营成果成为会计的主要目标之一。正是股份公司和工业革命的美满婚配，促使成本会计的分娩，使以商品买卖活动为主的传统会计向以工业化生产为主的近代会计转变。

4. 南海公司泡沫

1711 年，英国人罗伯特·哈利建立了南海公司，主要业务是发展南大西洋贸易，开始时该公司股息保证 6%，所以股票销售很快。1718 年，英王乔治一世亲任董事长，公司信誉大增，不久以后付出 100% 的股息。1720 年 1 月，经议会同意，南海公司承诺接受全部国债，以国家公债约 1000 万英镑换作公司股票，国家债权人换作公司股东，使股票行市大涨，股价涨至 128.5%，8 月竟突破 1000%。然而，9 月股票开始暴跌，12 月跌至 124%。

无数债权人和投资者蒙受巨大损失，强烈要求严惩欺诈者并赔偿损失。英国议会组织了特别委员会调查这一事件，发现公司会计记录严重失实，存在明显舞弊行为，为此，委员会聘请精通会计实务的查尔斯·斯内尔（Charles Snell）对南海公司的会计账目进行调查，并编制了一份审计报告书，指出企业存在的舞弊行为。

南海公司泡沫事件促使 1720 年议会颁布《泡沫公司取缔法》，禁止成立有限责任公司，直至 1825 年废除该法。1844 年英国通过“股份公司法”，肯定了审计的法律地位。1855 年的《有限责任法》，允许股东承担有限责任。至此符合现代意义的股份公司基本确立。南海公司泡沫事件揭开了民间审计走向现代的序幕。

5. 1929—1933 年世界经济危机

20 世纪 30 年代，以美国为首，大多数发达国家爆发了经济危机，公司股票和债券大量在证券市场上抛售，许多公司陷入无力偿付债务的窘迫局面，纷纷破产倒闭。政府和社会公众认为，松散的会计实务是导致美国资本市场崩溃和萧条的主要原因，强烈要求公司会计报表能够真实反映其财务状况和经营成果。为此美国政府于 1933 年公布《证券法》，1934 年公布《证券交易法》，要求股份公司在向公众出售股票之前，必须向证券交易委员会登记，并通过证券交易委员会公布会计报表；股份公司的会计报表必须按照公认会计原则编制，并经独立会计师审定；授权 SEC 负责制定统一会计规则。但是 SEC 从未行使制定权，而是授权美国会计师协会（AIA，1957 年改名为美国注册会计师协会，AICPA。）制定。

公认会计原则的确立，标志着传统会计发展成为财务会计。其特征是：会计信息的加工、处理和报告，是为了满足各个利益关系人的需要；在加工过程中，必须遵守公认会计原则；财务报表完成后，必须由注册会计师审计。

此外，20 世纪初，随着“泰罗制”和科学管理理论的产生，20 世纪五六十年代，管理会计从财务会计中脱颖而出。1952 年在世界会计师联合会上正式通过“管理会计”这个专门术语。从此，企业会计就正式分为财务会计和管理会计两大领域。

6. 20 世纪末的新经济浪潮与安然丑闻

1991 年，美国经济走出低谷，持续稳定地增长了近 10 年。美国《商业周刊》在 1996 年 12 月 30 日发表了一组文章，提出新经济的概念。一般认为，新经济的含义涵盖三个方面：知识经济是新的社会经济形态，虚拟经济是新的经济活动模式，网络经济是新的经济运行方式。新经济的到来，给现行会计带来全新挑战。一个显著特点是软资产日益重要。软资产是相对传统的有形资产，主要包括专利权、商标权、工业产权、商誉等无形资产和人力资源、信息资源、组织资源。传统的会计确认与计量理论是工业时代的产物，在知识经济时代一筹莫展，安然公司的舞弊案就是很好的证明。

安然公司的舞弊案件固然有治理结构、独立董事、证券分析师、注册会计师、财务总监、股票期权等方面的问题，但更有会计的规则无法满足其“金融创新”、“交易策划”、“组织设计”和“扁平化”管理的需要等原因，致使舞弊行为不断。这对会计准则提出了全新的挑战：会计准则应该使公司不易通过交易策划所规避，使公司和注册会计师职业判断得以充分发挥；会计师事务所的监管模式和经营方式应该有一个全新的变革。

参考文献

[1] 陈国辉,陈文铭,孙光国．基础会计．北京:清华大学出版社，2005.

[2] 李海波．新编会计学原理:基础会计．11 版．上海:立信会计出版社，2006.

[3] 瞿灿鑫,王珏．基础会计学．上海:复旦大学出版社，2007.
[4] 刘峰．会计学基础．北京:高等教育出版社，2000.
[5] 朱小平,徐泓．基础会计．4版．北京:中国人民大学出版社，2005.

复习思考题

1. 账户按经济内容如何分类?
2. 账户按用途和结构分为哪几类?
3. 按经济内容分类与按用途和结构分类之间有何联系?

第七章

成本计算

◆学习目标◆

1. 了解成本计算的意义；
2. 了解成本界限、成本计算对象的含义；
3. 了解产品制造成本计算的方法；
4. 掌握成本和费用的概念；
5. 初步掌握存货购入和发出环节的成本计算方法。

第一节 成本计算的意义、原理与要求

一、成本的概念与作用

（一）成本的概念

成本属于价值的范畴，是新增（或已耗）资产价值的组成部分。一般而言，资产的价值由以下三部分组成：① 已耗生产资料（劳动手段和劳动资料）的转移价值；② 支付给劳动者的劳动报酬；③ 劳动者为社会作出的贡献额。前两者是构成成本价值的基础。

已耗生产资料的转移价值和支付给劳动者的劳动报酬，按受益对象不同，可以分为三个部分：一是用于工程建造，形成长期资产；二是用于存货的建造，形成各种存货；三是用于包括上述两者在内的日常经营活动，形成期间费用。第三种支出与前两种支出的区别是：前两种支出有明确的受益对象，可以直接或间接计入受益对象，第三种支出则没有明确的受益对象，不能或不易计入相关受益对象。第一种支出，形成相关长期资产的成本；第二种支出，形成相关存货的成本；第三种支出，由于没有明确的受益对象，按权责发生制要求，全部计入相应的会计期间，直接作为当期收益的抵减。相关存货的成本，在存货消耗或销售后，或作为相关费用，或作为主营业务成本，由当期收益抵减。上述前两种支出按一定的计算对象归集，计入相应资产的价值，就成为新增资产的成本。

制造行业的经营过程，主要包括供应、生产和销售三个阶段。供应过程的经营活动，主要为各种存货的采购。在存货的采购过程中所支付的存货买价和采购费用，按各种存货的种类分别归集、分配，就构成各种存货的采购成本。在生产过程中发生的生产费用（如已耗存货的成本、支付给生产者的薪酬等），按各种产品进行归集、分配，就构成各种产品的生产成本（亦称制造成本）。制造行业的销售过程，主要是销售各种产品，已售产品的生产成本按各种已售产品进行归集，就构成各种已售产品的主营业务成本。主营业务成本作为当期费用全部计入该会计期间，抵减当期主营业务收入。

费用是与特定的会计期间相联系的，从资金循环的意义上讲，费用主要通过经营收入收回的资产来补偿。费用和成本是既有联系又有区别的两个概念。成本是与特定的计算对象相联系的，是根据受益性原理和重要性要求计算出来的，是计算对象的受益费用。简而言之，费用是期间化的支出，成本是对象化的支出。资产的成本随着企业经营活动的展开，逐步转化为某一会计期间的费用。

（二）成本的作用

成本是一种以价值形式反映企业管理当局经营责任完成情况的综合性指标。对会计信息的使用者而言，它具有多方面的作用。

1. 成本是确定耗费补偿尺度的重要方法

企业经营的主要目标，就是以自己的收入补偿耗费后获得尽可能多的利润，并尽量不发生亏损。企业的营业收入，只有能够弥补相关耗费，才能保持持续经营。成本是对象化的耗费，是企业全部耗费的主要组成部分。所以，成本是反映企业经营耗费的主要指标之一，是计量经营耗费和确定补偿尺度的重要工具。

2. 成本是影响商品价格的重要因素

商品价格是影响商品销售和企业盈利的重要因素之一。在商品质量一定的条件下，商品价格的高低，关系到商品是否能顺利销售出去，而商品是否能顺利销售出去，涉及企业盈利的大小与经济效益的高低，关系到企业是否能收回所垫付的资金以持续经营的问题。商品价格的高低取决于商品成本的高低。商品成本高于同类商品的社会平均成本，为了获取适当的利润，制定的商品价格相应也会高于同类商品的社会平均价格，这可能使商品销售失去竞争力；商品成本低于同类商品的社会平均成本，制定的商品价格就可以低于同类商品的社会平均价格，从而使商品销售具有竞争力，也可以获取适当的利润。因此，商品成本是决定商品价格的基础，使产品具有竞争能力的条件。

3. 成本是企业管理者进行决策的重要依据

企业管理者要作出正确的决策，必须从各方面进行考虑，分析相关经营活动涉及的各种因素对经营活动的影响。在对各种方案进行决策时，经济效益是选择某种方案必须予以考虑的主要因素之一，而企业的经济效益的核心是产品的成本问题。如上所述，在市场销售有保证的前提下，产品成本的高低决定着企业经济效益的好坏。因此，在对各种备选方案进行选择、决策时，必须把成本作为一个重要的因素进行考虑，从成本的角度对备选方案进行评价选择。只有这样，才能使所选择的方案在经济上可行，才能使经济活动取得资源消耗少、经济效益好的效果。

4. 成本是衡量企业管理水平和各方面工作成果的重要指标

成本是反映企业管理水平的综合性指标。企业各方面工作的成果，如产品设计的好坏，生产工艺的合理程度，原材料、燃料、动力等资产的消耗水平，机器设备、厂房建筑物的利用情况，劳动生产率的高低，人、财、物是否组织合理，供、产、销是否衔接平衡等，最终都会反映到产品成本上。因此，通过对成本形成情况、构成和水平的分析，就可能发现企业管理上存在的问题和薄弱环节，为提高生产技术水平和管理水平指明方向，也为改进各方面工作找到途径。同时，降低成本，必然对企业各项工作提出更高的要求，推动企业整体管理水平不断提高。

二、成本计算的原理

在不同的企业，或同一企业的不同经营阶段，会产生不同的经济活动，发生不同的支出，形成不同的成本，这就造成成本计算在方法上的差异。如采购成本的计算与生产成本的计算方法是不相同的。不同时期企业由于经营活动的变化，成本计算的内容也不尽相同。不同时期、不同计算对象的成本在内容、构成和计算方法等方面虽说不尽相同，但它们都是经营中产生的资源消耗，都应按权责发生制、配比和划分收益性支出与资本性支出等要求归集、分配到受益对象上去，它们的计算原理是相同的。

直接受益直接分配原理：经营过程中发生的各种费用，都是为相应的经营目的产生的。在某种经营活动中支付费用，目的是为了在这种经营活动中获取合理的经营成果。也就是说，某种经营活动的经营成果是该种经营活动中所支付费用的受益对象。如为某种产品生产而耗用的原材料费用的受益对象就是该种产品。当可以直接确定某种费用是为某项经营活动产生时，称这种费用为该成本计算对象的直接费用。应将直接费用直接计入受益的计算对象中，作为相应的受益计算对象的成本，由相应的受益计算对象承担，这就是所谓的直接受益直接分配原理。

共同受益间接分配原理：在企业的日常经营中，各种经营活动往往是交叉进行的，因此有的费用是为了若干受益对象而共同发生的，应由相应的若干个受益对象来共同承担，会计上把这种由若干受益对象共同承担的费用称为共同性费用。共同性费用与受益对象的受益关系虽不如直接费用那样明显，但也可采用一定的方法来确定共同性费用与受益对象之间的关系，可以采用客观性较强的标准将共同性费用在各受益对象之间合理分配。它首先应确定可供分配的共同性费用总额和分配标准，然后按一定的方法将可供分配的共同性费用在受益对象之间合理分配，这就是所谓的共同受益间接分配原理。

重要性原理：在企业经营活动中发生的共同性费用中，有时有些共同性费用一方面由于与受益对象的受益关系并不十分明显，另一方面费用的金额也不大，将这种共同性费用按受益原理计入受益对象的成本，一是不易确定客观的分配方法，二是这种费用计入还是不计入受益对象的成本，对受益对象的成本升降水平影响不大。在会计中，只有那些与受益对象的受益关系较为明显并且容易确定、费用金额较大的重要的共同性费用，才按受益关系计入受益对象的成本；那些与受益对象的受益关系不十分明显、费用金额不大、不易确定客观的分配方法的共同性费用，不计入相应受益对象的成本，这就是所谓的重要性原理。

三、成本计算的基本要求

为了正确、及时地计算成本，有关会计人员应遵循如下要求。

（一）划清费用和成本的界限

（1）分清收益性支出和资本性支出的界限。所谓收益性支出，是指凡支出所带来的效益仅与一个会计年度相关的支出。收益性支出都应计入该会计年度的费用；所谓资本性支出，是指凡支出能在几个会计年度带来收益的支出。资本性支出应计入相关资产的成本中，并随着相关资产的消耗，合理分摊计入相关的会计年度。如购建固定资产的支出，应计入固定资产的成本，在固定资产的使用期间通过计提折旧的形式分摊到相关会计年度的成本、费用中。

（2）分清成本与费用的界限。如前所述，企业经营活动中发生的各种支出，有一部分应归集到受益对象，从而形成该受益对象的成本；还有一部分是作为期间费用，列作当期损益的。因此，为保证成本资料的真实性，以及相应会计信息的相关有用性，在成本计算时，要划清成本与费用的界限。

（3）分清本期成本费用与下期成本费用的界限。凡应由本期相关资产负担的费用，应计入本期相关资产的成本；不应由本期相关资产负担的费用，则不能计入本期相关资产的成本。

（4）分清不同成本计算对象的成本界限。成本计算对象即指在计算成本时，人为确定的成本承担者。成本化支出的受益对象通常就是成本计算对象，也可以将若干成本化支出的受益对象确定为一个成本计算对象。属于哪个成本计算对象受益的费用，则应由该成本计算对象负担，从而形成该成木计算对象的成本。

（5）分清在产品成本与产成品成本的界限。制造企业对于应计入本期产品成本的生产费用，如果期末存在在产品的，则应由在产品和产成品共同承担全部生产费用。此时，就要采用适当的方法，将全部生产费用在产成品和在产品之间进行分配，分清哪些是在产品应承担的费用，哪些是产成品应承担的费用。有关分配方法，将在成本会计课程中讲解。

（二）做好成本核算的各项基础工作

要正确、及时地计算成本，做好各项基础工作是很重要的。成本核算的基础工作主要有：定额管理工作；建立健全财产物资的计量、收发、领退制度；建立和健全各种原始记录，以及收集整理制度；制定内部结算价格等。

（三）选择适当的成本计算方法

企业应结合自己的具体情况，选择适合本企业经营特点的成本计算方法进行成本计算。方法一经确定，在会计环境没有新的变化之前，不得随意变动。计算方法的选择，应同时考虑企业经营类型的特点和管理的要求等两个方面。具体成本计算方法的选择，将在成本会计等相关的课程中介绍。

第二节 企业经营过程中的成本计算

制造企业的经营过程一般要经过供应、生产和销售三个阶段。各个阶段要分别计算存货采购成本、产品生产成本和产品销售成本。在存货采购成本的计算中，以原材料采购成本的计算最具代表性。关于企业经营过程中成本计算的详细方法，将在成本会计课程中详细讲解。在这里，只简要说明原材料采购成本、产品生产成本和产品销售成本（主营业务成本）的基本计算方法。

一、原材料采购成本的计算

计算原材料采购成本，首先应按材料的品种或类别作为成本计算对象，并在“在途物资”账户下按材料的品种或类别分别设置明细分类账户，用以归集和分配应计入原材料采购成本的各种费用，然后根据这些账户资料，编制各种原材料采购成本计算表，借以计算确定各种原材料的采购总成本和单位成本。

（一）材料采购成本的构成

原材料的采购成本一般由买价和采购费用两个成本项目构成。

其中，买价是指供应单位开具的购货发票上标明的价款。

采购费用包括：① 运杂费，包括原材料采购过程中的运输费用、装卸费用、保险费用、包装费用、仓储费用等；② 运输途中的合理损耗；③ 入库前的挑选整理费用，如在挑选整理中扣除回收下脚残料价值后的各种费用支出和必要的损耗等；④ 购入原材料应负担的税金和其他费用（一般不含增值税）。

（二）材料采购成本的计算

原材料的买价，一般属于直接费用，应直接计入相应原材料的采购成本。

对于采购费用，凡是能直接分清受益对象的，应直接计入相应原材料的采购成本；凡是不能直接分清受益对象，且费用金额较大，不计入原材料的采购成本会导致原材料采购成本不实的采购费用，应在原材料的重量、买价、体积等分配标准中选择合适的分配标准，采用一定的方法，间接计入相应原材料的采购成本。但对于企业供应部门或原材料仓库所发生的经常性费用、采购人员的差旅费、采购机构经费及市内小额的运杂费等，这些费用一般不易分清具体的受益对象，费用金额较小，对原材料采购成本升降水平的影响不大，按重要性要求，这些费用不计入原材料的采购成本，而是作为期间费用处理，列入管理费用。

各种原材料的采购成本，应当在设置的“在途物资”明细账中进行分类归集计算。现举例说明原材料采购成本的计算方法如下。

陆桥公司某次购进甲、乙两种材料，购进甲材料 2 000 kg，单价 2.90 元，乙材料 4 000 kg，单价 2.00 元，将甲、乙两种材料运回企业共支付运杂费 480 元（不考虑运费中涉及的增值税问题），那么，如果运杂费按照采购材料的重量作为分配标准：

每千克材料应负担运杂费 = 480/(2 000 + 4 000) = 0.08(元)

甲材料应负担运杂费 = 2 000 × 0.08 = 160(元)

乙材料应负担运杂费 = 4 000 × 0.08 = 320(元)

甲材料采购成本 = 2 000 × 2.9 + 160 = 5 960(元)

乙材料采购成本 = 4 000 × 2.0 + 320 = 8 320(元)

二、产品制造成本的计算

计算产品制造成本，首先应确定成本计算期。工业企业的成本计算，通常是按月定期进行的。对于生产周期较长的产品，也可把产品生产周期作为成本计算期。其次，应按产品品种或批次确定成本计算对象，然后将生产过程中发生的生产费用分别计入各相应成本计算对象，计算各成本计算对象的总成本和单位成本。

（一）产品成本项目的确定

生产过程中发生的生产费用，在计入相应产品成本时，是按生产费用的经济用途进行归集、计入相应的成本项目的。产品成本计算的成本项目，一般由以下三项组成。

（1）直接材料，是指为生产产品而耗费的原材料、辅助材料、备品备件、外购半成品、燃料、动力、包装物、低值易耗品，以及其他直接材料等。

（2）直接人工，是指直接从事产品生产的生产工人的工资、奖金、津贴和福利费等薪酬。

（3）制造费用，是指企业各生产单位为组织和管理生产所发生的各项生产管理费用，包括车间管理人员薪酬、固定资产折旧费和修理费、机物料耗费、办公费、差旅费、水电费、劳动保护费等。

其中（1）（2）项与相应产品生产的关系较为密切，一般可以直接计入各成本计算对象的成本。（3）项一般为应由多种产品共同负担的共同性费用，不能直接计入有关成本计算对象的成本，而应确定适当的分配标准和合理的分配方法，计入有关成本计算对象的成本。

（二）产品成本计算

企业应设置生产成本明细账，用以归集、分配生产过程中发生的生产费用。生产成本明细账应按产品品种、批别或类别分别设置，应采用一定的成本计算方法，计算、确定产品制造成本。

计算产品的制造成本，必须根据企业的生产类型（生产组织和工艺技术）和管理要求，采用如品种法、分批法、分步法等不同的成本计算方法。这些具体的成本计算方法，将在成本会计学中讲述，本课程不再涉及。

三、产品销售成本的计算

产品销售成本即主营业务成本，是指已售产品的实际成本，通常根据已售产品的数量乘以产品的单位成本计算求得。产品单位成本的确定，可采用加权平均法、先进先出法和个别（分批）计价法等计算方法。

现举例说明产品销售成本的计算方法。某企业本月售出甲产品 50 件、乙产品 60 件。甲、乙两种产成品的成本资料见表 7-1 和表 7-2。

表 7-1

库存商品明细表

产品名称：甲产品　　　　单位：元/件

200×年		摘　要	收　入			发　出			结　存		
月	日		数量	单价	金额	数量	单价	金额	数量	单价	金额
		期初余额							30	120	3 600
	1	本月完工入库	50	88	4 400						
		本月销售				50	100	5 000			
	30	期末余额							30	100	3 000

表 7-2

库存商品明细表

产品名称：乙产品　　　　单位：元/件

200×年		摘　要	收　入			发　出			结　存		
月	日		数量	单价	金额	数量	单价	金额	数量	单价	金额
		期初余额							30	101	3 030
	1	本月完工入库	100	86.7	8 670						
		本月销售				50	90	4 500			
	30	期末余额							80	90	7 200

根据库存商品明细账资料，采用加权平均法，甲、乙产品的平均单位成本计算如下：

$$甲产品平均单位成本=\frac{3\ 600+4\ 400}{30+50}=100（元/件）$$

$$乙产品平均单位成本=\frac{3\ 030+8\ 670}{30+100}=90（元/件）$$

根据上述甲、乙产品的平均单位成本和已售产品的数量，即可求得两种产品的销售成本：

甲产品销售成本 $=100\times50=5\ 000$（元）

乙产品销售成本 $=90\times50=4\ 500$（元）

本章小结

1. 费用和成本是既有联系又有区别的两个概念。成本是与特定的计算对象相联系的，是根据受益性原理和重要性要求计算出来的，是计算对象的受益费用。简而言之，费用是期间化的支出，成本是对象化的支出。资产的成本随着企业经营活动的展开，逐步转化为某一会计期间的费用。

2. 成本是一种以价值形式反映企业管理当局经营责任完成情况的综合性指标。对会计信息的使用者而言，它具有多方面的作用。

3. 成本计算对于加强企业经营管理，提高经济效益具有重要意义。

4. 不同时期、不同计算对象的成本在内容、构成和计算方法等方面虽说不尽相同，但它们都是经营中产生的资源消耗，都应按权责发生制、配比和划分收益性支出与资本性支出等要求归集、分配到受益对象上去，它们的计算原理是相同的。

5. 为了正确、及时地计算成本，有关会计人员应遵循如下要求：划清费用和成本的界限、遵循权责发生制的要求、做好成本核算的各项基础工作、选择适当的成本计算方法。

6. 成本计算程序应包括以下几个步骤：收集、整理成本计算资料、确定成本计算对象、确定成本计算期、确定成本项目、正确地归集和分配各种费用、设置和登记明细分类账、编制成本计算表。

7. 计算原材料采购成本，首先应按材料的品种或类别作为成本计算对象，并在“在途物资”账户下按材料的品种或类别分别设置明细分类账户，用以归集和分配应计入原材料采购成本的各种费用，然后根据这些账户资料，编制各种原材料采购成本计算表，借以计算确定各种原材料采购的总成本和单位成本。

8. 产品销售成本即主营业务成本，是指已售产品的实际成本，通常根据已售产品的数量乘以产品的单位成本计算求得。产品单位成本的确定，可采用加权平均法、先进先出法和个别（分批）计价法等计算方法。

知识链接：中小企业成本核算问题

成本核算是企业管理和财务核算中最重要，也是最复杂的问题之一。

一、中小企业的管理特点决定其适用简易的成本核算方法

中小型企业一般指资产规模不大、产品的生产工艺和产品结构及所耗原材料大致相同的、管理（含财务人员）较少的企业，组织体系通常利用垂直式管理体系，管理跨度较小。中小型企业因数量众多而在国民经济中起着重要的作用。随着知识经济时代到来，掌握先进技术和管理知识的人员创办新兴的科技企业将呈不断增长趋势，其中将有为数众多的小型企业。中小型企业由于受到规模、财力和人力的限制，企业内部牵制制度、稽核制度、计量验收制度、财务清查制度、成本核算制度、财务收支审批制度等基本制度一般不完善，不系统，会计基础工作薄弱，会计信息数据采集不准确。在生产方面具体表现为：① 没有专职的成本核算人员；② 辅助核算部门不独立核算；③ 车间划分不明显或虽明显但传递手续不完善，经常失真；④ 车间管理人员与行政管理人员不易区分。

中小企业的这些特点决定了他们应对成本核算方法进行简化，使成本核算方法能适应其管理现实的需要；也同时决定了他们多数应使用的是实际成本法，而做不到使用标准成本法或作业成本法。

二、核算方法的选择

无论什么工业企业，无论什么生产类型的产品，也不论管理要求如何，最终都必须按照产品品种算出产品成本。按产品品种计算产品成本，是产品成本计算最一般、最起码的要求，品种法是最基本的成本计算方法。若有需要或管理上是按订单生产，可使用分批法。

同时因小企业一般不对外筹集资金，不向公共部门报送报表，所执行的也就不是严格意义上的《企业会计制度》或《小企业会计制度》，执行的是参照税法规定的一种四不像的尽量能起到一些避税效果的会计政策。这在本文所要介绍的核算方法上也能体现出来。

三、相关科目设置及核算思路

1. 不再分别设置基本生产成本和辅助生产成本两个科目，将其合并为一个生产成本科目，不按产品设明细账，直接设原材料、工资及福利费、电力（燃料动力）、制造费用等几个二级明细科目对大项费用进行归集。因为一般中小企业经营范围有限，产品的生产工艺和产品结构及所耗原材料大致相同，除了主要原材料能归属到具体产品外，其他项目并不能归属到具体产品，核算到产品没有实际意义。但当所用原料及所产产品区别较大时，可以按产

品设明细账；也可不设，而用成本核算表代替，即所谓的以表代账。

2. 因中小企业车间划分不明显或虽明显但传递手续不完善，制造费用科目不按车间设明细账，直接设机物料、修理费、折旧等几个二级明细科目对车间费用进行归集。同时因中小企业管理人员多参加生产管理，对这种由管理人员参与且发生不会太多、金额不会太大的与生产有关的差旅费、办公费没必要再设制造费用、差旅费之类的二级科目，而是直接记入管理费用。制造费用月底不先进行分配，而是转到生产成本科目后统一分配。

3. 原材料范围。在满足需要的前提下，只把产品构成比例较大的几种作为原材料，这样既能减少工作量，又因非主要原材料提前进入了成本，可起到一点避税作用。

4. 对车间月末已领未用的原材料，酌情处理：若价值较低，归入当月即可；若价值较高，算入下月（假退料）。

5. 废品损失只在管理上做处理，不单独做成本核算。

6. 若管理上或生产工艺上非常有必要，设自制半成品科目。否则不设。

7. 不设在产品科目。生产成本科目月末余额即为其成本（分配方法见下）。

8. 不设低值易耗品科目，直接记入制造费用（机物料或修理费明细科目），同时设制查账系统以备管理需要；若需要设，亦采用一次摊销法，入账同时即进行分配。

9. 关于折旧，建议按税法规定的年限计算，可省去纳税调整的辛苦。税法没有明确规定的，再参考财务制度的规定。

10. 对于在产品构成中所占比重较小且数量众多的存货，建议采用实地盘存制计算每月实际消耗量。

四、日常工作及成本资料的取得

（一）日常

1. 成本计算离不开仓库和车间等单据的传递、归集、整理等，这就需要企业起码有相应的管理制度。

2. 生产过程中的各种记录、生产通知单、领料单、入库单等资料要及时转交会计部门。

3. 日常发生的与生产有关的费用归入生产成本或制造费用科目。

（二）月底

1. 计提折旧，结转制造费用科目到生产成本科目。

2. 取得原材料库月报表，先比对已入财务账原材料与库房所报购入数量是否有出入，若有出入，属发票未到者，要估价入账。原材料发出采用加权平均法。

3. 取得工资相关资料，计提工资及福利费。

4. 由生产车间相关部门提供各工序在产品数量及完工程度。

参考文献

[1] 陈国辉,陈文铭,孙光国. 基础会计. 北京:清华大学出版社, 2005.

[2] 李海波. 新编会计学原理:基础会计. 11 版. 上海:立信会计出版社, 2006.

[3] 瞿灿鑫,王珏. 基础会计学. 上海:复旦大学出版社, 2007.

[4] 刘峰. 会计学基础. 北京:高等教育出版社, 2000.

[5] 朱小平,徐泓. 基础会计. 4 版. 北京:中国人民大学出版社, 2005.

[6] 万寿义. 成本会计. 北京:中国人民大学出版社, 2006.

复习思考题

1. 成本计算具有什么意义?
2. 成本界限、成本计算对象的含义指什么?
3. 简述产品制造成本计算的方法?
4. 成本和费用的概念有何区别?
5. 存货购入和发出环节的成本计算方法有哪些?

第八章

会计凭证

◆学习目标◆

1. 掌握会计凭证的概念和种类；
2. 了解会计凭证的意义；
3. 掌握原始凭证的概念和种类；
4. 掌握原始凭证的基本内容及其填制和审核；
5. 掌握记账凭证的概念和种类；
6. 掌握记账凭证的基本内容及其填制和审核；
7. 了解会计凭证的传递和保管。

第一节 会计凭证的意义和种类

一、会计凭证的概念

会计凭证（Accounting Documents），是记录经济业务、明确经济责任的书面证明，也是登记账簿的依据。

填制和审核会计凭证，是会计核算的专门方法之一，也是会计核算工作的起点和基础。任何单位，每发生一项经济业务，如现金的收付、物资的进出、往来款项的结算等，经办业务的有关人员必须按照规定的程序和要求，认真填制会计凭证，记录经济业务发生或完成的日期、经济业务的内容，并在会计凭证上签名盖章，有的凭证还需要加盖公章，以对会计凭证的真实性和正确性负责任。一切会计凭证都必须经过有关人员的严格审核，只有经过审核无误的会计凭证才能作为登记账簿的依据。

二、会计凭证的意义

会计凭证的填制和审核，对于完成会计工作的任务，发挥会计在经济管理中的作用，具有十分重要的意义，归纳起来，有以下三个方面。

（一）会计凭证是登记账簿的依据

每个企业在生产经营过程中，会发生大量的、各种各样的经济业务。会计部门要及时正确地记录这些经济业务，必须依据会计凭证。每当发生经济业务时，必须填制相应的会计凭证。一般地说，经济业务发生在哪里，会计凭证就在哪里填制。这样可以正确及时地反映各项经济业务的发生及完成情况。随着经济业务的执行和完成，记载经济业务执行和完成情况的会计凭证就按规定的流转程序最终汇集到财务会计部门，成为记账的基本依据。

（二）会计凭证可以强化经营管理上的责任制

任何一项经济业务活动，都要由经管人员填制凭证并签字盖章，这样，就便于划清职责，加强责任感；并便于发现问题，查明责任，从而有利于加强与改善经营管理，推行经济责任制。

（三）会计凭证是实行会计监督的条件

通过会计凭证的审核，可以监督各项经济业务的合法性，检查经济业务是否符合国家的有关法律、制度，是否符合企业目标和财务计划；检查经济业务有无违法乱纪，违反会计制度的现象，有无铺张、浪费、贪污、盗窃等损害公共财产的行为发生；可以及时发现经济管理中存在的问题和管理制度中存在的漏洞，及时加以制止和纠正，以改善经营管理，提高经济效益。

三、会计凭证的种类

企业发生的经济业务内容非常复杂丰富，用以记录、监督经济业务的会计凭证，也必然是五花八门、名目繁多。为了具体地认识、掌握和运用会计凭证，首先要对会计凭证加以分类。

会计凭证按照编制的程序和用途的不同，分为原始凭证和记账凭证两类。

（一）原始凭证

1. 原始凭证的概念

原始凭证（Source Document）又称单据，是在经济业务发生或完成时取得或填制的，用以记录或证明经济业务的发生或完成情况的文字凭据。原始凭证是会计核算的原始资料和重要依据。

2. 原始凭证的种类

（1）原始凭证按照来源不同，可以分为外来原始凭证和自制原始凭证两种。

外来原始凭证（Source Document From Outside），是指在经济业务发生或完成时，从其他单位或个人直接取得的原始凭证。如企业购买材料、商品时，从供货单位取得的发票、收款单位开出的收款收据、职工出差取得的飞机票、火车票、住宿发票等。增值税专用发票格式如图 8-1 所示，普通发票格式如图 8-2 所示。

自制原始凭证（Internal Source Document），是指在经济业务发生、执行或完成时，由本单位的经办人员自行填制的、仅供本单位内部使用的原始凭证。如销售商品时由销售部门开出的发货票（记账联）、企业购进材料验收入库，由仓库保管员填制的收料单、车间或班组向仓库领用材料时填制的领料单、出差人员借款时填制的借款单等。收料单格式如图 8-3 所示，领料单格式如图 8-4 所示，借款单格式如图 8-5 所示。

（2）原始凭证按照填制手续及内容不同，可以分为一次凭证、累计凭证、汇总原始凭证三种。

一次凭证（Single-record Document），是指只反映一项经济业务，或者同时反映若干项同类性质的经济业务，其填制手续是一次完成的会计凭证。如收料单、领料单、发货票、借款单、银行结算凭证等，都是一次凭证。外来原始凭证一般均属一次凭证。银行电汇凭证格式如图 8-6 所示。

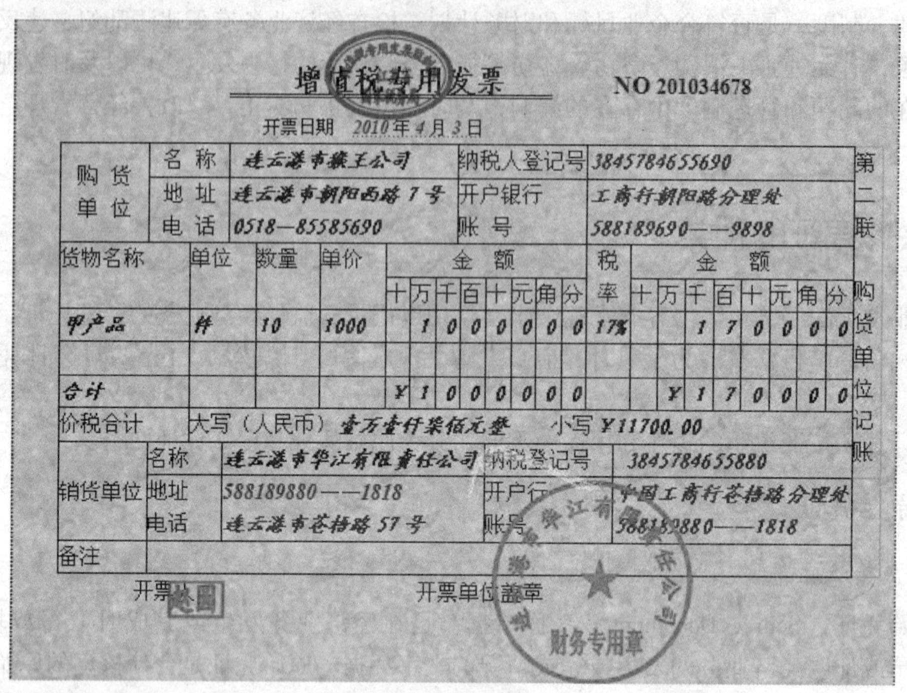

增值税专用发票 NO 201034678

开票日期 2010年4月3日

购货单位	名称	连云港市獴王公司	纳税人登记号	3845784655690
	地址	连云港市朝阳西路7号	开户银行	工商行朝阳路分理处
	电话	0518—85585690	账号	588189690——9898

货物名称	单位	数量	单价	金额	税率	金额
				十万千百十元角分		十万千百十元角分
甲产品	件	10	1000	1000000	17%	170000
合计				¥1000000		¥170000
价税合计	大写（人民币）壹万壹仟柒佰元整			小写 ¥11700.00		

销货单位	名称	连云港市华江有限责任公司	纳税登记号	3845784655880
	地址	588189880——1818	开户行	中国工商行苍梧路分理处
	电话	连云港市苍梧路57号	账号	588189880——1818
备注				

开票人 开票单位盖章

第二联 购货单位记账

财务专用章

图 8-1 增值税专用发票

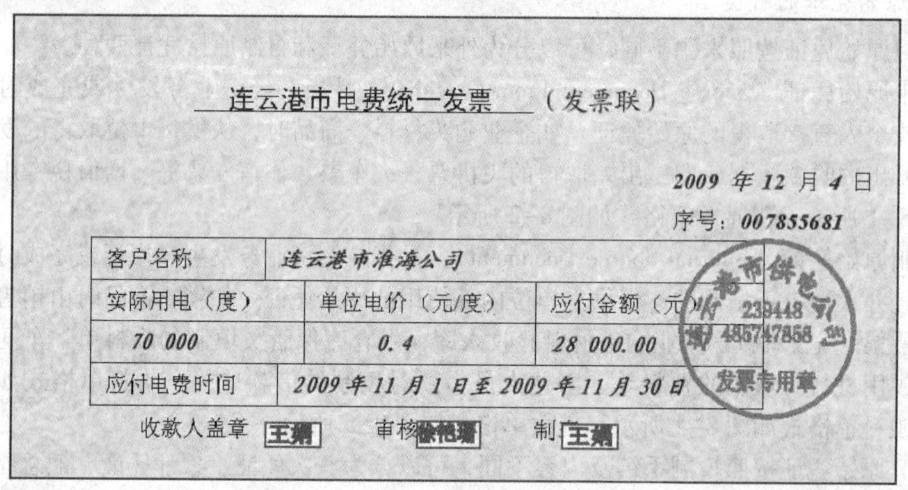

连云港市电费统一发票 （发票联）

2009 年 12 月 4 日

序号：007855681

客户名称	连云港市淮海公司	
实际用电（度）	单位电价（元/度）	应付金额（元）
70 000	0.4	28 000.00
应付电费时间	2009年11月1日至2009年11月30日	

收款人盖章 王鹏 审核 徐艳瑞 制票 王鹏

发票专用章

图 8-2 普通发票

收料单

供应部门：五一厂　　2009 年 12 月 8 日　　字第 200912001 号

材料名称	计量单位	数量	实收数量	单价	金额										
					亿	千	百	十	万	千	百	十	元	角	分
A	公斤	5 000	5 000	5.80					2	9	0	0	0	0	0
B	公斤	8 000	8 000	3.20					2	5	6	0	0	0	0
检验结果：合格同意入库			运杂费												
检验员盖章 吴倚岗			合计					¥	5	4	6	0	0	0	0
备注															

第三联：材料会计

仓库主管 包无逸　　收料员 王小娟　　制单 王小娟

图 8-3　收料单

领料单

领用部门：第一车间　　2009 年 12 月 10 日　　编号 200912001

名称	单位	数量		金额	
		请领	实发	单价	总额
A 材料	公斤	4 000	4 000	6.10	24 400
B 材料	公斤	3 000	3 000	3.50	10 500
合计					¥34 900
用途	用于生产甲产品				

第三联　交会计

发料人 包无逸　记账 王小娟　领料部门负责人 沈大龙　领料人 徐媛媛

图 8-4　领料单

借款单

资金性质：差旅费　　2009 年 12 月 7 日

借款单位或个人：厂部李彬		
借款理由：出差到武汉联系业务		
借款数额：大写人民币叁千元整　小写 ¥3000.00		
借款人（签章）李彬		
单位负责人意见：陈印兴 同意	会计主管人员意见：张理财 同意	付款记录：2009 年 12 月 7 日以第 3485499 号现金支票支付。

图 8-5　借款单

中国工商银行电汇凭证（收账通知）

委托日期　2009 年 12 月 12 日

收款人	全　称	连云港市淮海公司			汇款人	全　称	南京市南通公司			此联是收款单位银行给收款单位的收账通知
	账号及住址	58818988——1818 花果山路分理处				账号及住址	南京市湖南路 2 号 025—3453788			
	汇入地点	江苏省连云港市	汇入行名称	工商行		汇出地点	江苏省南京市	汇出行名称	工商行	
金额	人民币（大写）叁拾贰万壹仟柒佰伍拾元整					百 十 万 千 百 十 元 角 分	¥ 3 2 1 7 5 0 0 0			
汇款用途：付货款					汇入行盖					
上列款项已根据委托办理，如须查询，请持此回单来行面洽。					3367 8960504					
单位主管　会计　出纳　记账					2009 年 12 月 12 日					

图 8-6　电汇凭证

累计凭证（Multiple-record Document），是指在一定期间内，在一张凭证中连续多次记载若干不断重复发生的同类经济业务，直到期末，凭证填制手续才算完成，以期末累计数作为记账依据的原始凭证。典型的累计凭证是限额领料单。使用累计凭证，能对材料消耗、成本管理起事先控制作用，是企业进行计划管理的手段之一。限额领料单格式如图 8-7 所示。

限额领料单

领料部门：第一车间

发料仓库：二号仓库

用　途：生产甲产品　　09年12月10日　　编　号：200912008

材料类别	材料编号	材料名称及规格	计量单位	领用限额	实际领用	单价	金额	备注
钢材	3001	圆钢Ø16	公斤	1000	900	5	4500	

日期	请领		实发			限额结余	退库	
	数量	领料单位负责人	数量	发料人	领料人		数量	退库单编号
12、10	300	沈大龙	300	王小娟	[illegible]	700		
12、20	300	沈大龙	300	王小娟	[illegible]	400		
12、30	300	沈大龙	300	王小娟	[illegible]	100		
合计								

供应部门负责人：[illegible]　生产计划部门负责人：[illegible]　仓库负责人：[illegible]

图 8-7　限额领料单

汇总原始凭证（Cumulative Source Document），是指在会计核算工作中，为简化记账凭证的编制工作，将一定时期内若干份记录同类经济业务的原始凭证加以汇总，用以集中反映某项经济业务总括发生情况的会计凭证。如发料凭证汇总表、差旅费报销单、工资结算汇总表等。编制汇总原始凭证可定期或不定期进行，但最长不得超过一个月。工资结算汇总表的具体格式如图 8-8 所示。

（二）记账凭证

原始凭证来自各个不同方面，数量庞大，种类繁多，格式不一，其本身不能明确表明经济业务应记入的账户名称和方向，不经过必要的归纳和整理，难以达到记账的要求，所以，会计人员必须根据审核无误的原始凭证编制记账凭证，将原始凭证中的零散内容转换为账簿所能接受的语言，以便据以直接登记有关的会计账簿。

1. 记账凭证的概念

记账凭证（Voucher），是指由会计人员根据审核无误的原始凭证编制的用来履行记账手续的会计分录凭证，它是登记账簿的直接依据。

工资结算汇总表

2009 年 12 月 10 日

部门	人员类别	应付工资			代扣款项			实发金额
		基本工资	津贴	合计	房租	水电	合计	
车间	生产工人	25 000		25 000				25 000
	管理人员	2 000		2 000				2 000
厂部	管理人员	1 000		1 000				1 000
合计		¥28 000		¥28 000				¥28 000

现金付讫

财务主管 张理财　　制单 谢萍

图 8-8　工资结算汇总表

2. 记账凭证的种类

记账凭证按照不同的标志可以分为不同类别。

(1) 记账凭证按其用途不同，可以分为专用记账凭证和通用记账凭证。

专用记账凭证（Special - purpose Voucher），是专门用来记录某一特定种类经济业务的记账凭证。按其反映经济业务的内容不同，又可以进一步分为收款凭证、付款凭证和转账凭证三种。

收款凭证（Receipt Voucher），是为反映货币资金增加的经济业务而编制的记账凭证，也就是记录库存现金和银行存款等收款业务的凭证。如收到东方工厂前欠购货款支票 100 000 元存入银行，就应该编制银行存款的收款凭证。收款凭证的具体格式如图 8-9 所示。

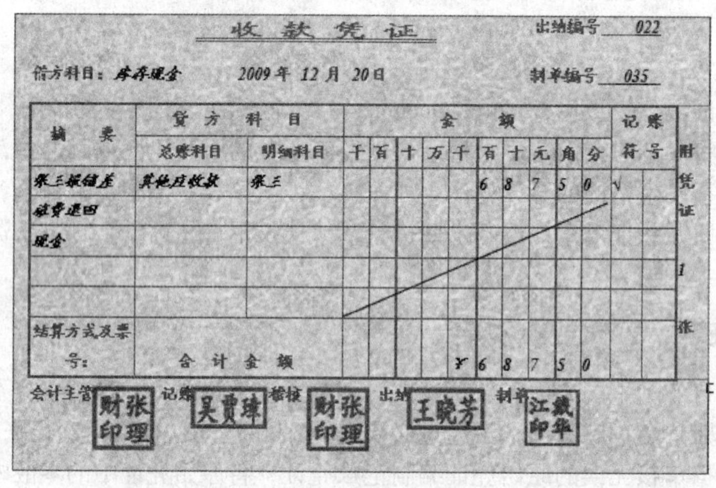

收款凭证　　出纳编号 022

借方科目：库存现金　　2009 年 12 月 20 日　　制单编号 035

摘要	贷方科目		金额										记账符号
	总账科目	明细科目	千	百	十	万	千	百	十	元	角	分	
张三报销差	其他应收款	张三						6	8	7	5	0	√
旅费退回													
现金													
结算方式及票号：	合计金额						¥	6	8	7	5	0	

附凭证 1 张

会计主管 张理财印　记账 吴贯琫　稽核 张理财印　出纳 王晓芳　制单 江载华印

图 8-9　库存现金收款凭证

付款凭证（Payment Voucher），是为反映货币资金减少的经济业务而编制的记账凭证，也就是记录库存现金和银行存款等付款业务的凭证。如用现金购买办公用品 1 200 元，就应该编制库存现金付款凭证。付款凭证的具体格式如图 8-10 所示。

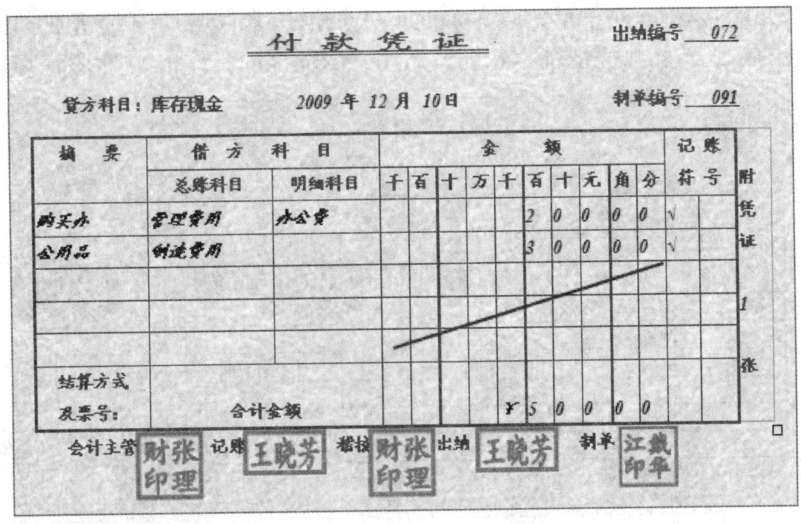

付 款 凭 证

出纳编号 072

贷方科目：库存现金　　2009 年 12 月 10 日　　制单编号 091

摘要	借方科目		金额										记账符号	
	总账科目	明细科目	千	百	十	万	千	百	十	元	角	分		附凭证 1 张
购买办	管理费用	办公费						2	0	0	0	0	√	
公用品	制造费用							3	0	0	0	0	√	
结算方式及票号：	合计金额						¥	5	0	0	0	0		

会计主管 财张印理　记账 王晓芳　稽核 财张印理　出纳 王晓芳　制单 江载印华

图 8-10　库存现金付款凭证

对于库存现金和银行存款之间的相互划转的收款、付款业务，为避免重复记账，只填付款凭证，不填收款凭证。

转账凭证（Transfer Voucher），是为反映不涉及货币资金增减变动的经济业务（即转账业务）而编制的记账凭证，也就是记录与库存现金、银行存款的收付款业务没有关系的转账业务的凭证。如生产 A 产品领用甲原材料 5 000 元，就应该编制转账凭证。转账凭证的具体格式如图 8-11 所示。

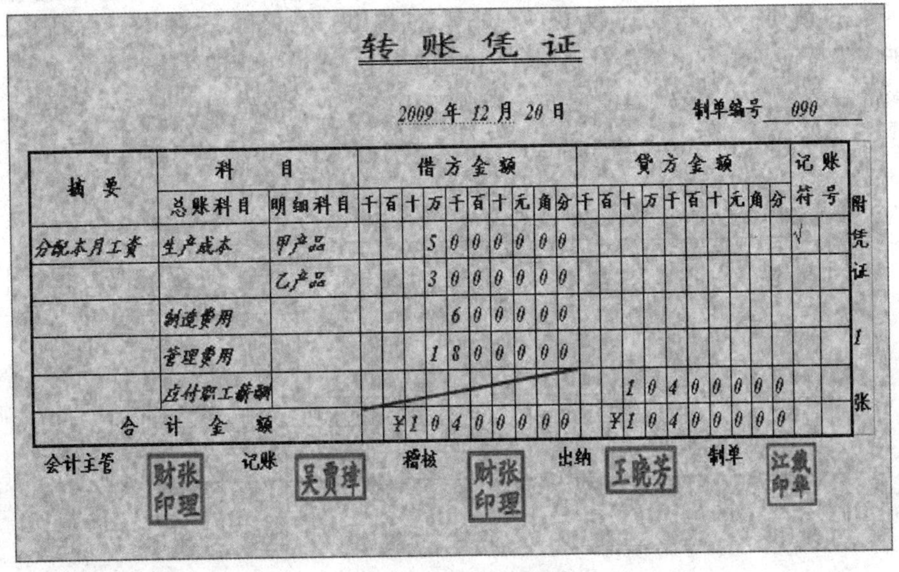

转 账 凭 证

2009 年 12 月 20 日　　制单编号 090

摘要	科目		借方金额										贷方金额										记账符号	
	总账科目	明细科目	千	百	十	万	千	百	十	元	角	分	千	百	十	万	千	百	十	元	角	分		附凭证 1 张
分配本月工资	生产成本	甲产品				5	0	0	0	0	0	0											√	
		乙产品				3	0	0	0	0	0	0												
	制造费用						6	0	0	0	0	0												
	管理费用					1	8	0	0	0	0	0												
	应付职工薪酬														1	0	4	0	0	0	0	0		
合计金额					¥1	0	4	0	0	0	0	0		¥	1	0	4	0	0	0	0	0		

会计主管 财张印理　记账 吴贯玮　稽核 财张印理　出纳 王晓芳　制单 江载印华

图 8-11　转账凭证

通用记账凭证（General - purpose Voucher），是指用来反映所有经济业务的记账凭证。通用记账凭证的格式与转账凭证基本相同，通用记账凭证的具体格式如图 8-12 所示。

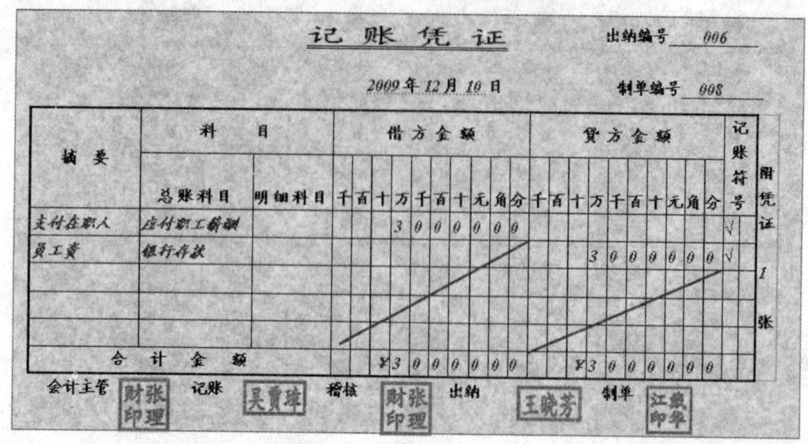

记 账 凭 证　　出纳编号 006

2009 年 12 月 10 日　　制单编号 008

摘要	科目		借方金额										贷方金额										记账符号	附凭证 1 张
	总账科目	明细科目	千	百	十	万	千	百	十	元	角	分	千	百	十	万	千	百	十	元	角	分		
支付在职人	应付职工薪酬					3	0	0	0	0	0	0											√	
员工资	银行存款															3	0	0	0	0	0	0	√	
合计金额					¥	3	0	0	0	0	0	0			¥	3	0	0	0	0	0	0		

会计主管 财张印理　记账 吴贯瑋　稽核 财张印理　出纳 王晓芳　制单 江鉞印华

图 8-12　通用记账凭证

收款凭证、付款凭证和转账凭证的划分，有利于区别不同经济业务进行分类管理，有利于经济业务的检查，但工作量大，适用于规模较大、收付款业务较多的单位。在经济业务比较简单的经济单位，为了简化凭证，可以使用通用记账凭证，记录所发生的各种经济业务。

（2）记账凭证按其填列会计科目的数目不同，可以分为单式记账凭证和复式记账凭证两类。

单式记账凭证（Single Account Title Voucher），是指每张记账凭证只填列一个会计科目，其对方科目只供参考，不凭以记账的凭证。填列借方科目的称为借项记账凭证，其格式如图 8-13所示；填列贷方科目的称为贷项记账凭证，其格式如图 8-14 所示。采用单式记账凭证，由于一张凭证只填列一个会计科目，因此，使用单式记账凭证便于汇总每个会计科目的发生额和进行分工记账，但在一张凭证上反映不出经济业务的全貌，也不便于查账。

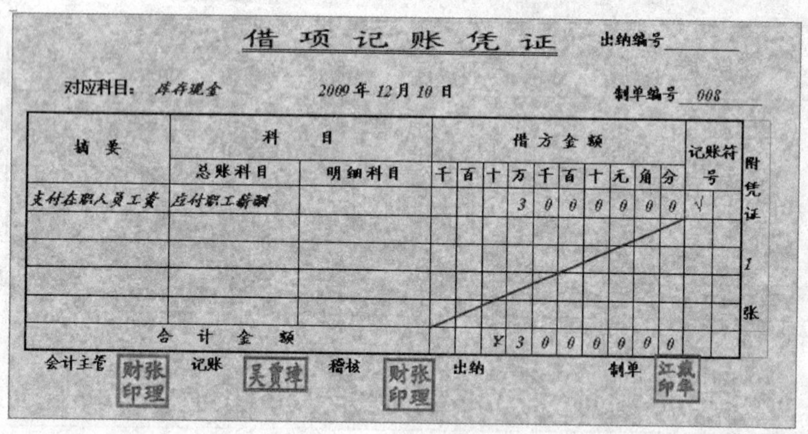

借 项 记 账 凭 证　　出纳编号

对应科目：库存现金　　2009 年 12 月 10 日　　制单编号 008

摘要	科目		借方金额										记账符号	附凭证 1 张
	总账科目	明细科目	千	百	十	万	千	百	十	元	角	分		
支付在职人员工资	应付职工薪酬					3	0	0	0	0	0	0	√	
合计金额					¥	3	0	0	0	0	0	0		

会计主管 财张印理　记账 吴贯瑋　稽核 财张印理　出纳　制单 江鉞印华

图 8-13　借项记账凭证

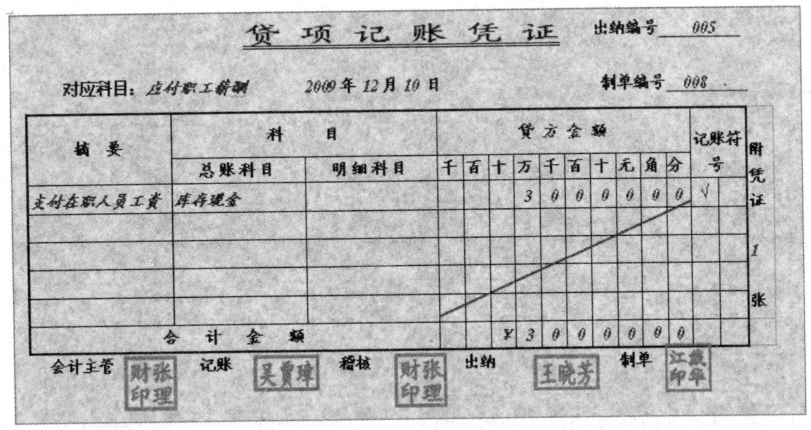

贷项记账凭证 出纳编号 005

对应科目：应付职工薪酬 2009年12月10日 制单编号 008

摘要	科目		贷方金额										记账符号
	总账科目	明细科目	千	百	十	万	千	百	十	元	角	分	
支付在职人员工资	库存现金					3	0	0	0	0	0	0	√
合计金额					¥	3	0	0	0	0	0	0	

附凭证 1 张

会计主管 财张印理 记账 吴贵琫 稽核 财张印理 出纳 王晓芳 制单 江戴印华

图 8-14 贷项记账凭证

复式记账凭证（Multiple Account Titles Voucher），又称多科目凭证，是将一项经济业务所涉及的全部会计科目都集中填制在一张记账凭证上的凭证。上述专用记账凭证和通用记账凭证均为复式记账凭证。复式记账凭证能够集中体现账户对应关系。

（3）记账凭证按其包括的业务内容不同，可以分为单一记账凭证、汇总记账凭证和科目汇总表三类。

单一记账凭证是指只包括一笔会计分录的记账凭证。上述的专用记账凭证和通用记账凭证，均为单一记账凭证。

汇总记账凭证是指根据一定时期内同类单一记账凭证定期加以汇总而重新编制的记账凭证。其目的是为了简化总分类账的登记手续。汇总记账凭证又可进一步分为汇总收款凭证、汇总付款凭证和汇总转账凭证。汇总收款凭证的格式如图 8-15 所示，汇总付款凭证的格式如图 8-16 所示，汇总转账凭证的格式如图 8-17 所示。

汇总收款凭证

借方科目：银行存款 2010年 1 月 凭证编号 汇收 001

贷方科目	金额			合计	总账页数		记账符号	
	1 日至 10 日	11 日至 20 日	21 日至 31 日					
其他应收款	200.00		60.00	260.00				
其他业务收入	800.00	50.00		850.00				
营业外收入		350.00		350.00				
合计	1 000.00	400.00	60.00	1 460.00				

会计主管 刘健 稽核 冯景华 记账 戴华江 制单 戴华江

图 8-15 汇总银行存款收款凭证

汇总付款凭证

贷方科目：库存现金　　2009 年 12 月　　凭证编号 汇付 001

借方科目	金额			合计	总账页数	记账符号
	1 日至 10 日	11 日至 20 日	21 日至 31 日			
管理费用	500.00	2 000.00		2 500.00		
财务费用			700.00	700.00		
其他应收款	2 000.00		1 000.00	1 700.00		
物资采购		800.00		800.00		
营业费用	1 000.00			1 000.00		
营业外支出		200.00		200.00		
合计	3 500.00	3 000.00	1 700.00	8 200.00		

会计主管 刘健　稽核 冯景华　记账 戴华江　制单 戴华江

图 8-16　汇总库存现金付款凭证

汇总转账凭证

贷方科目：主营业业务收入　　2009 年 12 月　　凭证编号 汇转 001

借方科目	金额			合计	总账页数	记账符号
	1 日至 10 日	11 日至 20 日	21 日至 31 日			
应收账款	100 000.00	70 000.00		170 000.00		
应收票据	50 000.00		150 000.00	200 000.00		
预收账款			30 000.00	30 000.00		
合计	150 000.00	70 000.00	180 000.00	400 000.00		

会计主管 刘健　稽核 冯景华　记账 戴华江　制单 戴华江

图 8-17　汇总转账凭证

科目汇总表，也称记账凭证汇总表，是指根据一定时期内所有的记账凭证定期加以汇总而重新编制的记账凭证。其目的也是为了简化总分类账的登记手续。科目汇总表的具体格式如图 8-18 所示。

科目汇总表

2009年12 月 1 日至10日　　　　第1号

账户名称	总账页数	本期发生额		记账凭证起讫号数
		借　方	贷　方	
库存现金	1-5	2 000	3 000	
银行存款	6-10	80 000	190 000	
应收账款	11-15	70 000	109 000	
原材料	16-20	150 000	105 000	
生产成本	21-25	105 000		
合计		407000	407000	

图 8-18　科目汇总表

第二节　原始凭证的填制和审核

一、原始凭证的基本内容

由于各项经济业务的内容和经济管理的要求不同，各个原始凭证的名称、格式和内容也是多种多样的。但是，所有的原始凭证（包括自制的和外来的凭证），都是作为经济业务的原始证据，必须详细载明有关经济业务的发生或完成情况，必须明确经办单位和人员的经济责任。因此，各种原始凭证都应具备一些共同的基本内容。原始凭证所包括的基本内容，通常称为凭证要素，主要有：

（1）原始凭证的名称；

（2）填制原始凭证的日期和凭证的号码；

（3）接受原始凭证单位名称（抬头人）；

（4）经济业务内容（含数量、单价、金额等）；

（5）填制单位签章；

（6）有关人员（部门负责人、经办人员）的签名盖章；

（7）原始凭证的附件（如与业务有关的经济合同、费用预算等）。

上述基本内容，除第（7）条外，一般不得缺少，否则，就不能成为具有法律效力的书面证明。

二、原始凭证的填制要求

原始凭证是具有法律效力的证明文件，是进行会计核算的重要原始依据。为了保证会计核算资料的真实、正确和及时，原始凭证的填制必须符合一定的规范。原始凭证的填制要求如下。

（一）记录要真实

原始凭证必须实事求是地填写经济业务，原始凭证上填制的日期、业务内容、数量、金额等必须与实际情况完全符合，确保凭证内容真实可靠。外来的原始凭证遗失，应当由原开出单位出具证明，证明经济业务的内容、原始凭证的号码、金额，证明必须加盖原开出凭证单位的公章，然后由接受凭证单位的会计机构负责人、会计主管人员和单位领导人办理批准手续，手续齐全后，才能代作原始凭证。有些外来原始凭证遗失无法取得证明的，例如，飞机票、火车票等可以由当事人写出详细情况说明，然后由接受凭证单位的会计机构负责人、会计主管人员和单位领导人办理批准手续，手续齐全后，才能代作原始凭证。

（二）内容要完整、项目要齐全、手续要完备

原始凭证上有很多具体内容，所以，在填写原始凭证时，对于其基本内容和补充资料都要按照规定的格式、内容逐项填写齐全，不得漏填或省略不填。特别是有关签字盖章部分，自制的原始凭证必须有经办部门负责人或指定人员的签字或盖章。从外单位或个人取得的原始凭证，必须有填制单位公章或个人签字盖章，对外开出的原始凭证必须加盖本单位公章。所谓的“公章”，应是具有法律效力和规定用途、能够证明单位身份和性质的印鉴，如业务公章、财务专用章、发票专用章、收款专用章或结算专用章等。

（三）书写要简洁、清楚，大小写要符合会计基础规范的要求

原始凭证上的文字，要按规定要求书写，字迹要工整、清晰，易于辨认，不得使用未经国务院颁布的简化字。同时应遵守以下技术要求。

(1) 小写金额用阿拉伯数字逐个书写，不得写连笔字。合计的小写金额前要冠以人民币符号“¥”（用外币计价、结算的凭证，金额前要加注外币符号，如“HK$”、“US$”等），币值符号与阿拉伯数字之间不得留有空白。

(2) 所有以元为单位的阿拉伯数字，除表示单价等情况外，一律填写到角分；无角分的，角位和分位可写“00”或者用符号“—”代替；有角无分的，分位应当写“0”，不得用符号“—”代替。

(3) 汉字大写金额数字，一律用正楷字或行书字书写，如壹、贰、叁、肆、伍、陆、柒、捌、玖、拾、佰、仟、万、亿、元（圆）、角、分、零、整（正）。大写金额数字到“元”或者“角”为止的，在“元”或者“角”字之后，应当写“整”字（或“正”）。

(4) 阿拉伯金额数字中间有“0”时，汉字大写金额要写“零”字，如¥8409.81，汉字大写金额应写成人民币捌仟肆佰零玖元捌角壹分。阿拉伯金额数字中间连续有几个“0”时，汉字大写金额中可以只写一个“零”字，如¥4005.14，汉字大写金额应写成人民币肆仟零伍元壹角肆分。阿拉伯金额数字万位或元位是“0”，或者数字中间连续有几个“0”，元位也是“0”，但千位、角位不是“0”时，汉字大写金额中可以只写一个“零”字，也可以不写“零”字，如¥6580.32，应写成人民币陆仟伍佰捌拾元零叁角贰分，或者写成人民币陆仟伍佰捌拾元叁角贰分；又如¥107000.53，应写成人民币壹拾万柒仟元零伍角叁分，或者写成人民币壹拾万零柒仟元伍角叁分。阿拉伯金额数字角位是“0”，而分位不是“0”时，汉字大写金额“元”后面应写“零”字，如¥16409.02，应写成人民币壹万陆仟肆佰零玖元零贰分。

(四) 不得随意涂改、刮擦凭证

在填写原始凭证的过程中，如果发生错误，应采用正确的方法予以更正，不得随意涂改、刮擦凭证，如果原始凭证上的金额发生错误，则不得在原始凭证上更改，而应由出具单位重开。对于支票等重要的原始凭证如果填写错误，一律不得在凭证上更正，应按规定的手续注销留存，另行重新填写。

(五) 编号要连续

如果原始凭证已预先印定编号，在写坏作废时，应加盖“作废”戳记，妥善保管，不得撕毁。

(六) 填制要及时

按照及时性会计原则的要求，企业经办业务的部门或人员应根据经济业务的发生或完成情况，在有关制度规定的范围内，及时地填制或取得原始凭证，并按照规定的程序及时送交会计部门，经过会计部门审核之后，据以编制记账凭证。

三、原始凭证的审核内容

为了如实反映经济业务的发生和完成情况，充分发挥会计的监督职能，保证会计信息的真实性、可靠性和正确性，会计机构、会计人员必须对原始凭证进行严格审核。具体包括以下几个方面内容。

（一）审核原始凭证的真实性

按照会计真实性原则的要求，原始凭证所记载的内容必须与实际发生的经济业务内容相一致，所以，审核原始凭证的真实性，就是要审核原始凭证所记载的与经济业务有关的当事单位和当事人是否真实，原始凭证的填制日期、经济业务内容、数量及金额是否与实际情况相符等。此外，对通用原始凭证，还应审核凭证本身的真实性，以防假冒。

（二）审核原始凭证的合法性

审核原始凭证的合法性就是审核原始凭证所反映的经济业务内容是否符合国家政策、法律法规、财务制度和计划的规定，成本费用列支的范围、标准是否按规定执行，有无违反财经纪律、贪污盗窃、虚报冒领、伪造凭证等违法乱纪行为。

（三）审核原始凭证的合理性

审核原始凭证所记录经济业务是否符合企业生产经营活动的需要，是否符合有关的计划和预算等。

（四）审核原始凭证的完整性

原始凭证所反映的内容包括很多个项目，所以，在审核时要注意审核原始凭证填制的内容是否完整，应该填列的项目有无遗漏，有关手续是否齐全，金额的大小写是否相符，特别是有关签字或盖章是否都已具备等。

经审核的原始凭证根据以下不同情况处理。

对于完全符合要求的原始凭证，应及时据以编制记账凭证入账；对于不真实、不合法的原始凭证如伪造或涂改的原始凭证等，有权不予受理，并向单位负责人报告，请求查明原因，追究当事人的责任，进行严肃处理；对于不合法、不合规定的一切开支，会计人员有权拒绝付款和报销；对于记载不准确、不完整的原始凭证，应予以退回，并要求经办人员按照国家统一的会计制度的规定进行更正、补充。

会计信息系统所具有的监督作用主要体现在原始凭证的审核上。通过对原始凭证的审核，确保输入会计信息系统的数据真实、合理、合法，从而为会计系统最终所提供的财务报告信息的质量提供有效保证，所以，只有经过审核无误的原始凭证，才能作为编制记账凭证和登记有关账簿的依据。

第三节 记账凭证的填制和审核

一、记账凭证的基本内容

记账凭证的一个重要作用就在于将审核无误的原始凭证中所载有的原始数据通过运用账户和复式记账系统编制会计分录而转换为会计账簿所能接受的专有语言，从而成为登记账簿的直接依据，完成第一次会计确认。因此，作为登记账簿直接依据的记账凭证，虽然种类不同，格式各异，但一般要具备以下的基本内容：

（1）记账凭证的名称，如“收款凭证”、“付款凭证”、“转账凭证”；

（2）记账凭证的填制日期，一般用年、月、日表示，记账凭证的填制日期，一般为编制记账凭证当天；

（3）记账凭证的编号；

（4）经济业务的内容摘要，由于记账凭证是对原始凭证直接处理的结果，所以，只需将原始凭证上的内容简明扼要地在记账凭证中予以说明即可；

（5）经济业务所涉及的会计科目及记账方向；

（6）经济业务事项的金额；

（7）所附原始凭证的张数，以便于日后查证；

（8）有关人员的签字盖章，通过这一步骤，一方面能够明确各自的责任，另一方面又有利于防止在记账过程中出现某些差错，从而在一定程度上保证了会计信息系统最终所输出会计信息的真实、可靠。

二、记账凭证的填制

（一）基本要求

（1）记账凭证应连续编号。编号的目的是为了分清记账凭证的先后顺序，便于登记账簿和日后记账凭证与会计账簿之间的核对，并防止散失。

记账凭证按经济业务发生的顺序分月并按不同种类的记账凭证连续编号。一笔经济业务，如果需要编制多张记账凭证时，可采用“分数编号法”，例如，一笔经济业务需要编制两张转账凭证，凭证的顺序号为 8 号时，其编号可为转字第 $8\frac{1}{2}$ 号、转字第 $8\frac{2}{2}$ 号，前面的整数表示业务顺序，分子表示两张中的第一张和第二张。不论采用哪种凭证编号方法，每月末最后一张记账凭证的编号旁边要加注“全”字，以免凭证散失。

（2）记账凭证可以根据每一张原始凭证填制，或根据若干张同类原始凭证汇总填制，也可以根据原始凭证汇总表填制。但不得将不同内容和类别的原始凭证汇总填制在一张记账凭证上。

（3）除结账和更正错误的记账凭证可以不附原始凭证外，其他记账凭证必须附有原始凭证。

所附原始凭证张数的计算，一般以原始凭证的自然张数为准。与记账凭证中的经济业务记录有关的每一张证据，都应当作为原始凭证的附件。如果记账凭证中附有原始凭证汇总表，则应该把所附的原始凭证和原始凭证汇总表的张数一起计入附件的张数之内。但报销差旅费等的零散票券，可以粘贴在一张纸上，作为一张原始凭证。一张原始凭证如涉及几张记账凭证的，可以将该原始凭证附在一张主要的记账凭证后面，在其他记账凭证上注明该主要记账凭证的编号或者附上该原始凭证的复印件。

（4）填制记账凭证时如果发生错误，应当重新填制。已经登记入账的记账凭证在当年内发现错误的，应按错账更正的方法进行更正。

（5）记账凭证填制完经济业务事项后，如有空行，应当在金额栏自最后一笔金额数字下的空行处至合计数上的空行处画线注销。

（二）常用记账凭证填制举例

1. 专用记账凭证的填制

（1）收款凭证的填制。收款凭证根据库存现金和银行存款收款业务的原始凭证填制。凡是涉及增加库存现金或者银行存款账户的金额的，都必须填制收款凭证。收款凭证左上方的“借方科目（或账户）”，应填写“库存现金”或“银行存款”；右上方应填写凭证编号。收款凭证一般按收款业务发生的先后顺序统一编号，如“收字×号”。“摘要”栏内填写经济业务的内容梗概；“贷方科目（或账户）”栏内填写与“库存现金”或“银行存款”科目相对应的总账（一级）科目及其所属明细（二级）科目；“金额”栏内填写实际收到的现金或银行存款数额；“记账符号”栏供记账员在根据收款凭证登记有关账簿以后做记号用，表示该项金额已经记入有关账户，避免重记或漏记。

（2）付款凭证的填制。付款凭证根据库存现金和银行存款付款业务的原始凭证填制。凡是涉及减少库存现金或者银行存款账户的金额的，都必须填制付款凭证。付款凭证的填制方法和要求与收款凭证基本相同，不同的只是在付款凭证的左上方应填列贷方科目（或账户），因为库存现金和银行存款的减少应记账户的贷方；付款凭证的对应科目为“借方科目（或账户）”，需填写与库存现金或银行存款支出业务有关的总账（一级）科目和明细（二级）科目。

（3）转账凭证的填制。转账凭证根据不涉及库存现金和银行存款收付的转账业务的原始凭证填制。凡是不涉及库存现金和银行存款增加或减少的业务，都必须填制转账凭证。转账业务没有固定的账户对应关系，因此在转账凭证中，要按“借方科目（或账户）”和“贷方科目（或账户）”分别填列有关总账（一级）科目和明细（二级）科目。借方科目的金额与贷方科目的金额都在同一行的“金额”栏内填列。

2. 通用记账凭证的填制

通用记账凭证的名称为“记账凭证”。它集收款、付款和转账凭证于一身，通用于收款、付款和转账等各种类型的经济业务。其格式及填制方法与转账凭证完全相同。

3. 汇总记账凭证的填制

（1）汇总收款凭证的填制。汇总收款凭证根据库存现金或银行存款的收款凭证，按库存现金或银行存款科目的借方分别设置，并按贷方科目加以归类汇总，定期（5 天或 10 天）填列一次，每月编制一张。月份终了，计算出汇总收款凭证的合计数后，分别登记现金或银行存款总账的借方，以及各个对应账户的贷方。

（2）汇总付款凭证的填制。汇总付款凭证根据库存现金或银行存款的付款凭证，按库存现金或银行存款科目的贷方分别设置，并按借方科目加以归类汇总，定期（5 天或 10 天）填列一次，每月编制一张。月份终了，计算出汇总付款凭证的合计数后，分别登记库存现金或银行存款总账的贷方，以及各个对应账户的借方。

（3）汇总转账凭证的填制。汇总转账凭证根据转账凭证按每个科目的贷方分别设置，并按对应的借方科目归类汇总，定期（5 天或 10 天）填列一次，每月编制一张。月份终了，计算出汇总转账凭证的合计数后，分别登记各有关总账的贷方或借方。

4. 科目汇总表的填制

填制方法一般如下。

（1）填写科目汇总表的日期、编号和会计科目名称。汇总表的编号一般按年顺序编列，汇总表上会计科目名称的排列应与总账科目的序号保持一致。

（2）将需要汇总的记账凭证，按照相同的会计科目名称进行归类。

（3）将相同会计科目的本期借方发生额和贷方发生额分别加总，求出合计金额。

（4）将每一会计科目的合计金额填入汇总表的相关栏目。

（5）对汇总表的本期借方发生额和本期贷方发生额进行合计，双方合计数应相等。

三、记账凭证的审核内容

正确地编制记账凭证是正确地进行会计处理的前提。所以，记账凭证填制完成以后，必须由会计主管人员或其他指定人员进行严格审核。应该说，记账凭证的审核同原始凭证的审核一样，也是会计确认的一个重要环节，都是为了保证会计信息的真实、可靠，对经济业务在会计账簿上正式加以记录之前所采取的复式记账系统内部的一种防护性措施。因此，为了正确登记账簿和监督经济业务，除了在记账凭证的编制过程中，有关人员应认真负责、正确填制、加强自审之外，还要对记账凭证建立综合审核制度。记账凭证审核的主要内容如下。

（1）记账凭证是否附有原始凭证；记账凭证的内容与所附原始凭证的内容是否相符；记账凭证上填写的附件张数与实际原始凭证张数是否相符。

（2）会计科目的应用是否正确；二级或明细科目是否齐全；会计科目的对应关系是否清晰；金额的计算是否正确。

（3）内容摘要的填写是否清楚，是否正确归纳了经济业务的实际内容；记账凭证中有关项目是否填列齐全；有关人员是否签字或盖章等。

在记账凭证的审核过程中，如果发现差错，应查明原因，按照规定的办法及时处理和更正。只有经过审核无误的记账凭证，才能作为登记账簿的直接依据。

第四节　会计凭证的传递与保管

一、会计凭证的传递

会计凭证的传递，是指凭证从取得或填制时起，经过审核、记账、装订到归档保管时止，在单位内部各有关部门和人员之间按规定的时间、路线办理业务手续和进行处理的过程。

正确、合理地组织会计凭证的传递，对于及时处理和登记经济业务，协调单位内部各部门、各环节的工作，加强经营管理的岗位责任制，实行会计监督，具有重要作用。例如，对材料收入业务的凭证传递，应明确规定：材料运达企业后，需多长时间验收入库，由谁负责填制收料单，又由谁在何时将收料单送交会计及其他有关部门；会计部门由谁负责审核收料单，由谁在何时编制记账凭证和登记账簿，又由谁负责整理或保管凭证，等等。这样，既可以把材料收入业务从验收入库到登记入账的全部工作在本单位内部进行分工，并通过各部门的协作来共同完成，同时也便于考核经办业务的有关部门和人员是否按照规定的会计手续办理业务。

会计凭证的传递主要包括凭证的传递路线、传递时间和传递手续三个方面的内容。

（一）传递路线

会计凭证的传递路线是指凭证流经的各个环节及其先后次序。各单位应根据经济业务的特点、机构设置、人员分工情况，以及经营管理上的需要，明确规定会计凭证的联次及其流程。既要使会计凭证经过必要的环节进行审核和处理，又要避免会计凭证在不必要的环节停留，从而保证会计凭证沿着最简捷、最合理的路线传递。

（二）传递时间

会计凭证的传递时间，是指各种凭证在各经办部门、环节所停留的最长时间。它应考虑各部门和有关人员，在正常情况下办理经济业务所需时间来合理确定。明确会计凭证的传递时间，能防止拖延处理和积压凭证，保证会计工作的正常秩序，提高工作效率。一切会计凭证的传递和处理，都应在报告期内完成。否则，将会影响会计核算的及时性。

（三）传递手续

会计凭证的传递手续，是指在凭证传递过程中的衔接手续。应该做到既完备严密，又简便易行。凭证的收发、交接都应按一定的手续制度办理，以保证会计凭证的安全和完整。

为了确保会计凭证的传递工作正常有序，以便更好地发挥会计凭证的作用，企业内部应制定出一套合理的会计凭证传递制度，使凭证传递的整个过程环环相扣，从而加速经济业务的处理进程，保证会计部门迅速、及时地取得和处理会计凭证，提高各项工作的效率，充分发挥会计监督作用。会计凭证的传递路线、传递时间和传递手续，还应根据实际情况的变化及时加以修改，以确保会计凭证传递的科学化、制度化。

二、会计凭证的保管

会计凭证是各项经济活动的历史记录，是重要的经济档案。为了便于随时查阅利用，各种会计凭证在办理好各项业务手续，并据以记账后，应由会计部门加以整理、归类，并送交档案部门妥善保管。为了保管好会计凭证，更好地发挥会计凭证的作用，《会计基础工作规范》第五十五条对此作了明确的规定，具体可归纳为以下几点。

（一）会计凭证的整理归类

会计部门在记账以后，应定期（一般为每月）将会计凭证加以归类整理，即把记账凭证及其所附原始凭证，按记账凭证的编号顺序进行整理，在确保记账凭证及其所附原始凭证完整无缺后，将其折叠整齐，加上封面、封底，装订成册，并在装订线上加贴封签，以防散失和任意拆装。在封面上要注明单位名称、凭证种类、所属年月和起讫日期、起讫号码、凭证张数等。会计主管或指定装订人员要在装订线封签处签名或盖章，然后入档保管。

对于那些数量过多或各种随时需要查阅的原始凭证，可以单独装订保管，在封面上注明记账凭证的日期、编号、种类，同时在记账凭证上注明“附件另订”字样。各种经济合同和重要的涉外文件等凭证，应另编目录，单独登记保管，并在有关记账凭证和原始凭证上注明。

（二）会计凭证的造册归档

每年的会计凭证都应由会计部门按照归档的要求，负责整理立卷或装订成册。当年的会计凭证，在会计年度终了后，可暂由会计部门保管一年，期满后，原则上应由会计部门编造清册移交本单位档案部门保管。档案部门接收的会计凭证，原则上要保持原卷册的封装，个别需要拆封重新整理的，应由会计部门和经办人员共同拆封整理，以明确责任。会计凭证必须做到妥善保管，存放有序，查找方便，并要严防毁损、丢失和泄密。

（三）会计凭证的借阅

会计凭证原则上不得借出，如有特殊需要，须报请批准，但不得拆散原卷册，并应限期归还。需要查阅已入档的会计凭证时，必须办理借阅手续。其他单位因特殊原因需要使用原始凭证时，经本单位负责人批准，可以复制。但向外单位提供的原始凭证复印件，应在专设的登记簿上登记，并由提供人员和收取人员共同签名或盖章。

（四）会计凭证的销毁

会计凭证的保管期限，一般为15年。保管期未满，任何人都不得随意销毁会计凭证。按规定销毁会计凭证时，必须开列清单，报经批准后，由档案部门和会计部门共同派员监销。在销毁会计凭证前，监督销毁人员应认真清点核对，销毁后，在销毁清册上签名或盖章，并将监销情况报本单位负责人。

本章小结

会计核算是以账户和复式记账为核心的一个完整系统，而填制和取得会计凭证是会计核算工作的开始，是会计核算中直接的、重要的依据。只有规范、合法的会计凭证，才能保证账户记录和会计报表数据的真实和完整。本章没有太多难点，只是规范性的要求、技术性的方法和技能，既要求记忆，更要求理解，也重在操作能力的提高。

知识链接：会计基础工作规范（第二节 填制会计凭证）

（1996年6月17日财政部财会字19号发布）

第四十七条　各单位办理本规范第三十七条规定的事项，必须取得或者填制原始凭证，并及时送交会计机构。

第四十八条 原始凭证的基本要求如下。

（一）原始凭证的内容必须具备：凭证的名称；填制凭证的日期；填制凭证单位名称或者填制人姓名；经办人员的签名或者盖章；接受凭证单位名称；经济业务内容；数量、单价和金额。

（二）从外单位取得的原始凭证，必须盖有填制单位的公章；从个人取得的原始凭证，必须有填制人员的签名或者盖章。自制原始凭证必须有经办单位领导人或者其指定的人员签名或者盖章。对外开出的原始凭证，必须加盖本单位公章。

（三）凡填有大写和小写金额的原始凭证，大写与小写金额必须相符。购买实物的原始凭证，必须有验收证明。支付款项的原始凭证，必须有收款单位和收款人的收款证明。

（四）一式几联的原始凭证，应当注明各联的用途，只能以一联作为报销凭证。

一式几联的发票和收据，必须用双面复写纸（发票和收据本身具备复写纸功能的除外）套写，并连续编号。作废时应当加盖“作废”戳记，连同存根一起保存，不得撕毁。

（五）发生销货退回的，除填制退货发票外，还必须有退货验收证明；退款时，必须取得对方的收款收据或者汇款银行的凭证，不得以退货发票代替收据。

（六）职工公出借款凭据，必须附在记账凭证之后。收回借款时，应当另开收据或者退还借据副本，不得退还原借款收据。

（七）经上级有关部门批准的经济业务，应当将批准文件作为原始凭证附件；批准文件需要单独归档的，应当在凭证上注明批准机关名称、日期和文件字号。

第四十九条 原始凭证不得涂改、挖补。发现原始凭证有错误的，应当由开出单位重开或者更正，更正处应当加盖开出单位的公章。

第五十条 会计机构、会计人员要根据审核无误的原始凭证填制记账凭证。

记账凭证可以分为收款凭证、付款凭证和转账凭证，也可以使用通用记账凭证。

第五十一条 记账凭证的基本要求如下。

（一）记账凭证的内容必须具备：填制凭证的日期；凭证编号；经济业务摘要；会计科目；金额；所附原始凭证张数；填制凭证人员、稽核人员、记账人员、会计机构负责人、会计主管人员签名或者盖章。收款和付款记账凭证还应当由出纳人员签名或者盖章。

以自制的原始凭证或者原始凭证汇总表代替记账凭证的，也必须具备记账凭证应有的项目。

（二）填制记账凭证时，应当对记账凭证进行连续编号。一笔经济业务需要填制两张以上记账凭证的，可以采用分数编号法编号。

（三）记账凭证可以根据每一张原始凭证填制，或者根据若干张同类原始凭证汇总填制，也可以根据原始凭证汇总表填制。但不得将不同内容和类别的原始凭证汇总填制在一张记账凭证上。

（四）除结账和更正错误的记账凭证可以不附原始凭证外，其他记账凭证必须附有原始凭证。如果一张原始凭证涉及几张记账凭证，可以把原始凭证附在一张主要的记账凭证后面，并在其他记账凭证上注明附有该原始凭证的记账凭证的编号或者附原始凭证复印件。

一张原始凭证所列支出需要几个单位共同负担的，应当将其他单位负担的部分，开给对方原始凭证分割单，进行结算。原始凭证分割单必须具备原始凭证的基本内容：凭证名称、填制凭证日期、填制凭证单位名称或者填制人姓名、经办人的签名或者盖章、接受凭证单位名称、经济业务内容、数量、单价、金额和费用分摊情况等。

（五）如果在填制记账凭证时发生错误，应当重新填制。

已经登记入账的记账凭证，在当年内发现填写错误时，可以用红字填写一张与原内容相同的记账凭证，在摘要栏注明“注销某月某日某号凭证”字样，同时再用蓝字重新填制一张正确的记账凭证，注明“订正某月某日某号凭证”字样。如果会计科目没有错误，只是金额错误，也可以将正确数字与错误数字之间的差额，另编一张调整的记账凭证，调增金额用蓝字，调减金额用红字。发现以前年度记账凭证有错误的，应当用蓝字填制一张更正的记账凭证。

（六）记账凭证填制完经济业务事项后，如有空行，应当自金额栏最后一笔金额数字下的空行处至合计数上的空行处画线注销。

第五十二条　填制会计凭证，字迹必须清晰、工整，并符合下列要求。

（一）阿拉伯数字应当一个一个地写，不得连笔写。阿拉伯金额数字前面应当书写货币币种符号或者货币名称简写和币种符号。币种符号与阿拉伯金额数字之间不得留有空白。凡阿拉伯数字前写有币种符号的，数字后面不再写货币单位。

（二）所有以元为单位（其他货币种类为货币基本单位，下同）的阿拉伯数字，除表示单价等情况外，一律填写到角分；元角分的角位和分位可写“00”，或者符号“—”；有角无分的，分位应当写“0”，不得用符号“—”代替。

（三）汉字大写数字金额如零、壹、贰、叁、肆、伍、陆、柒、捌、玖、拾、佰、仟、万、亿等，一律用正楷或者行书体书写，不得用〇、一、二、三、四、五、六、七、八、九、十等简化字代替，不得任意自造简化字。大写金额数字到元或者角为止的，在“元”或者“角”字之后应当写“整”字或者“正”字；大写金额数字有分的，分字后面不写“整”或者“正”字。

（四）大写金额数字前未印有货币名称的，应当加填货币名称，货币名称与金额数字之间不得留有空白。

（五）阿拉伯金额数字中间有“0”时，汉字大写金额要写“零”字；阿拉伯数字金额中间连续有几个“0”时，汉字大写金额中可以只写一个“零”字；阿拉伯金额数字元位是“0”，或者数字中间连续有几个“0”、元位也是“0”，但角位不是“0”时，汉字大写金额可以只写一个“零”字，也可以不写“零”字。

第五十三条　实行会计电算化的单位，对于机制记账凭证，要认真审核，做到会计科目使用正确，数字准确无误。打印出的机制记账凭证要加盖制单人员、审核人员、记账人员及会计机构负责人、会计主管人员印章或者签字。

第五十四条　各单位会计凭证的传递程序应当科学、合理，具体办法由各单位根据会计业务需要自行规定。

第五十五条　会计机构、会计人员要妥善保管会计凭证。

（一）会计凭证应当及时传递，不得积压。

（二）会计凭证登记完毕后，应当按照分类和编号顺序保管，不得散乱丢失。

（三）记账凭证应当连同所附的原始凭证或者原始凭证汇总表，按照编号顺序，折叠整齐，按期装订成册，并加具封面，注明单位名称、年度、月份和起讫日期、凭证种类、起讫号码，由装订人在装订线封签外签名或者盖章。

对于数量过多的原始凭证，可以单独装订保管，在封面上注明记账凭证日期、编号、种类，同时在记账凭证上注明“附件另订”和原始凭证名称及编号。

各种经济合同、存出保证金收据及涉外文件等重要原始凭证，应当另编目录，单独登记保管，并在有关的记账凭证和原始凭证上相互注明日期和编号。

（四）原始凭证不得外借，其他单位如因特殊原因需要使用原始凭证时，经本单位会计机构负责人、会计主管人员批准，可以复制。向外单位提供的原始凭证复制件，应当在专设的登记簿上登记，并由提供人员和收取人员共同签名或者盖章。

（五）从外单位取得的原始凭证如有遗失，应当取得原开出单位盖有公章的证明，并注明原来凭证的号码、金额和内容等，由经办单位会计机构负责人、会计主管人员和单位领导人批准后，才能代作原始凭证。如果确实无法取得证明的，如火车、轮船、飞机票等凭证，由当事人写出详细情况，由经办单位会计机构负责人、会计主管人员和单位领导人批准后，代作原始凭证。

参考文献

[1] 江苏省会计从业资格考试辅导教材编写组．会计基础．北京：中国财政经济出版社，2010.

[2] 陈国辉，迟旭升．基础会计．大连：东北财经大学出版社，2007.

[3] 李海波．新编会计学原理：基础会计．上海：立信会计出版社，2004.

复习思考题

1. 什么是会计凭证？填制和审核会计凭证有何意义？

2. 会计凭证按其填制的程序和用途,可以分为哪两类?
3. 什么是原始凭证?它应具备哪些基本内容?
4. 什么是记账凭证?它应具备哪些基本内容?
5. 记账凭证按其使用范围的不同,如何进行分类?
6. 原始凭证的填制应符合哪些要求?
7. 记账凭证的填制应符合哪些要求?

第九章

账　　簿

◆学习目标◆

1. 了解设置账簿的意义及其在会计核算工作中的作用；
2. 了解账簿的种类及其记账规则；
3. 掌握各种账簿的设置和登记方法；
4. 熟练运用错账更正方法更正错账。

第一节 账簿的意义和种类

一、账簿的意义

由于会计凭证数量很多，又很分散，而且只能零散地反映个别经济业务的内容，不能连续、系统、全面、完整地反映和监督一个经济单位在一定时期内某类和全部经济业务的变化情况，更不能比较系统地、完整地反映、监督企业价值运动的整体情况。任何会计凭证都不能直接提供经营管理所需要的综合指标，例如，资金、成本、利润、收入等。同时，会计凭证容易散失，不便于查找资料，不便于日常使用。为了给经济管理提供系统的核算资料，就需要运用登记账簿的方法，把分散在会计凭证上的大量的核算资料，加以集中和归类整理，登记到账簿中去。

所谓账簿（Books of Accounts），是指按照会计科目开设账户、账页，用来序时、分类地记录和反映经济业务的簿籍。账簿和账户既有区别，又有密切联系。账户是在账簿中按规定的会计科目开设的户头，用来反映某一个会计科目所要核算的内容。按照账户归类反映各项经济业务，可以提供总括的和明细的核算指标。由于账簿的记录，是对经济活动的全面反映，因此，账簿又是积累、储存经济活动情况的数据库。账簿克服了会计凭证的上述不足。它借助于账户对会计凭证所提供的资料进行整理、分类、汇总，对经济业务进行分类的、序时的、连续的、系统的、因而也是全面的记录与反映。这样，账簿能及时地为编制会计报表提供有关资料，确定经营管理需要的各种指标。此外，账簿也便于日常查阅使用。

设置和登记账簿，是对经济信息进行加工整理的一个专门方法，是会计核算工作的一个重要环节，对于加强经济管理有十分重要的意义，可以概括如下。

1. 账簿可以为企业的经济管理提供系统、完整的会计信息

通过设置和登记账簿，可以对经济业务进行序时或分类的核算，将分散的核算资料加以系统化，全面系统地提供有关企业成本费用、财务状况和经营成果的总括和明细的核算资料，以正确地计算费用、成本和收入、成果，为经营管理提供系统、完整的核算资料。

2. 账簿可以为定期编制会计报表提供数据资料

通过账簿可以分门别类地对经济业务进行登记，积累了一定时期的会计资料，通过整理，就成为编制会计报表的资料。

3. 账簿是考核企业经营成果、加强经济核算，分析经济活动情况的重要依据

账簿记录了一定时期资金取得与运用的情况，提供了费用、成本、销售收入和财务成果

等资料。结合有关资料，进行经济活动分析，总结经验，提出改进工作的措施。

二、账簿的种类

一个会计主体拥有的账簿不是一本两本，而是功能各异、结构有别的一整套账簿，形成了一个账簿体系。这些账簿有些能提供总括的指标，有些能提供明细的指标；有些能提供综合的指标，有些能提供分散的指标；有些能提供价值指标，有些能提供实物指标；有些作序时的记录，有些作分类的记录。为了具体地认识各种账簿的特点，以便更好地运用、掌握，下面对账簿从不同的角度进行分类。

（一）账簿按用途分类

账簿按其用途分为序时账簿、分类账簿、备查账簿三类。

1. 序时账簿

序时账簿，亦称日记账，是按照经济业务发生的时间先后顺序，逐日逐笔登记经济业务的账簿。按其记录内容的不同又分为普通日记账和特种日记账两种。

（1）普通日记账（General Journal），也称通用日记账，是用来登记各单位全部经济业务的日记账。在账簿中，按照每日发生的经济业务的先后顺序，逐项编制会计分录，因而这种日记账也称为分录日记账。设置普通日记账的单位，一般不再单设特种日记账，以免重复。

（2）特种日记账（Special Journal），是专门用来记录某一特定项目经济业务发生情况的日记账。将该类经济业务，按其发生的先后顺序记入账簿中，反映这一特定项目的详细情况。如各经济单位为了对现金和银行存款加强管理，设置的库存现金日记账和银行存款日记账。

2. 分类账簿

分类账簿，是指对全部经济业务按照总分类账户和明细分类账户进行分类登记的账簿。在分类账簿中反映了资产、负债、所有者权益、费用成本和收入成果等增减变化的情况，是企业经营管理的重要资料来源。分类账簿有总分类账簿和明细分类账簿两种。

（1）总分类账簿（General Ledger），是按照总分类账户分类登记的账簿。它是用来核算经济业务的总括内容的。

（2）明细分类账簿（Subsidiary Ledger），是按照明细分类账户分类登记的账簿。这是用来核算经济业务的明细内容的。总分类账簿的总额与其有关的明细分类账簿的金额之和相等。它们的作用各不相同，但互为补充。

3. 备查账簿

备查账簿是指对某些在序时账簿和分类账簿中未能记载或记载不全的经济业务进行补充

登记的账簿。该种账簿可以对某些经济业务的内容提供必要的参考资料。如调入固定资产登记簿等。

（二）账簿按外表形式分类

各种账簿都具有一定的形式，按其外表形式不同可分为订本式账簿、活页式账簿和卡片式账簿。

1. 订本式账簿

订本式账簿是指把许多账页装订成册的账簿。这种账簿，账页固定，既可防止账页散失，也可防止抽换账页。由于账页固定，使用起来欠灵活，在同一时间内只能由一个人登记账簿，不便于分工记账。

2. 活页式账簿

活页式账簿是指账页不固定，用活页形式的账簿，如材料明细账。这种账簿，页数可根据需要确定，不足时，可随时增加账页；登记方便，可同时由数人分工记账。账簿的空白账页，在使用时需连续编号，并装置在账夹中，并由有关人员盖章，以防止散失。使用完毕，不再登记时，将其装订成册，以便保管。

3. 卡片式账簿

卡片式账簿是指印有记账格式的卡片，登记各项经济业务的账簿。卡片不固定在一起，数量可根据经济业务增减，如固定资产明细账等。使用完毕，不再登账时，则将卡片穿孔固定保管。

三种账簿形式不同，作用各异。在实际工作中，可根据需要设置各类账簿。带有统驭性和比较重要的账簿，如总分类账、现金日记账、银行存款日记账，一般采用订本式账簿。作为对总分类账进行补充说明的明细分类账，常采用活页式账簿或卡片式账簿。

（三）账簿按账页格式分类

账页有日期、凭证号、摘要、借方、贷方、余额等基本栏目。日期、凭证号、摘要为账页所必须有的内容，而金额栏可多可少。一般以金额栏的多少来划分账页格式的，如只有借贷两栏的称为两栏式、有借贷余三栏的称为三栏式、三个金额栏以上的称为多栏式。

账簿按账页格式可分为三栏式账簿、数量金额式账簿、多栏式账簿和横线式账簿。

1. 三栏式账簿

三栏式账簿是指采用借方、贷方和余额三个主要栏目的账簿。总分类账簿、日记账簿和部分明细账一般采用三栏式格式。如图 9-1 所示。

银行存款日记账

二 级科目编号及名称 工商行苍梧路分理处

三 级科目编号及名称 人民币户

2009年 月	日	凭证 种类	号数	摘要	借方金额	√	贷方金额	√	借或贷	余额	√
1	1			上年转入					借	100000000	
1	5	银付	01	提现备用			100000		借	99900000	
1	6	银付	02	购甲材料			20000000		借	79900000	
1	6	银付	03	提现备发工资			10000000		借	69900000	
1	10	银收	01	收回欠款	1100000				借	71000000	
1	15	银付	04	购买固定资产			10000000		借	61000000	
1	16	银付	05	购买国库券			30000000		借	31000000	
1	19	银付	06	购乙材料			25000000		借	6000000	
1	21	银收	02	借入短期借款	10000000				借	16000000	
				转次页	11100000		951000000		借	16000000	

图 9-1 三栏式账页示例

2. 数量金额式账簿

数量金额式账簿是指采用数量与金额双重记录的账簿。原材料、产成品等财产物资的明细账一般采用此种格式。如图 9-2 所示。

原材料明细账 总第 页 分第 页

最高存量 5 000 编号及名称 甲材料

最低存量 100 储备天数 30 存放地点 1号仓库 计量单位 公斤 规格 类别

2009年 月	日	凭证 种类	号数	摘要	借方 数量	借方 单价	借方 金额	贷方 数量	贷方 单价	贷方 金额	余额 数量	余额 单价	余额 金额
3	1			上月转入							1000	5	500000
3	10	银付	07	购入甲材料	2000	65	1300000				3000	6	1800000

图 9-2 数量金额式账页示例

3. 多栏式账簿

多栏式账簿是指采用一个借方栏目、多个贷方栏目或一个贷方栏目、多个借方栏目的账簿。费用、成本、收入和成果账户核算一般采用此种格式。如图 9-3 所示。

二 级科目 甲产品

生产成本明细账

2009年		凭证		摘要	直接材料费	直接人工费	制造费用			借或贷	余额
月	日	种类	号数		十万千百十元角分	十万千百十元角分	十万千百十元角分	十万千百十元角分	十万千百十元角分		千百十万千百十元角分
7	1			上月转入	1000000					借	1000000
7	6	转	08	生产领用乙材料	8000000					借	9000000
7	30	转	110	分配工人工资		3000000				借	12000000
7	30	转	113	分配转入制造费用			500000			借	12500000

图 9-3 多栏式账页示例

4. 横线式账簿

横线式账簿是将账页分为左右两个部分，一方记采购，另一方记入库，且同笔业务在同行记录。如材料采购明细账。

账簿的分类如图 9-4 所示。

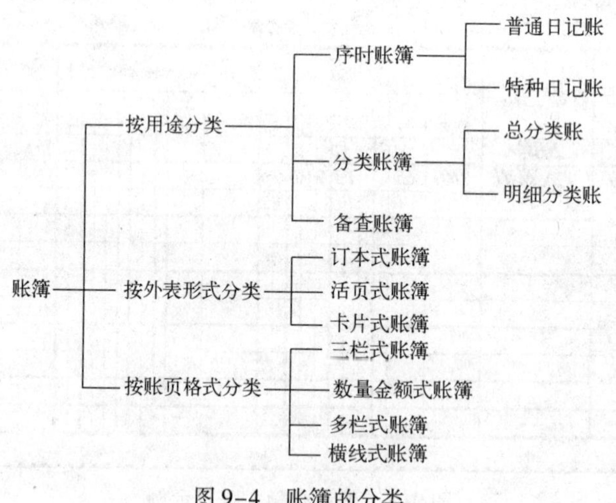

图 9-4 账簿的分类

第二节 账簿的设置与登记

一、设置账簿的原则

任何单位都应当根据本单位经济业务的特点和经营管理的需要，设置一定种类和数量的账簿。一般说来，设置账簿应当遵循下列原则。

(1) 账簿的设置要能保证全面、系统地反映和监督各单位的经济活动情况，为经营管理提供系统、分类的核算资料；

(2) 设置账簿要在满足实际需要的前提下，考虑人力和物力的节约，力求避免重复设账；

(3) 账簿的格式，要按照所记录的经济业务的内容和需要提供的核算指标进行设计，要力求简便实用，避免烦琐重复。

二、账簿的基本结构

各种账簿所记录的经济业务不同，账簿格式可以多种多样。但各种主要账簿应具备下列基本内容。

(1) 封面。写明账簿名称和记账单位名称。

(2) 扉面。填列账簿启用的日期和截止日期、页数、册次、经管账簿人员一览表和签章、会计主管人员签章、账户目录等。

账户目录是由记账人员在账簿中开设账页户头后，按顺序将每个账户的名称和页数进行登记，便于查阅账簿中登记的内容。如果是活页账簿，在账簿启用时无法确定页数，可先将账户名称填写好，待年终装订归档时，再填写页数。

(3) 账页。账页的格式，因反映经济业务内容的不同，可有不同格式，但基本内容应包括：

① 账户的名称（总账科目、二级或明细科目）；

② 登账日期栏；

③ 凭证种类和号数栏；

④ 摘要栏（记录经济业务内容的简要说明）；

⑤ 金额栏（记录经济业务的增减变动）；

⑥ 总页次和分户页次。

由于账簿所记录的经济业务不同，其结构和登记方法也各有差异。

三、日记账的设置与登记

日记账是序时账簿，特别强调按经济业务发生的先后顺序逐日逐笔登记。日记账按其有无专门用途分为普通日记账和特种日记账。普通日记账是序时地登记全部经济业务或多种经济业务的日记账。特种日记账是专门序时地登记某一类经济业务的日记账。

（一）特种日记账的设置与登记

因为现金和银行存款在经营管理中有特别重要的意义，两者的安全与完整容易受到损害，因而需要特别加强监督管理，所以最常设置的特种日记账是现金日记账和银行存款日记账。

1. 库存现金日记账的设置与登记

库存现金日记账（Cash Journal），是出纳人员根据现金收款凭证、现金付款凭证和银行付款凭证（记录从银行提取现金的业务），按经济业务发生的先后顺序，逐日逐笔进行登记的。

2. 银行存款日记账的设置与登记

银行存款日记账（Deposit Journal），是由出纳人员根据银行存款收款凭证、银行存款付款凭证和现金付款凭证（记录将现金存入银行业务），按经济业务发生时间的先后顺序，逐日逐笔进行登记的账簿。

现金和银行存款日记账，一般采用三栏式的账簿，为了反映每一笔收支业务的来龙去脉，以便分析和汇总对应科目的发生额，也可采用多栏式日记账。这种账簿是把收入栏和支出栏分别按对方科目设专栏进行登记，把经济业务产生的原因或结果全部反映出来。多栏式银行存款收入日记账如图 9-5 所示。

银 行 存 款 收 入 日 记 本 账

2009年		收款凭证	摘要	贷方科目					余额
				主营业务收入	其他业务收入	营业外收入	………	收款合计	
月	日	证号数		十万千百十元角分	十万千百十元角分	十万千百十元角分	十万千百十元角分	十万千百十元角分	千百十万千百十元角分
8	1		期初余额						7100000
8	6	08	销售乙产品	18000000				18000000	8900000
8	11	09	销售甲产品	20000000				20000000	10900000
8	15	10	销售多余A材料		300000			300000	10930000
8	21	11	收到罚款			500000		500000	10980000

图 9-5 多栏式银行存款收入日记账示例

根据多栏式现金日记账和银行存款日记账登记总账的情况，账务处理可有两种做法。

（1）由出纳人员根据审核后的收付款凭证，逐日逐笔登记现金和银行存款收入日记账和支出日记账，每日应将支出日记账中当日支出合计数，转记收入日记账中支出合计栏内，以结算当日账面结余额。会计人员应对多栏式现金和银行存款日记账的记录加强检查、监督，并负责于月末根据多栏式现金和银行存款日记账各专栏的合计数，分别登记总账的有关账户。

（2）另外设置现金和银行存款出纳登记簿，由出纳人员根据审核后的收付款凭证逐日逐笔登记，以便逐笔掌握库存现金收付情况及同银行核对收付款项。然后将收付款凭证交由会计人员据以逐日汇总登记多栏式现金和银行存款日记账，并于月末根据日记账登记总账。出纳登记簿与多栏式现金和银行存款日记账要相互核对。

上述第一种做法可以简化核算工作，第二种做法可以加强内部牵制。总之，采用多栏式现金和银行存款日记账可以减少收、付款凭证的汇总编制手续，简化总账登记工作，而且可以清晰地反映账户的对应关系，了解现金和银行存款收付款项的来龙去脉。

（二）普通日记账的设置和登记

普通日记账是用以序时地登记会计主体的全部经济业务或多种经济业务的账簿。这种账簿在西方会计实务界用得很普遍，我国的外商投资企业也有使用。普通日记账是根据原始凭证逐笔登记的，把每一笔经济业务转化为会计分录记在账上，然后再转记到分类账中去。普通日记账最常见的格式为二栏式，分为借方金额栏和贷方金额栏。会计分录序时、整齐地排列在账页上，所以人们把这种普通日记账称为“分录簿”，如图 9-6 所示。

普 通 日 记 账

2009年		原始凭证	摘 要	会计科目	借方金额										贷方金额									
月	日				千	百	十	万	千	百	十	元	角	分	千	百	十	万	千	百	十	元	角	分
6	1	现金支票	从银行提取现金	库存现金					8	0	0	0	0	0										
				银行存款															8	0	0	0	0	0
6	3	发票、转账支票	购买办公用品	管理费用					2	3	0	0	0	0										
				银行存款															2	3	0	0	0	0

图 9-6 普通日记账

经济业务发生后，根据原始凭证或汇总原始凭证，登记普通日记账，将经济业务发生的时间登记在“日期栏”内；在“摘要栏”内填写经济业务内容；将应借应贷的会计科目记入“会计科目”栏内，先填写借方科目，后填写贷方科目；将应借金额记入“借方”栏内，将应贷金额记入“贷方”栏内。

四、总分类账的设置和登记

总分类账是按照总分类账户分类登记全部经济业务的账簿。在总分类账中，应按照会计科目的编码顺序分别开设账户，由于总分类账一般都采用订本式账簿，所以事先应为每个账户预留若干账页。由于总分类账能够全面、总括地反映经济活动情况，并为编制会计报表提供资料，因而任何单位都要设置总分类账。

总分类账的格式因采用的记账方法和会计核算形式不同而异，一般有三栏式、多栏式等不同格式。

1. 三栏式总分类账的设置

三栏式总分类账一般分为不反映对应科目的三栏式总账和反映对应科目的三栏式总账。不反映对应科目的三栏式总账，在账页中设有借方、贷方和余额三个金额栏。反映对应科目的三栏式总账，除在账页中设有借方、贷方和余额三个金额栏外，还分别在借方和贷方金额栏中设有对方科目栏，以便可以直接从总分类账户之中了解经济业务的来龙去脉。

2. 多栏式总分类账的设置

多栏式总分类账，把序时账簿和总分类账簿结合在一起，变成了一种联合账簿，通常称为日记总账，它具有序时账簿和总分类账簿的双重作用。采用这种总分类账簿，可以减少记账的工作量，提高工作效率，并能较全面地反映资金运动的情况，便于分析经济活动情况。它适用于经济业务较少的经济单位。其格式和内容如图 9-7 所示。

日　记　总　账

2009年		凭证		摘要	发生额	在途物资		银行存款		原材料	
						借方	贷方	借方	贷方	借方	贷方
月	日	种类	号数		十万千百十元角分	十万千百十元角分	十万千百十元角分	十万千百十元角分	十万千百十元角分	十万千百十元角分	十万千百十元角分
10	1			月初余额		10000000		18000000		12000000	
10	6	银付	01	购买乙材料	8000000	8000000			8000000		
10	8	转	02	甲材料入库			3000000			3000000	

图 9-7　多栏式总分类账示例

采用多栏式总分类账篇幅较大，不便于登记和保管，不过采用电子计算机进行会计核算的单位，采用这种日记总账的格式却有很多优点。

总分类账可以直接根据各种记账凭证逐笔进行登记；也可以将一定时期的各种记账凭证先汇总编制科目汇总表或汇总记账凭证，再据以登记总账，总分类账的登记方法，取决于所采用的会计核算组织程序，这一内容将在第 12 章中作具体介绍。每月应将当月已完成的经济业务全部登记入账，并于月终结出总分类账簿中各账户的本期发生额和期末余额，与明细账余额核对相符后，作为编制会计报表的主要依据。

五、明细分类账的设置和登记

明细分类账是按照明细分类账户详细记录某一经济业务的账簿，明细分类账一般采用活页式账簿。各种明细分类账是根据实际需要，分别按照二级科目或明细科目开设账户，用来分类、连续地记录有关资产、负债和所有者权益及收入、费用和利润（或亏损）的详细资料。明细分类账所提供的有关经济活动的详细资料，也是编制会计报表的依据。因此，各个经济单位在设置总分类账的基础上，还应该依据总分类账科目设置所属的若干必要的明细分类账。这样既能根据总分类账了解某一科目的总括情况，又能根据明细分类账进一步了解该科目的具体情况。根据经营管理的需要，各个单位，除库存现金、银行存款等账户外，应为各种材料物资、应收应付款项、费用、成本、收入、利润等总分类账户设置明细分类账，进行明细分类核算。

根据经济管理的要求和各明细分类账记录的内容的不同，明细分类账分别采用三栏式、数量金额式和多栏式三种格式。

1. 三栏式明细分类账的设置与登记

三栏式明细分类账的账页，只设有借方、贷方和余额三个金额栏，不设数量栏。它适用于只需要反映金额的经济业务，如“应收账款”、“应付账款”等不需要进行数量核算的债权、债务结算账户。三栏式明细分类账是由会计人员根据审核无误的记账凭证或原始凭证，按经济业务发生的时间先后顺序逐日逐笔登记的。

2. 数量金额式明细分类账的设置与登记

数量金额式明细分类账的账页，分别设有收入、发出和结存的数量、单价和金额栏。这种格式适用于既要进行金额核算，又要进行实物数量核算的各种财产物资账户，如“原材料”、“产成品”等账户的明细分类核算。

数量金额式明细账是由会计人员根据审核无误的记账凭证或原始凭证，按经济业务发生的时间先后顺序逐日逐笔进行登记的。

3. 多栏式明细分类账的设置与登记

多栏式明细分类账，是根据经济业务的特点和经营管理的需要，在一张账页内按有关明细科目或明细项目分设若干专栏，用以在同一张账页上集中反映各有关明细科目或明细项目的核算资料。

多栏明细分类账的账页格式适用于借方或贷方需要设多个明细科目或明细项目的账户，如“材料采购”、“生产成本”、“制造费用”、“管理费用”、“财务费用” 和 “营业外支出”、“主营业务收入” 和 “营业外收入” 等科目的明细分类核算。多栏式明细分类账可由会计人员根据审核无误的记账凭证或原始凭证逐笔登记，也可以定期汇总登记。

第三节　账簿登记和使用的规则

一、账簿启用的规则

1. 账簿启用时的一般规则

账簿是储存数据资料的重要会计档案，登记账簿要有专人负责。为了保证账簿记录的严肃性和合法性，明确记账责任，保证资料完整，在账簿启用时，应在“账簿启用和经管人员一览表”详细载明：单位名称、账簿编号、账簿册数、账簿共计页数、启用日期、并加盖单位公章，经管人员（包括企业负责人、主管会计、复核和记账人员）均应载明姓名并加盖印章。

2. 会计人员交接时的规则

记账人员调动工作或因故离职时，应办理交接手续，在交接记录栏内填写交接日期和交接人员姓名（签章）。“账簿启用和经管人员一览表” 列入账簿扉页，其一般格式如图 9–8 所示。

账簿启用和经管人员一览表

账簿名称:　　　　　　　　单位名称:

账簿编号:　　　　　　　　账簿册数:

账簿页数:　　　　　　　　启用日期:

会计主管（签章）　　　　　记账人员（签章）

移交日期			移交人		接管日期			接管人		会计主管	
年	月	日	姓名	盖章	年	月	日	姓名	盖章	姓名	盖章

图 9–8　账簿启用和经管人员一览表示例

二、账簿登记的规则

（1）必须根据经过审核无误的会计凭证进行登记。企业单位每天发生的各种各样经济业务，都要记账，记账的依据是会计凭证。

（2）记账必须用蓝黑墨水钢笔书写，不许用铅笔或圆珠笔记账。这是因为，各种账簿归档保管都有一定的年限，有些关系到经济资料的账簿，则要长期保管，因此要求账簿记录保持清晰、耐久，以便长期查核使用，防止涂改。

（3）记账时应按账户页次顺序逐页登记，不得跳行、隔页，如果发生跳行、隔页，应在空行、空页处用红色墨水画对角线注销，注明“此行空白”或“此页空白”字样，并由记账人员签章。

（4）记账除结账、改错、冲销账簿记录外，不能用红色墨水。因为在会计核算工作中，红色数字表示对蓝色数字的冲销、冲减数或表示负数。

（5）记账时，每一笔账都要记明日期、凭证号数、摘要和金额。记账后，要在记账凭证上注明所记账簿的页数，或画“√”，表示已经登记入账，避免重记、漏记。

（6）记账要保持清晰、整洁，记账文字和数字都要端正、清楚，严禁刮擦、挖补、涂改或用药水消除字迹。

（7）凡需结出余额的账户，结出余额后，应在“借或贷”栏内写明“借”或“贷”的字样。没有余额的账户，应在该栏内写“平”字，并在余额栏“元”位上用“0”表示。现金日记账或银行存款日记账必须逐日结出余额。

（8）各账户在一张账页记满时，要在该账页的最末一行加计发生额合计数和结出余额，并在该行“摘要”栏注明“转次页”字样，然后，再把这个发生额合计数和余额填列入下一页的第一行内，并在“摘要”栏内注明“承前页”，以保证账簿记录的连续性。

（9）订本式的账簿，都编有账页的顺序号，不得任意撕毁。活页式账簿也不得随便抽换账页。

（10）记账时书写文字和数码字要符合规范。不要写怪体字、错别字，不要潦草。

三、查找错账的方法

在日常的会计核算中，发生差错的现象时有发生。如果发现错误：一是要确认错误的金额；二是要确认错在借方还是贷方；三是根据产生差错的具体情况，分析可能产生差错的原因，采取相应的查找方法，便于缩短查找差错的时间，减少查账工作量。

查找错账的方法主要有以下几种。

1. 顺查法（亦称正查法）

顺查法是按照账务处理的顺序，从原始凭证、账簿、编制会计报表全部过程进行查找的一种方法。即首先检查记账凭证是否正确，然后将记账凭证、原始凭证同有关账簿记录一笔一笔地进行核对，最后检查有关账户的发生额和余额。这种检查方法，可以发现重记、漏记、错记科目、错记金额等。这种方法的优点是查的范围大，不易遗漏；缺点是工作量大，需要的时间比较长。所以在实际工作中，一般是在采用其他方法查找不到错误的情况下采用这种方法。

2. 逆查法（亦称反查法）

这种方法与顺查法相反，是按照账务处理的顺序，从会计报表、账簿、原始凭证的过程进行查找的一种方法。即先检查各有关账户的余额是否正确，然后将有关账簿按照记录的顺序由后向前同有关记账凭证或原始凭证进行逐笔核对，最后检查有关记账凭证的填制是否正确。这种方法的优缺点与顺查法相同。所不同的是，根据实际工作的需要，针对由于某种原因造成后期产生差错的可能性较大而采用的。

3. 抽查法

抽查法是从整个账簿记账记录中抽取其中某部分进行局部检查的一种方法。当出现差错时，可根据具体情况分段、重点查找。将某一部分账簿记录同有关的记账凭证或原始凭证进行核对。还可以根据差错发生的位数有针对性地查找。如果差错是角、分，只要查找元以下尾数即可；如果差错是整数的千位、万位，只需查找千位、万位数即可，其他的位数就不用逐项或逐笔地查找了。这种方法的优点是范围小，可以节省时间，减少工作量。

4. 偶合法

偶合法是根据账簿记录差错中经常遇见的规律，推测与差错有关的记录而进行查找的一种方法。这种方法主要适用于漏记、重记、记反账、错记的查找。

（1）漏记的查找。①总账一方漏记，在试算平衡时，借贷双方发生额不平衡，出现差错，在总账与明细账核对时，会发现某一总账所属明细账的借（或贷）方发生额合计数大于总账的借（或贷）方发生额，也出现一个差额，这两个差额正好相等。而且在总账与明细账中有与这个差额相等的发生额，这说明总账一方的借（或贷）漏记，借（或贷）方哪一方的数额小，漏记就在哪一方。②明细账一方漏记，在总账与明细账核对时可以发现。总账已经试算平衡，但在进行总账与明细账核对时，发现某一总账借（或贷）方发生额大于其所属各明细账借（或贷）方发生额之和，说明明细账一方可能漏记，可对该明细账的有关凭证进行查对。③如果整张的记账凭证漏记，则没有明显的错误特征，只有通过顺查法或逆查法逐笔查找。

（2）重记的查找。①总账一方重记。在试算平衡时，借贷双方发生额不平衡，出现差错；在总账与明细账核对时，会发现某一总账所属明细账的借（或贷）方发生额合计数小于该总账的借（或贷）方发生额，也出现一个差额，这两个差额正好相等，而且在总账与明细账中有与这个差额相等的发生额记录，说明总账借（或贷）方重记，借（或贷）方哪一方的数额大，重记就在哪一方。②如果明细账一方重记，在总账与明细账核对时可以发现。总账已经试算平衡，与明细账核对时，某一总账借（或贷）方发生额小于其所属明细账借（或贷）方发生额之和，则可能是明细账一方重记，可对与该明细账有关的记账凭证查对。③如果整张的记账凭证重记账，则没有明显的错误特征，只能用顺查法或逆查法逐笔查找。

（3）记反账的查找。记反账是指在记账时把发生额的方向弄错，将借方发生额记入贷方，或者将贷方发生额记入借方。总账一方记反账，则在试算平衡时发现借贷双方发生不平衡，出现差额。这个差额是偶数，能被2整除，所得的商数则在账簿上有记录，如果借方大于贷方，则说明将贷方错记为借方；反之，则说明将借方错记为贷方。如果明细账记反了，而总账记录正确，则总账发生额试算是正确的，可用总账与明细账核对的方法查找。

（4）错记账的查找。在实际工作中，错记账是指把数字写错，常见的有两种。

① 数字错位，即应记的位数不是前移就是后移，即小记大或大记小。例如，把千位数变成了百位数（大变小），把1600记成160（大变小）；或把百位数变成千位数（小变大），把3.43记成343（小变大）。如果是大变小，在试算平衡或者总账与明细账核对时，正确数字与错误数字的差额是一个正数，这个差额除以9后所得的商与账上错误的数额正好相等。查账时如果差额能够除以9，所得商恰是账上的数，可能记错了位。如果是小变大，在试算平衡或者总账与明细账核对时，正确数与错误数的差额是一个负数，这个差额除以9后所得商数再乘以10，得到的绝对数与账上错误恰好相等。查账时应遵循：差额负数除以9，商数乘以10的数账上有，可能记错了位。

② 错记。错记是在登记账簿过程中的数字误写。对于错记的查找，可根据由于错记而形成的差数，分别确定查找方法，查找时不仅要查找发生额，同时也要查找余额。一般情况下，同时错记而形成的差数有以下几种情况。

第一，邻数颠倒。邻数颠倒是指在登记账簿时把相邻的两个数字互换了位置。如43错记34，或把34错记43。如果前大后小颠倒为后大前小，在试算平衡时，正确数与错误数的差额是一个正数，这个差额除以9后所得商数中的有效数字正好与相邻颠倒两数的差额相等，并且不大于9。可以根据这个特征在差值相同的两个邻数范围内查找。如果前小后大颠倒为前大后小，在试算平衡或者总账与明细账核算时，正确数与错误数的差额是一负数，其他特征同上。在上述情况下，查账时，差额能除以9，有效数字不过9，可能记账数颠倒，根据差值确定查找。

【例9-1】 某企业应收账款的总账科目余额合计数应为881.34，而明细账合计数为944.34，总账与明细账不等。

有关明细账的资料如下：

序号	户名	金额（万元）
1	A	623.45
2	B	103.68

3	C	45.79
4	D	81.18
5	E	90.24
合计		944.34

查找步骤如下：

（1）求正误差值：881.34 - 944.34 = -63 万元。

（2）判断差值可否用 9 整除，差值 63，正好可以被 9 整除（63 万元/9 = 7 万元）。

（3）求差值系数：-63/9 = -7。

（4）在错误表中查找有无相邻两数相差为 7 的数字。差值系数为负值时，查前大后小；反之，查前小后大。经查，该表中第 4 行"81.18"中的"8" -"1" = 7，前大后小。可以判断为属于数字倒置的错误，即可能是 18.18 而误写为 81.18.

（5）将第 4 行按 18.18 更正，重新加总，其合计数则为 881.34，与总账一致。

第二，隔位数字倒置。如：425 记成 524，701 记成 107 等，这种倒置所产生的差数的有效数字是三位以上，而且中间数字必然是 9，差数以 9 除之所得的商数必须是两位相同的数，如 22，33，34……商数中的 1 个数又正好是两个隔位倒置数字之差。如 802 误记 208，差数是 594，以 9 除之则商数为 66，两个倒置数 8 与 2 的差也是 6。于是可采用就近邻位数字倒置差错的查找方法去查找账簿记录中百位和个位两数之差为 6 的数字，即 600 与 006、701 与 107、802 与 208、903 与 309 四组数，便可查到隔位数字倒置差错。

采用上述方法时，要注意：一是正确选择作为对比标准的基数；二是保证对比指标口径的可比性；三是同时分析相对数和绝对数的变化，并计算其对总量的影响。

四、错账更正的方法

会计人员填制会计凭证和登记账簿，必须严肃认真、一丝不苟，尽最大努力把账记好算对，防止差错，保证核算质量。

在记账过程中，如果发现账簿记录发生错误，不得任意用刮擦、挖补、涂改或用退色药水等方法去更正字迹，必须根据错误的具体情况，相应采用正确的方法予以更正。错账更正有两种情况，一种情况是本期发现前期的错账，另一种情况是本期结账前发现本期的错账。对于第一种情况的错账更正将在《中级财务会计》或《高级财务会计》中学习，本书只介绍结账前发现本期的错账的更正。结账前发现本期的错账，其更正方法一般有以下几种。

（一）划线更正法

在结账之前，如果发现账簿记录有错误，而记账凭证无错误，即纯属登账时文字或数字上的错误，应采用划线更正法更正。具体做法是：先将错误数字全部划一条红线予以注销，但不得只划线更正其中个别数字；对已划销的数字，应当保持原有字迹仍可辨认，以备查核。然后，将正确的数字用蓝字写在划线上面，并由记账员在更正处盖章，以明确责任。例如，发现在账簿登记时，误将 717.00 元，写成 771.00 元。将 771.00 用红笔全部划去，在其上方写 717.00 元，然后在旁边加盖更正人的名章。如图 9-9 所示。

717.00
~~771.00~~ 戴华江

图 9-9 画线更正法示例

（二）红字更正法

红字更正法，又称红字冲销法，在会计上，以红字记录表明对原记录的冲减。

红字更正法适用于下列两种情况。

（1）记账以后，发现记账凭证中应借应贷符号、科目或金额有错误时，可采用红字更正法更正。用红字编制一张与原错误凭证相同的记账凭证，在摘要栏内注明“冲销某月某日第多少号凭证的错误”，并用红字登记入账；然后用蓝字填制一张正确的凭证，在摘要栏内写明“补记某月某日账”，并用蓝字登记入账。

【例 9-2】 某企业 2009 年 4 月 10 日以银行存款 33 000 元购买行政部门办公用品。

正确的会计分录为：

借：管理费用——办公费 33 000

贷：银行存款 33 000

而在实际账务处理时，会计人员填制的会计凭证如图 9-9 所示。

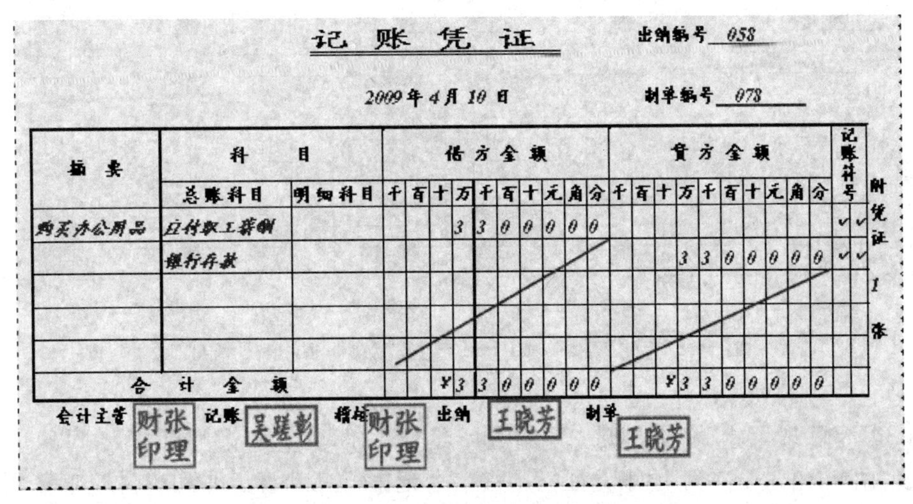

记 账 凭 证　　出纳编号 058

2009年4月10日　　制单编号 078

摘要	总账科目	明细科目	借方金额（千百十万千百十元角分）	贷方金额（千百十万千百十元角分）	记账符号
购买办公用品	应付职工薪酬		3 3 0 0 0 0 0		✓ ✓
	银行存款			3 3 0 0 0 0 0	✓ ✓
合 计 金 额			¥3 3 0 0 0 0 0	¥3 3 0 0 0 0 0	

附凭证 1 张

会计主管 财张印理　记账 吴蹉彰　稽核 财张印理　出纳 王晓芳　制单 王晓芳

图 9-9 王晓芳 4 月 10 日编制的记账凭证

出纳员王晓芳根据上述凭证登记了银行存款日记账、吴蹉彰根据上述凭证登记了应付职工薪酬明细账。他们登记的账户如图 9-10 和图 9-11 所示。

银行存款日记账

一级科目编号及名称 人民币户

级科目编号及名称

09年 月	日	凭证 种类	凭证 号数	摘要	借方金额	√	贷方金额	√	借或贷	余额	√
				承前页	6800000		6600000		借	340000	
4	9	记	071	购买办公用品			70000		借	270000	
4	10	记	077	收到甲公司货款	3300000				借	3570000	
4	10	记	078	购买办公用品			3300000		借	270000	

图 9-10 王晓芳 4 月 10 日登记的银行存款日记账

应付职工薪酬明细账

2009年 月	日	凭证 种类	凭证 号数	摘要	工资，奖金，津贴，补贴	职工福利	社会保险费	住房公积金	……	借或贷	余额
4	1			期初余额	7000000					借	7000000
4	10	记	07	购买办公用品		3300000			……	借	10300000

图 9-11 吴蹉彰 4 月 10 日登记的应付职工薪酬明细账

4 月 30 日发现了这一笔错账，先用红字编制一张与上述记账凭证相同的凭证，如图 9-12所示。根据上述红字记账凭证，用红字登记银行存款日记账和应付职工薪酬账。这样就将错账冲销了。如图 9-13 和图 9-14 所示。

用上述红字将错账冲销后，再用蓝字填写一张正确记账凭证。如图 9-15 所示。

根据上述用蓝字编制的正确记账凭证，出纳员王晓芳登记的银行存款日记账、吴蹉彰登记的管理费用明细账，如图 9-16 和图 9-17 所示。

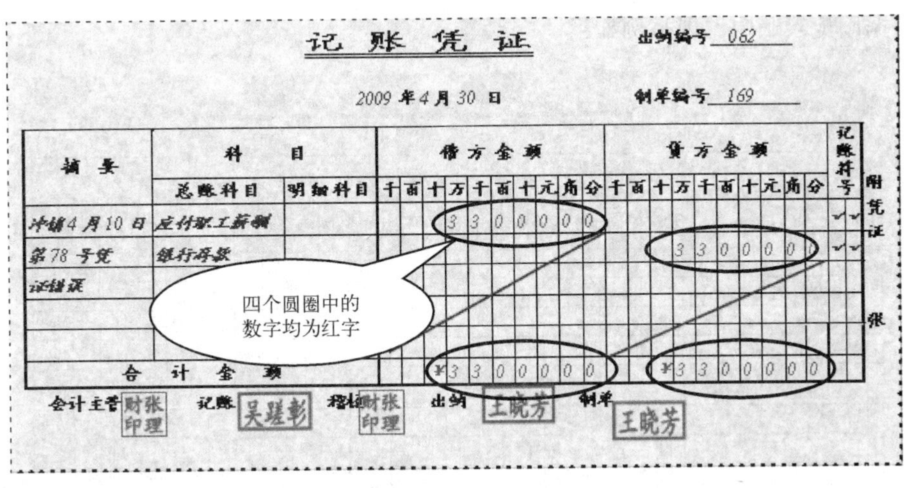

记 账 凭 证　　出纳编号 062

2009年4月30日　　制单编号 169

摘要	总账科目	明细科目	借方金额	贷方金额	记账符号
冲销4月10日第78号凭证错误	应付职工薪酬		3300000		✓✓
	银行存款			3300000	✓✓
合计金额			¥3300000	¥3300000	

附凭证　张

会计主管 财张印理　记账 吴瑳彰　稽核 财张印理　出纳 王晓芳　制单 王晓芳

图 9-12　王晓芳 4 月 30 日编制的红字记账凭证

银行存款日记账

一级科目编号及名称 人民币户

二级科目编号及名称

09年 月	日	凭证 种类	号数	摘要	借方金额	✓	贷方金额	✓	借或贷	余额	✓
				承前页	6800000		6600000		借	340000	
4	9	记	077	购买办公用品			70000		借	270000	
4	10	记	077	收到甲公司货款	3300000				借	3570000	
4	10	记	078	购买办公用品			3300000		借	270000	
4	13	记	090	收到乙公司货款	40000000				借	40270000	
4	20	记	110	发放工资			20000000		借	20270000	
4	29	记	166	支付职工困难补助			250000		借	20020000	
4	30	记	169	冲销4月10日第78号凭证错误			3300000		借	23320000	

红字

图 9-13　王晓芳 4 月 30 日用红字登记的银行存款日记账

（2）在记账以后，如发现记账凭证和账簿记录的金额有错误，而原记账凭证中应借、应贷会计科目并无错误。记账错误表现是：所记金额大于应记金额。这时可采用红字更正法，将多记的金额（即正确数与错误数之间的差数）用红字填写一张记账凭证，用以冲销多记金额，并据以记入账中，现举例如下。

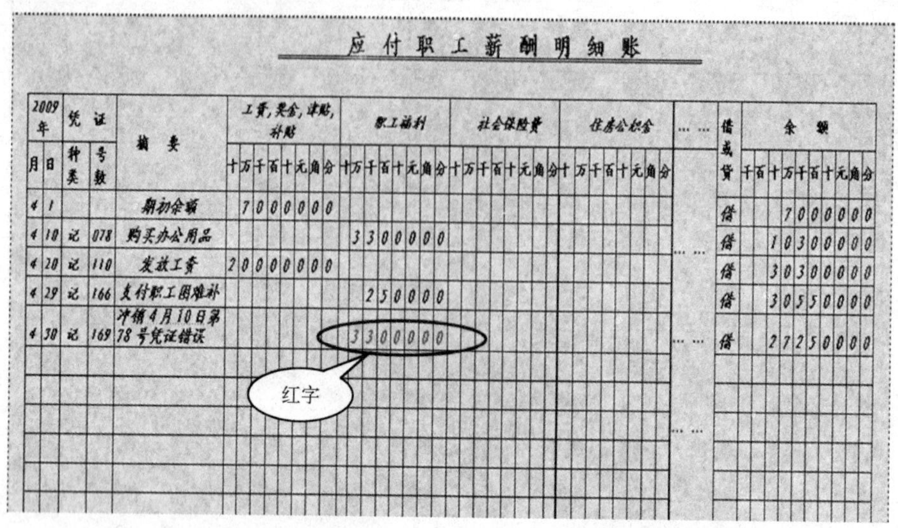

应付职工薪酬明细账

2009年 月	日	凭证 种类	号数	摘要	工资，奖金，津贴，补贴	职工福利	社会保险费	住房公积金	……	借或贷	余额
4	1			期初余额	7000000					借	7000000
4	10	记	078	购买办公用品		3300000			……	借	10300000
4	20	记	110	发放工资	20000000					借	30300000
4	29	记	166	支付职工困难补		250000				借	30550000
4	30	记	169	冲销4月10日第78号凭证错误		3300000			……	借	27250000

图 9-14　吴蹉彰 4 月 30 日用红字登记的应付职工薪酬明细账

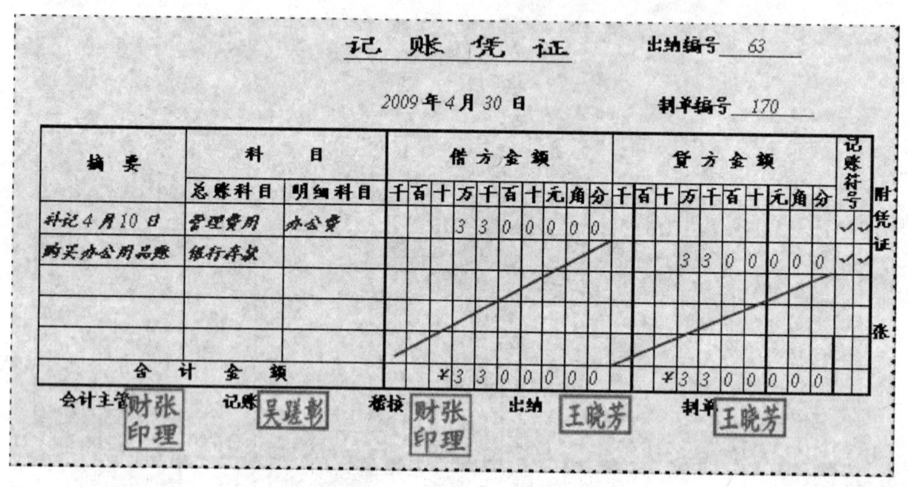

记账凭证　　出纳编号 63

2009年4月30日　　制单编号 170

摘要	总账科目	明细科目	借方金额	贷方金额	记账符号
补记4月10日	管理费用	办公费	3300000		√√
购买办公用品账	银行存款			3300000	√√
合计金额			¥3300000	¥3300000	

附凭证　张

会计主管 财张印理　记账 吴蹉彰　稽核 财张印理　出纳 王晓芳　制单 王晓芳

图 9-15　王晓芳 4 月 10 日编制的记账凭证

【例 9-3】（1）某企业用银行存款归还购料欠款 1 000 元。误编制下列分录，并已登记入账。

借：应付账款　　10 000

　贷：银行存款　　10 000

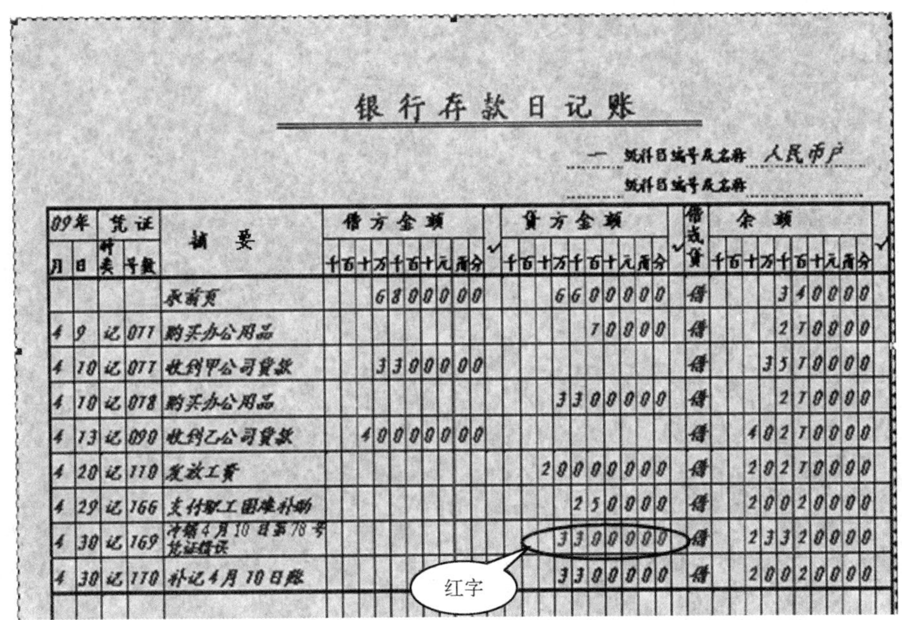

银行存款日记账

一级科目编号及名称 人民币户

二级科目编号及名称

09年 月	日	凭证 种类	号数	摘要	借方金额 千百十万千百十元角分	✓	贷方金额 千百十万千百十元角分	✓	借或贷	余额 千百十万千百十元角分	✓
				承前页	6800000		6600000		借	340000	
4	9	记	071	购买办公用品			70000		借	270000	
4	10	记	077	收到甲公司货款	3300000				借	3570000	
4	10	记	078	购买办公用品			3300000		借	270000	
4	13	记	090	收到乙公司货款	40000000				借	40270000	
4	20	记	110	发放工资			20000000		借	20270000	
4	29	记	166	支付职工困难补助			250000		借	20020000	
4	30	记	169	冲销4月10日第78号凭证错误			3300000		借	23320000	
4	30	记	170	补记4月10日账			3300000		借	20020000	

图9-16　王晓芳4月30日用蓝字登记的银行存款日记账

管理费用明细账

09年 月	日	凭证 种类	号数	摘要	职工薪酬 十万千百十元角分	办公费 十万千百十元角分	累计折旧 十万千百十元角分	董事会费 十万千百十元角分	……	借或贷	余额 千百十万千百十元角分
4	9	记	071	购办公用品		70000				借	70000
4	30	记	163	计提折旧费			6100000		……	借	6170000
4	30	记	165	分配工资及福利费	2900000					借	9070000
4	30	记	170	补记4月10日账		3300000				借	12377700
									……		
									……		

图9-17　吴蹉彰4月30日用蓝字登记的管理费用明细账

（2）发现错误后，应将多记的金额用红字作如下记录：

借：应付账款　　9 000（红字）

　贷：银行存款　　9 000（红字）

根据上述红字凭证用红字在“应付账款”和“银行存款”日记账中进行登记。

红字更正法不仅能保持账户间的对应关系，而且还能保持账户中的正确发生额，不至于因改正错账而使数字虚增或虚减。

（三）补充登记法

记账以后，如果发现记账凭证上应借、应贷的会计科目和记账方向并无错误，但所填金额小于应填金额，可采用补充登记法更正，即再填一张补充少记金额的记账凭证，并将其补记入账。方法是，将少记的金额用蓝字填写一张记账凭证，在摘要栏内写明“补记某月某日第×号凭证少记金额”，并据以登记入账。

【例 9-4】（1）企业某月购进材料一批，买价为 50 000 元，增值税税率为 17%，款未付，材料已验收入库。

会计人员填制的会计凭证为：

借：原材料 5 000
　应交税费——应交增值税（进项税额） 850
　贷：应付账款 5 850

会计人员根据上述凭证登记了“原材料”、“应交税费”、“应付账款”总账及各自所属明细账。

（2）现在发现了这一笔错账，将少记金额用蓝字编制一张凭证：

借：原材料 45 000
　应交税费——应交增值税（进项税额） 7 650
　贷：应付账款 52 650

根据上述凭证登记“原材料”、“应交税费”、“应付账”总账及各自所属明细账。

由上可见，错账应根据不同情况采用不同的方法予以更正。

第四节　对账和结账

一、对账

（一）对账的含义

对账就是核对账目。《中华人民共和国会计法》第十七条规定：“各单位应当定期将会计账簿与实物、款项及有关资料相互核对，保证会计账簿记录与实物及款项的实有数字相符、会计账簿记录与会计凭证的有关内容相符，会计账簿之间相对应的记录相符、会计账簿记录与会计报表的有关内容相符。”

（二）对账的内容

1. 账证核对

账证核对，是根据各种账簿与记账凭证及其所附的原始凭证进行核对。这种核对除在日常制证、记账过程中进行以外，每月终了，如果发现账证不符，尚须溯本追源，进行账簿与会计凭证的检查核对，以确保账证相符。

2. 账账相对

账账相对，是将各种账簿之间的有关数字进行核对，主要内容包括：

（1）总账各账户本月借方发生额合计数与贷方发生额合计数是否相等；

（2）总账各账户余额与其所属有关明细账各账户余额合计是否相等；

（3）库存现金日记账和银行存款日记账的余额与总账各账户余额是否相符；

（4）会计部门有关财产物资的明细分类余额，应该同财产物资保管或使用部门的登记簿所记录的内容，按月或定期相互核对，保证相符。

3. 账实核对

账实核对是指各种财产物资的账面余额与实存数相核对。具体内容包括：

（1）库存现金日记账账面余额与库存现金实际库存数相核对；

（2）银行存款日记账账面余额与开户银行账目相核对；

（3）各种材料、物资明细分类账账面余额与材料、物资实存数相核对；

（4）各种应收、应付明细账账面余额与有关债务、债权单位的账目相核对。

4. 账表核对

账表核对是指会计账簿记录与会计报表有关内容的核对。保证账表相符，同样也是会计核算的基本要求。由于会计报表是根据会计账簿记录及有关资料编制的，两者之间存在着相对应的关系。因此，通过检查会计报表各项目的数据与会计账簿有关数据是否一致，确保会计信息的质量。

二、结账

（一）结账的含义

结账是指按照规定把一定时期（月份、季度、年度）内所发生的经济业务登记入账，并将各种账簿结算清楚，以便进一步根据账簿记录编制会计报表。另外，企业因撤销、合并而办理账务交接时，也需要办理结账。

（二）结账的主要工作内容

(1) 将本期内所发生的经济业务全部记入有关账簿，既不能提前结账，也不能将本期发生的业务延至下期登账。

(2) 按照权责发生制原则调整和结转有关账项。本期内所有的转账业务，应编成记账凭证记入有关账簿，以调整账簿记录。例如，待摊费用应按规定的比例摊配于本期产品成本和期间费用，而完工产品的实际生产成本，应结转记入“产成品”账户；本期实现的产品销售收入，应结转记入“本年利润”账户；财产物资通过清查盘点而发现的盘盈、盘亏，也应按有关规定登记入账，等等。

(3) 计算、登记本期发生额和期末余额。在本期全部经济业务登记入账的基础上，应当结算现金日记账、银行存款日记账，以及总分类账和各明细分类账各账户的本期发生额和期末余额，并结转至下期。

（三）结账的方法

结账工作通常是为了总结一定时期经济活动的变化情况和结果。结账分为月结、季结、年结三种。

月、季、年度终了，一般应结出月份、季度和年度发生额，在摘要栏注明“本月合计”或“本季合计”或“本年合计”字样。

在月结、季结数字上端和下端均画单红线，以示区别。结总数字本身，不得以红字写，发生额只有一笔的账户，可以不予结总。

月末结账示例如图 9-18 所示，年末结账示例如图 9-19 所示。

年终结账后，总账和日记账应当更换新账，明细账一般也应更换。但有些明细账，如固定资产明细账（卡）等可以连续使用，不必每年更换。

三、账簿的保管

各种账簿同会计凭证及会计报表一样，都是重要的经济档案，必须按照会计制度统一规定的保存年限妥善保管、不得丢失和任意销毁。保管期满后，按照规定的审批程序报经批准以后，再行销毁。各种会计账簿的保管期限见表 9-1。

表 9-1 会计账簿保管期限表

会计账簿类	保管期限	备 注
总账	15 年	包括日记总账
明细账	15 年	

续表

会计账簿类	保管期限	备　注
日记账	15 年	库存现金和银行存款日记账 25 年
固定资产卡片		固定资产报废清理后 3 年
辅助账簿	15 年	

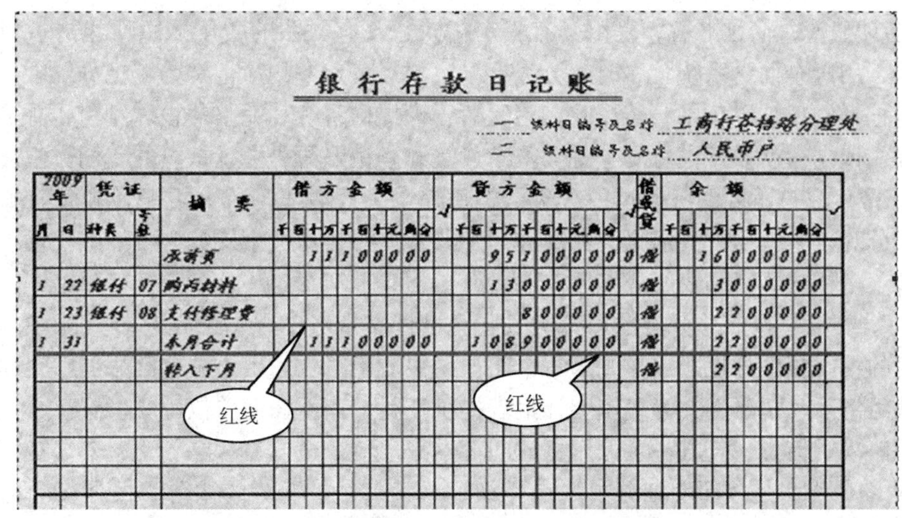

银行存款日记账

一级科目编号及名称 工商行苍梧路分理处
二级科目编号及名称 人民币户

2009年 月	日	凭证 种类	号数	摘要	借方金额	√	贷方金额	√	借或贷	余额	√
				承前页	11100000		95100000	0	借	16000000	
1	22	银付	07	购买材料			13000000		借	3000000	
1	23	银付	08	支付修理费			800000		借	2200000	
1	31			本月合计	11100000		108900000		借	2200000	
				转入下月					借	2200000	

图 9–18　月末结账示例

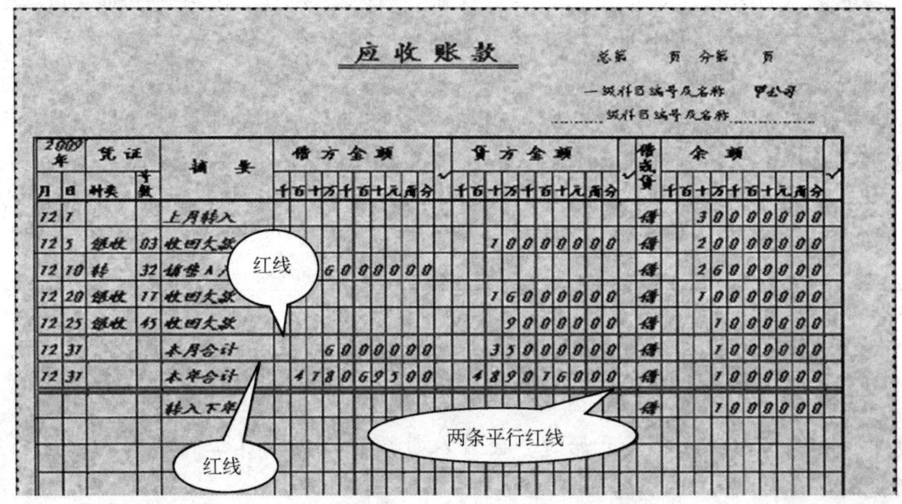

应收账款　总第　页 分第　页

一级科目编号及名称 甲公司
二级科目编号及名称

2009年 月	日	凭证 种类	号数	摘要	借方金额	√	贷方金额	√	借或贷	余额	√
12	1			上月转入					借	30000000	
12	5	银收	03	收回欠款			10000000		借	20000000	
12	10	转	32	销售A产品	6000000				借	26000000	
12	20	银收	11	收回欠款			16000000		借	10000000	
12	25	银收	45	收回欠款			9000000		借	1000000	
12	31			本月合计	6000000		35000000		借	1000000	
12	31			本年合计	478069500		489076000		借	1000000	
				转入下年					借	1000000	

图 9–19　年末结账示例

如前所述，会计档案的保管，既要做到安全完整，又要保证在需要的时候能从账簿中迅速查到所需要的资料。为此，会计人员必须在年度结束后，将各种活页账簿连同“账簿和经管人员一览表”都要装订成册，加上封面，统一编号，与各种订本式账簿一起归档保管。

本章小结

1. 会计账簿，简称账簿，是由具有一定格式、互有联系的若干账页所组成，以会计凭证为依据，用以全面、系统、序时、分类记录各项经济业务的簿记。为了把分散在会计凭证中的大量核算资料加以集中归类反映，为经营管理提供系统、完整的核算资料，并为编报会计报表提供依据，就必须设置和登记账簿。设置和登记账簿是会计核算的专门方法之一。

2. 账簿可以按不同的标准进行分类。按用途分为序时账簿、分类账簿和备查账簿；按外表形式分为订本式账簿、活页式账簿和卡片式账簿；按账页格式分为三栏式账簿、数量金额式账簿、多栏式账簿和横线式账簿。

3. 总分类账是按照总分类账户分类登记全部经济业务的账簿。在总分类账中，应按照会计科目的编码顺序分设账户，并为每个账户预留若干账页。由于总分类账能够全面地、总括地反映经济活动情况，并为编制会计报表提供资料，因而任何单位都要设置总分类账。总分类账一般采用借方、贷方、余额三栏式的订本账。

4. 明细分类账是按照明细分类账户详细记录某一经济业务的账簿。根据实际需要，各种明细分类账分别按照二级科目或明细科目开设账户，并为每一个账户预留若干账页，用来分类、连续地记录有关资产、负债、所有者权益、收入、费用、利润等详细资料。明细分类账所提供的有关经济活动的详细资料，也是编制会计报表的依据之一。各个单位在设置总分类账的基础上，还应根据管理的需要，按照总账科目设置若干必要的明细分类账，作为总分类账的必要补充。根据管理的要求和各种明细分类账记录的经济内容，明细分类账主要有三栏式明细账、数量金额式明细账和多栏式明细账三种格式。

5. 每年都应更换账簿，但有些特殊的、次要的账簿也可以不更换，如固定资产的明细账。

知识链接1：什么是建账？建账的基本程序是什么？

新建单位和原有单位在年度开始时，会计人员均应根据核算工作的需要设置应用账簿，即平常所说的“建账”。

建账的基本程序如下。

第一步：按照需用的各种账簿的格式要求，预备各种账页，并将活页的账页用账夹装订成册。

第二步：在账簿的“启用表”上，写明单位名称、账簿名称、册数、编号、起止页数、启用日期及记账人员和会计主管人员姓名，并加盖名章和单位公章。记账人员或会计主管人员在本年度调动工作时，应注明交接日期、接办人员和监交人员姓名，并由交接双方签名或盖章，以明确经济责任。

第三步：按照会计科目表的顺序、名称，在总账账页上建立总账账户；并根据总账账户明细核算的要求，在各个所属明细账户上建立二、三级……明细账户。原有单位在年度开始建立各级账户的同时，应将上年账户余额结转过来。

第四步：启用订本式账簿，应从第一页起到最后一页止顺序编定号码，不得跳页、缺号；使用活页式账簿，应按账户顺序编定页次号码。各账户编列号码后，应填“账户目录”，将账户名称页次登入目录内，并粘贴索引纸（账户标签），写明账户名称，以利检索。

知识链接2：一个企业至少应该设置几册账?

至少应设置四册账：一册现金日记账；一册银行存款日记账；一册总分类账；一册活页明细账。

其中，活页明细账主要包括：库存材料分类账（收、发、存数量金额式）；库存材料多栏式分类账（收、发、存数量金额式）；低值易耗品明细分类账（在库、在用）；材料采购明细账；材料成本差异明细账；分期收款发出商品明细账；委托加工存货明细账；固定资产明细分类账（登记设备与计算折旧）；生产成本明细账；制造费用明细账；管理费用明细账；销售费用明细账；经营费用明细账；工资明细账；产品销售明细账；应交增值税明细账。

参考文献

[1] 陈国辉．基础会计学．大连:东北财经大学出版社，2007.
[2] 林斌．现代会计学原理．北京:科学出版社，1991.
[3] 杨纪琬,娄尔行,葛家澍．会计原理.4 版．北京:中国财政经济出版社，1998.
[4] 财政部会计司．企业会计准则．北京:经济科学出版社，2006.
[5] 财政部会计司．企业会计制度2001. 北京:中国财政经济出版社，2001.
[6] 安索尼．会计学:教程与案例．骆珣,等译．北京:北京大学出版社，2000.

复习思考题

1. 什么是账簿？设置账簿有什么意义？
2. 设置账簿的原则是什么？
3. 账簿按用途分为哪几类？各是什么？
4. 试述库存现金日记账与银行存款日记账的内容和登记方法。
5. 试述总分类账的格式。
6. 明细分类账有哪几种格式？各应怎样登记？
7. 试述账簿启用的规则和登记规则。
8. 试述总账和明细账的平行登记。
9. 更正错账的方法有哪几种？各种更正方法的特点和适用条件是什么？
10. 什么是对账？对账工作包括哪些内容？
11. 什么是结账？结账工作包括哪些内容？
12. 试述账簿的更换与保管。

第十章

财产清查

◆学习目标◆

1. 了解财产清查的概念、作用；
2. 掌握财产清查的种类、方法；
3. 掌握财产清查结果的处理。

第一节　财产清查概述

一、财产清查的概念及作用

财产清查也叫财产检查（Property Check），指通过对实物资产、现金的实地盘点和对银行存款、债权债务的查对，确定财产物资、货币资金和债权债务的实存数，查明账存数和实存数是否相符，并查明账实不符的原因的一种会计核算专门方法。

准确反映财产物资和债权债务等的真实情况，是会计核算的基本要求，也是经济管理对会计核算的客观要求。但在实际工作中，即使通过加强会计凭证的日常审核，定期进行账证和账账核对，也难以保证各项财产物资等的账存数与实存数不发生差异。一般来说，造成账实不符有以下几种原因。

- 在财产物资收发时，由于度量器具的误差会产生差异，这种误差往往客观存在。
- 工作人员在登记账簿时发生漏记或重记、错记，或计算上的错误，会造成账实不符。
- 财产物资保管过程中的自然损耗。
- 结算过程中的未达账项，造成账实不符。
- 由于管理不善，或工作人员的失职而发生财产物资的破损、变质、短缺，造成账实不符。
- 由于不法分子的贪污盗窃，营私舞弊，使财产物资发生的损失、变质、短缺，造成账实不符。

以上原因的发生必然影响会计资料的真实、正确，为使账实相符，需要进行财产清查。财产清查的作用主要表现在以下几个方面。

1. 财产清查是检查会计信息系统运行正常与否的有效保证

会计以凭证形式输入资金运动发生的初始信息，经过确认、分类、记录、整理和汇总，最后以财务报表为载体输出供决策之用的真实可靠的财务信息。在对会计信息质量的要求中，财务报表信息的可靠性最为重要。

为避免信息在传输过程中受主客观因素干扰而失真，复式簿记系统本身就有一定的内部控制机制发挥前馈控制作用。为了进一步核实日常核算信息（主要是簿记信息）是否如实反映情况，在编制财务报表前还要进行财产清查。

通过财产清查，可查明各项财产物资的实际结存数，并与账簿记录相核对，以发现记账中的错误，确定账实是否相符。若不相符，要查明原因，分清责任，并按规定的手续及时调整账面数字，直至账实相符。只有这样，才能保证根据账簿信息编制的财务报表真实可靠，从而提高会计信息质量。

2. 财产清查是检查内部会计监督制度是否有效的控制措施

建立合适的内部会计监督制度，特别是其中的内部牵制制度的目的之一是健全财产物资的管理制度，保护财产物资的安全与完整，提高经营效率。

内部会计监督制度是否执行、有效与否，又可通过财产清查这一方法来检查。通过财产清查，可以查明各项财产物资的保管情况，如是否完整，有无毁损、变质、被非法挪用、贪污、盗窃等；还可以查明各项财产物资的储备和利用情况，如有无储备不足，有无超储、积压、呆滞现象等；以便及时采取措施，堵塞漏洞，加强管理，建立健全有关内部牵制制度。

3. 财产清查可促进资金加速周转

通过财产清查，特别是对债权债务的清查，可以促进其及时结算，及时发现坏账并予以处理。同时，可以及时发现企业财产物资超储积压、占用不合理等情况，以尽早采取措施促进企业合理占用资金，加速资金周转。

二、财产清查的范围和分类

（一）财产清查的范围

（1）房屋、建筑物、机器设备等固定资产。

（2）原材料、在产品、库存商品、在途材料、发出商品、低值易耗品、包装物、委托加工物资等存货。

（3）库存现金、银行存款、股票、债券等货币资金及投资。

（4）各种应收、应付、预收、预付、暂收、暂付等往来款项。

（5）其他需要清查核对的财产。

（二）财产清查的种类

1. 按清查对象和范围分类

按清查对象和范围分类，财产清查分为全面清查和局部清查。

（1）全面清查，指对企业的全部财产进行清查。由于全面清查内容多、范围广，因而一般在下列情况下才需进行全面清查：

① 年终决算之前，要进行一次全面清查；

② 单位撤销、合并或改变隶属关系时，为了明确经济责任，需进行全面清查；

③ 在进行清产核资时，要进行全面清查，以摸清家底，准确地核定资金，保证生产经

营活动的正常资金需要。

（2）局部清查，指根据需要，对企业的一部分财产进行盘点、核对。如对库存现金应每日盘点一次；对银行存款至少每月同银行核对一次；对各种材料、在产品和产成品除年度清查外，应有计划地每月重点抽查，尤其对贵重的财产物资应至少每月清查一次；对债权债务，应在会计年度内至少核对一到两次等。

2. 按清查的时间分类

按清查的时间分类，财产清查可以分为定期清查和临时清查两种。

（1）定期清查，就是按预先规定的时间进行的清查。

（2）临时清查，指事前不规定清查日期，根据实际需要而进行的财产清查。临时清查主要是在下列几种情况下进行的：

① 更换财产、现金保管人员时；

② 发生自然灾害和意外损失时；

③ 上级主管、财政、税务、银行、审计等部门，对本单位进行会计检查时；

④ 进行临时性清产核资时。

3. 按财产清查的执行单位分类

按财产清查的执行单位分类，财产清查可以分为内部清查和外部清查两种。

（1）内部清查，即由企业内部职工组织清查工作小组来担任财产清查工作，大多数的财产清查都是内部清查。

（2）外部清查，则是由上级主管部门、审计机关、司法部门、注册会计师等根据国家的有关规定或情况的需要对企业实体所进行的财产清查。

三、财产清查的程序

财产清查是一项复杂而又细致的工作，一般包括三个步骤。

（1）成立清查小组。财产清查前成立清查小组，负责财产清查的组织和管理。其主要职责是：实施清查之前，合理安排清查工作；清查过程中，进行监督、检查和指导；清查结束后，提出处理意见和建议。

（2）布置准备工作。清查小组负责安排财产清查的准备工作，主要包括：会计部门提供的完整、正确会计记录，财产管理部门将各种手续办理齐全、将实物整理整齐，并准备有关的衡量器具及清查所需的登记表。

（3）实施财产清查。清查人员按清查小组的计划和要求，进行清查。在清查财产物资时，应有财产物资的保管员在场，并登记盘点表；清查库存现金，应有出纳人员在场，并登记库存现金盘点报告表；清查银行存款，应将银行存款日记账和银行对账单核对，并记录“未达账项登记表”，必要时还可以到银行查证；清查债权债务，可通过询证、函证等进行核实，并登记“结算款项核对登记表”。

第二节　财产清查的内容和方法

财产清查是一项涉及面广、工作量大的工作，为了保证财产清查工作的质量，提高工作效率，达到财产清查的目的，应针对不同的清查内容确定各项财产清查的方法。

一、货币资金的清查

货币资金的清查包括对库存现金、银行存款和其他货币资金的清查。

（一）库存现金的清查

库存现金的清查，是通过实地盘点的方法，确定库存现金的实存数，再与库存现金日记账的账面余额核对，以查明盈亏情况。在进行库存现金清查时应注意的问题主要有：

（1）为了明确经济责任，出纳员必须在场；

（2）是否有违反现金管理规定的收支，是否坐支现金；

（3）是否有不具备法律效力的借条、收据等白条抵库；

（4）是否有挪用公款的现象；

（5）库存现金数是否超过规定的库存限额；

（6）发现盘盈盘亏，当场核实盈亏数额。

库存现金盘点后，应根据盘点的结果及时与现金日记账核对，并填制“库存现金盘点报告表”。如图 10-1 所示。库存现金盘点报告表也是重要的原始凭证，它既是库存现金的盘存单，又是实存账存对比表，“库存现金盘点报告表”应由盘点人员和出纳员共同签章方能生效。库存现金的清查方法也适用于对各种有价证券的清查。

（二）银行存款的清查

银行存款的清查采取与银行核对账目的形式进行，即将本单位的银行存款日记账与银行送来的对账单（一般是一个月一次）进行逐笔核对。

银行存款日记账与银行对账单的核对，会出现两种情况：第一核对相符，第二核对不符。

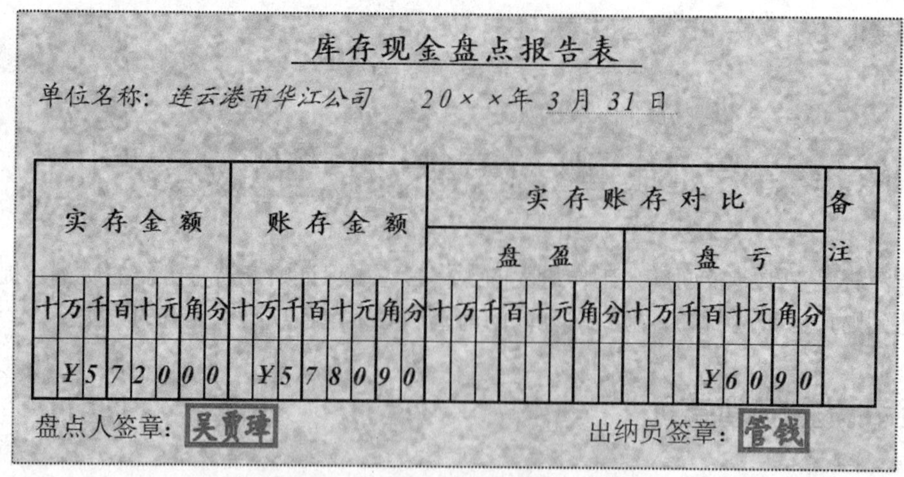

库存现金盘点报告表

单位名称：连云港市华江公司　　20××年 3月 31日

实存金额								账存金额								实存账存对比																备注
																盘盈								盘亏								
十	万	千	百	十	元	角	分	十	万	千	百	十	元	角	分	十	万	千	百	十	元	角	分	十	万	千	百	十	元	角	分	
	¥	5	7	2	0	0	0		¥	5	7	8	0	9	0												¥	6	0	9	0	

盘点人签章：吴贾玮　　出纳员签章：管钱

图 10-1　库存现金盘点报告表示例

（1）核对相符时，基本说明双方的记账无错误。但有时核对相符时也可能有错账，例如，双方均少记或多记、错记相同的金额等。

（2）核对不相符时，可能有两种情况：第一是出现了未达账项，第二是账簿记录有错误（一方或双方）。

未达账项，是指企业与银行之间，由于收付款结算凭证的传递和记账时间不一致而发生的一方已登记入账，另一方未入账的款项。未达账项有四种情况：

① 银行已收款入账而企业未收款入账的款项；

② 银行已付款入账而企业未付款入账的款项；

③ 企业已收款入账而银行未收款入账的款项；

④ 企业已付款入账而银行未付款入账的款项。

对银行存款进行清查时，如果银行存款日记账与银行对账单不符，出纳员将银行存款日记账与银行送来的对账单逐笔进行核对，对上的画"√"，没对上的就是未达账项或错账，将没对上的编制未达账项汇总表，然后根据未达账项汇总表编制"银行存款余额调节表"。

【例 10-1】　连云港市华江公司 20××年 3 月银行存款日记账月末账面余额为 95 200 元，银行送来的对账单上的余额为 96 700 元，经逐笔核对，存在如下的未达账项：

（1）银行已收到一笔委托收款 5 800 元并入账，而企业尚未接到收款通知；

（2）银行已为企业支付货款 400 元，而企业尚未接到付款通知；

（3）企业送存银行的销货款 5 500 元，银行尚未入账；

（4）企业签发现金支票一张，面额为 1 600 元，持票人尚未到银行支取款项。

要求：编制银行存款余额调节表。

银行存款余额调节表如图10-2所示。

银行存款余额调节表

单位名称：连云港市华江公司　20××年3月31日

开户银行：连云港市工商行苍梧路分理处

项目	金额										项目	金额									
	千	百	十	万	千	百	十	元	角	分		千	百	十	万	千	百	十	元	角	分
银行存款对账单上的余额				9	6	7	0	0	0	0	银行存款日记账上的余额				9	5	2	0	0	0	0
加：企业已收而银行未收					5	5	0	0	0	0	加：银行已收而企业未收					5	8	0	0	0	0
减：企业已付而银行未付					1	6	0	0	0	0	减：银行已付而企业未付						4	0	0	0	0
调节后的存款余额		¥	1	0	0	6	0	0	0	0	调节后的存款余额		¥	1	0	0	6	0	0	0	0

制表：管钱

图10-2　银行存款余额调节表

经过“银行存款余额调节表”调整后，如果仍不能核对相符，则企业与银行一方或双方记账肯定有错误，此时就要到银行逐笔对账；如果核对相符，一般来讲企业与银行没出现错账，但不能说双方绝对没有错账，如双方同时多记或少记一笔款项等。经“银行存款余额调节表”调节平衡后的余额为企业可动用的银行存款金额。

值得注意的是，“银行存款余额调节表”的编制只是银行存款清查的方法，它只起到对账作用，不能作为调节账面余额的原始凭证。银行存款日记账的登记，还应待收到有关原始凭证后再进行。

二、实物财产的清查

实物财产是指具有实物形态的各种财产，主要包括固定资产、原材料、在产品、库存商品等。

（一）财产物资盘存制度

财产物资的盘存制度有两种：实地盘存制和永续盘存制。

1. 实地盘存制

实地盘存制（Periodic Inventory），指平时只记录财产物资收入的数量、金额，不记录发出物资的数量、金额，在期末时通过实地盘点以取得期末财产物资的数量、金额，从而“倒挤”计算出本期发出物资的数量、金额的一种财产物资的记录制度。

本期减少数＝账面期初余额＋本期增加数－期末实际结存数

根据以上计算倒挤出本期减少数，再登记有关账簿。所以，每月末对各项财产物资进行实地盘点的结果，是计算、确定本月财产物资减少数的依据。

实地盘存制的优点是核算简便、工作简单、工作量少，但各项财产物资的减少数没有严格的手续，不便于施行会计监督，平时不能随时从账面上了解财产物资的减少和结存情况；倒挤出的各项财产物资的减少数中成分复杂，除去正常耗用的外，可能还有毁损和丢失的，不便于确保财产物资的安全完整。所以，除非特殊原因，一般情况下不宜采用该方法。该方法主要适用于单位价值很小，或平时不便于对发出物资的数量、金额进行计量的物资的记录核算。

2. 永续盘存制

永续盘存制（Perpetual Inventory）指平时对财产物资的收入、发出都逐笔连续作出记录并随时结算出余额的一种财产物资的记录制度。

永续盘存制亦称账面盘存制。采用这种方法，对平时各项财产物资的增加数和减少数，都要根据会计凭证连续记入有关账簿，并且随时结出账面余额，其公式为：

账面期末余额＝账面期初余额＋本期增加额－本期减少额

这种盘存制度要求财产物资的进出都有严密的手续，便于加强会计监督；在有关账簿中对财产物资的进出进行连续登记，且随时结出账面结存数，可以从数量和金额两方面对财产物资进行控制管理，便于随时掌握财产物资占用情况及其动态，有利于加强财产物资管理。其不足之处在于账簿中记录的财产物资的增减变动及结存情况都是根据有关会计凭证登记的，可能发生账实不符的情况。因此，采用永续盘存制，需要对各项财产物资定期进行财产清查，以查明账实是否相符，以及账实不符的原因。

无论是永续盘存制还是实地盘存制，都必须进行实物盘点。永续盘存制下的实物盘点是为了揭示账存数与实存数的差异，加强财产物资的控制和管理。实地盘存制下的实物盘点是为了确定期末实际财产物资的数量，据以计算期末存货成本和销售（耗用）成本。

（二）实物财产的清查方法

不同品种的财产物资，由于其实物形态、体积重量、码放方式不同，采用的清查方法也不同，一般有实地盘点法、技术推算法、抽样盘存法、函证核对法等。

1. 实地盘点法

实地盘点是指在财产物资堆放现场进行逐一清点数量或用计量仪器确定实存数的一种方法。这种方法适用范围广，要求严格，数字准确可靠，清查质量高，但工作量大。如果事先按财产物资的实物形态进行科学的码放，如五五排列、三三制码放等，有助于提高清查的速度。

2. 技术推算法

技术推算盘点是利用特定的技术方法对财产物资的实存数进行推算的一种方法（如对油罐中的油量进行测算）。这种方法适用于大量成堆，难以逐一清点的财产物资。

3. 抽样盘存法

指采用抽取一定数量样品的方式对实物资产的实有数进行估算确定的方法。这种方法一般适用于数量多、重量和体积比较均衡的实物财产的清查。

4. 函证核对法

指通过向对方发函方式对实物财产的实有数进行确定的一种方法。这种方法一般适用于委托外单位加工或保管的实物财产的清查。

为了明确经济责任，进行财产物资的盘点时，有关财产物资的保管人员必须在场，并参加盘点工作。对各项财产物资的盘点结果，应逐一如实地登记在“盘存单”上，并由参加盘点的人员和实物保管人员共同签章生效。“盘存单”是记录各项财产物资实存数量盘点的书面证明，也是财产清查工作的原始凭证之一。如图 10-3 所示。

盘　存　单

单位名称 连云港市华江公司　盘点时间 20××年3月31日

编号 0803035　财产类别 钢材　存放地点 1号仓库

序号	名称	规格型号	计量单位	结存												备注
				数量	单价	金额										
						千	百	十	万	千	百	十	元	角	分	
1	螺纹钢	Ø32	吨	50	4 500.00			2	2	5	0	0	0	0	0	
2	螺纹钢	Ø16	吨	60	4 800.00			2	8	8	0	0	0	0	0	
3	螺纹钢	Ø12	吨	10	4 800.00				4	8	0	0	0	0	0	

盘点人签章：吴贾瑋　保管人签章：包无盗

图 10-3　盘存单示例

盘点完毕，将“盘存单”中所记录的实存数额与账面结存余额核对，发现某些财产物资账实不符时，填制“实存账存对比表”，确定财产物资盘盈或盘亏的数额。“实存账存对比表”是财产清查结果的重要报表，是调整账面记录的原始凭证，也是分析盈亏原因、明确经济责任的重要依据。“实存账存对比表”与“库存现金盘点报告表”基本相似，不再赘述。

三、应收、应付款项的清查

各种应收、应付款项一般采取“询证核对法”进行清查，即通过发函询证同经济往来单位核对账目的方法。清查单位按每一个经济往来单位编制“往来款项对账单”（一式两份，其中一份作为回执联）送往各经济往来单位。对方经过核对相符后，在回联单盖公章退回，表示已核对；如果经核对数字不相符，对方应在回联单上注明情况，或另抄对账单退回本单位，进一步查明原因，再行核对，直到相符为止。“往来款项对账单”的格式和内容如图 10-4 所示。

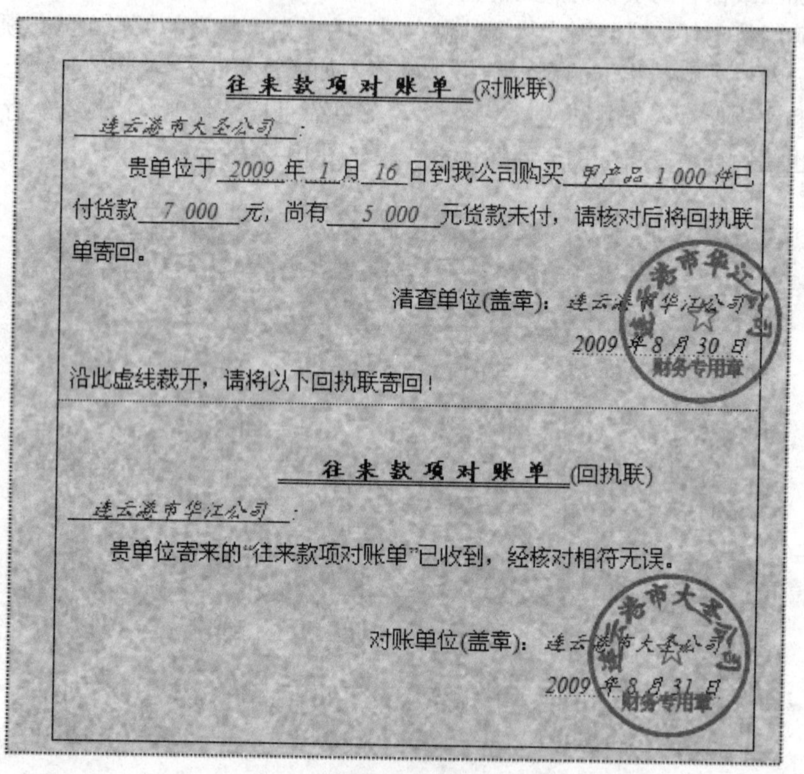

往来款项对账单(对账联)

连云港市大圣公司：

贵单位于 2009 年 1 月 16 日到我公司购买 甲产品 1 000 件已付货款 7 000 元，尚有 5 000 元货款未付，请核对后将回执联单寄回。

清查单位(盖章)：连云港市华江公司

2009 年 8 月 30 日

沿此虚线裁开，请将以下回执联寄回！

往来款项对账单(回执联)

连云港市华江公司：

贵单位寄来的“往来款项对账单”已收到，经核对相符无误。

对账单位(盖章)：连云港市大圣公司

2009 年 8 月 31 日

图 10-4　往来款项对账单示例

第三节 财产清查结果的处理

一、财产清查结果的处理步骤

对通过财产清查所发现的财产管理和核算方面存在的问题，应当认真分析研究，以有关的法令、制度为依据进行处理。其主要步骤如下。

1. 查明各种财产物资的盘盈、盘亏原因并按财务制度规定进行处理

广义的财产物资盘盈、盘亏包括货币资金的溢缺、各种固定资产、原材料、产成品、库存商品等实物财产的溢余、短缺，以及应收、应付款项的账面余额与查询核实数额之间的差异。对于以上各种财产物资的盘盈盘亏，必须通过调查研究，查明原因，分清责任，按相关规定进行处理。

对于定额以内的或自然原因引起的盘盈、盘亏，应当按规定办理手续，及时调整账项，办理转账。

对于有争议的应收、应付款项应当按照国家法令及经济合同、产销协议，作出结论，或是提请有关部门仲裁。

对于那些由于保管人员失职而引起的盘亏或损失，必须清查失职的情节，按规定报请有关领导作出处理。对于贪污盗窃案件，应当会同相关部门或报送有关单位处理。

对于那些由于自然灾害等引起的财产损失，如属已经向保险公司投保的财产，还应向保险公司索取赔偿。

2. 检查各项物资储备定额的遵守情况，及时采取改进措施

对于各种已经制定储备定额的财产物资，在财产清查后，还应当全面地检查物资储备的定额执行情况。储备不足的物资，应当及时通知有关部门，补充储备；对于多余、积压的物资应当查明原因，分别处理。

由于盲目采购，盲目建造或者生产任务改变而造成的积压、多余物资，应当积极组织销售或另行处理。对于那些稍加改制即可利用的物资，应当设法改制和利用。对于因品种不配套而造成的半成品积压，应当调整生产计划，组织均衡生产，消除半成品的积压。

在处理积压、多余物资的同时，对于利用率不高或闲置不用的固定资产，也必须查明原因积极处理，使所有固定资产都能充分加以利用，从而提高固定资产的使用效率。

3. 及时调整账目，进行必要的账务处理

财产清查后，如果实存数与账存数一致、账实相符，不必进行账务处理。如果出现实存数与账存数不一致，一般会出现两种情况。当实存数大于账存数时，称之为盘盈；当实存数小于账存数时，称之为盘亏；当实存数与账存数虽然一致，但实存的财产物资出现严重质量问题，而不能按正常的财产物资使用时，称为毁损。对上述问题，不论是盘盈、盘亏，或者毁损，都应该进行账务处理，调整账存数，使账存数与实存数保持一致，以保证账实相符。

盘盈时，调增账存数，使其与实存数一致；盘亏或毁损时，调减账存数，使其与实存数一致。盘盈、盘亏、毁损等都说明企业在经营管理中、财产物资的保管存在一定的问题。因此，一旦发现账实不符时，应该立即核准数字，同时进一步分析差异的形成原因，明确经济责任，并提出相应的处理意见。经财务制度规定的程序批准后，才能对差异进行处理。

二、财产清查结果的会计处理

财产清查结果的账务处理一般分为以下两个步骤。

（1）根据“实存账存对比表”等，填制记账凭证，并据以登记账簿，调整账簿记录，使各项财产物资的实存数和账存数一致。

（2）待查清原因，明确责任以后，再根据审批后的处理决定文件，填制记账凭证，分别将其记入有关账户。对于各种结算款项，如在清查中发现差错，应立即调整账目。对于确定无法收回的应收款项，应按规定手续经过批准后予以转销。

为反映和监督在财产清查中查明的财产物资盘盈、盘亏和毁损及其处理情况，应设置“待处理财产损溢”科目。“待处理财产损溢”属于资产类科目，该科目下可设“待处理流动资产损溢”和“待处理固定资产损溢”两个明细账进行明细核算。物资在运输途中发生的非正常短缺与损耗，也通过本科目核算。该科目借方登记待处理财产的盘亏、毁损数，及经批准后待处理财产盘盈的转销数；贷方登记待处理财产的盘盈数，及经批准后的待处理财产盘亏、毁损的转销数。企业的财产损溢，应查明原因，在期末结账前处理完毕，处理后本科目应无余额。如果在会计期末未查明财产损溢的原因，应将未处理完毕的“待处理财产损溢”按最可能的结果进行结转处理，待下月初再转回，等正式的处理结果出来后重新进行会计处理。

“待处理财产损溢”账户结构如下：

待处理财产损溢

期初无余额	期末无余额
（1）转入的盘亏数 （2）转销盘盈数	（1）转入的盘盈数 （2）转销盘亏数

企业如有盘盈固定资产的，应作为前期差错记入“以前年度损益调整”科目。

（一）库存现金清查结果的会计处理

库存现金清查中发现库存现金短缺或盈余时，除了设法查明原因外，还应及时根据“库存现金盘点报告表”进行会计处理。

【例10-2】 某企业某日对库存现金进行清查，发现库存现金长款50元，无法查明长款的原因。

（1）批准前，根据“库存现金盘点报告表”：

借：库存现金　　50

　贷：待处理财产损溢——待处理流动资产损溢　　50

（2）经批准转入营业外收入：

借：待处理财产损溢——待处理流动资产损溢　　50

　贷：营业外收入　　50

【例10-3】 某企业某日对库存现金进行清查，发现库存现金短款200元，无法查明短款的原因。

（1）批准前，根据“库存现金盘点报告表”：

借：待处理财产损溢——待处理流动资产损溢　　200

　贷：库存现金　　200

（2）库存现金短款而无法查明原因，根据岗位责任制，一般应由出纳员赔偿。经批准处理时：

借：其他应收款——出纳员××　　200

　贷：待处理财产损溢——待处理流动资产损溢　　200

（二）存货清查结果的处理

1. 存货盘盈的会计处理

当存货盘盈时，应根据“实存账存对比表”，将盘盈存货的价值计入“原材料”、“库存商品”、“生产成本”等科目的借方，同时计入“待处理财产损溢——待处理流动资产损溢”科目的贷方。查明原因后，如果有相关单位或人员将要索取（如由于疏忽少发了一定数量的商品给购买单位，购买单位将会来索取这部分商品），报批后计入“其他应付款”；如果无人索取，经批准后冲减“管理费用”。

【例10-4】 某企业盘盈库存商品500 kg，计价5 000元。经查，该盘盈数中有450 kg为由于疏忽少发给购买单位所致，成本为4 500元，其余50 kg为计量误差所致。

（1）批准前，根据“实存账存对比表”：

借：库存商品　　5 000

　贷：待处理财产损溢——待处理流动资产损溢　　5 000

（2）经批准处理：

借：待处理财产损溢——待处理流动资产损溢　　5 000
　贷：其他应付款——购货单位　　4 500
　　管理费用　　500

2. 存货盘亏的会计处理

当存货盘亏时，应根据“实存账存对比表”，将盘亏存货的价值计入“待处理财产损溢——待处理流动资产损溢”科目的借方，同时计入“原材料”、“库存商品”等科目的贷方。对于财产清查中各种材料、在产品和产成品等的盘亏，属于以下正常原因的，一般增加管理费用：在收发物资中，由于计量、检验不准确；财产物资在运输、保管、收发过程中，在数量上发生自然减少；由于手续不齐或计算、登记上发生错误。属于管理不善或工作人员失职，造成财产损失、变质或短缺的，应由过失人或保险公司负责赔偿的部分，应计入“其他应收款”；扣除过失人或保险公司赔款和残料价值后的余额，应增加管理费用。属于自然灾害等造成的非常损失，扣除过保险公司赔款和残料价值后的余额应计入“营业外支出”。

【例 10-5】 某企业盘亏原材料 100 kg，计价 500 元，经查其中 20 kg 系管理员王某偷盗回家，现责令其赔偿，其余 80 kg 为计量误差所致。（不考虑增值税）

（1）批准前，根据“实存账存对比表”：

借：待处理财产损溢——待处理流动资产损溢　　500
　贷：原材料　　500

（2）经批准处理：

借：其他应收款——王某　　100
　　管理费用　　400
　贷：待处理财产损溢——待处理流动资产损溢　　500

【例 10-6】 职工张某因泄私愤，将仓库里的原材料点燃，原材料化为灰烬，原材料的成本为 100 000 元。经核查，保险公司同意赔偿 30 000 元，无法追究张某的民事责任。后张某被判刑 7 年。（不考虑增值税）

（1）批准前，根据“实存账存对比表”：

借：待处理财产损溢——待处理流动资产损溢　　100 000
　贷：原材料　　100 000

（2）经批准处理：

借：其他应收款——××保险公司　　30 000
　　营业外支出　　70 000
　贷：待处理财产损溢——待处理流动资产损溢　　100 000

（三）固定资产清查结果的处理

在固定资产清查过程中，如果发现有盘亏固定资产，应查明原因，填制固定资产盘亏报告表，报经企业主管部门批准后作相应处理：由责任人或保险公司等赔偿部分，计入“其他应收款”，其余的盘亏净值计入“营业外支出”。

企业在财产清查中盘盈的固定资产，作为前期差错处理，通过“以前年度损益调整”科目核算。（具体内容见《中级财务会计》、《高级财务会计》中的“固定资产”、“资产负债表日后事项”相关章节）

【例10–7】 某企业盘亏固定资产一台，原值为100 000元，已提折旧70 000元，无法查明减少的原因。

（1）批准前，根据“固定资产盘亏报告表”：

借：待处理财产损溢——待处理固定资产损溢 30 000
　　累计折旧 70 000
　贷：固定资产 100 000

（2）经批准处理：

借：营业外支出 30 000
　贷：待处理财产损溢——待处理固定资产损溢 30 000

（四）应收款项的清查结果处理

在财产清查过程中，如发现长期应收而收不回来的款项，即为坏账损失，经批准应予以转销。坏账损失不通过“待处理财产损溢”账户核算，在报经批准后冲减“坏账准备”。（具体内容见《中级财务会计》中的“应收款项”章节）

本章小结

1. 财产清查也叫财产检查（Property Check），是指通过对实物资产、现金的实地盘点和对银行存款、债权债务的查对，确定财产物资、货币资金和债权债务的实存数，查明账存数和实存数是否相符，并查明账实不符的原因的一种会计核算专门方法。

2. 货币资金的清查包括对库存现金、银行存款和其他货币资金的清查。银行存款的清查采取与银行核对账目的形式进行，即将本单位的银行存款日记账与银行送来的对账单（一般是一个月一次）进行逐笔核对。

3. 财产物资的盘存制度有两种：实地盘存制和永续盘存制。不同品种的财产物资，由于其实物形态、体积重量、码放方式不同，采用的清查方法也不同，一般有实地盘点法、技术推算法、抽样盘存法、函证核对法等。

4. 各种应收、应付款项一般采取“询证核对法”进行清查，即通过证件同经济往来单位核对账目的方法。

5. 财产清查结果的账务处理一般分为两个步骤：① 根据“实存账存对比表”等，填制记账凭证，并据以登记账簿，调整账簿记录，使各项财产物资的实存数和账存数一致。② 待查清原因，明确责任以后，再根据审批后的处理决定文件，填制记账凭证，分别将其记入有关账户。对于各种结算款项，如在清查中发现差错，应立即调整账目。对于确定无法收回的应收款项，应按规定手续经过批准后予以转销。

知识链接：某公司的财产清查制度

为了加强公司财产的管理，确保公司财产的安全，使会计核算真实，根据会计有关法规的规定，特制定如下制度。

1. 公司必须每年对材料、低值易耗品、包装物、固定资产进行全面清查一次。

2. 仓库保管人员必须做好盘点前的准备工作，登记好材料、低值易耗品、包装物账簿并结好余额，以便核对，整理好财产物资，分门别类。

3. 由办公室人员牵头，财务人员、物料保管人员参加，对财产物资逐笔登记，并与账面进行核对。如发现财产盈亏，应及时向公司领导及董事会报告，经批准后进行相应账务处理。

4. 对盘亏的材料、包装物、低值易耗品造成的盘亏，根据不同的原因进行处理，属人为管理因素，由责任人赔偿；属自然损耗的，完善报批手续。

5. 固定资产必须由办公室指定专人管理，负责固定资产的购置、使用、闲置、报废的管理，登记工作。

6. 由办公室牵头，会计、使用部门参加，每年全面清点一次，并对报废、未使用的资产进行处理。在清查中将报废、损坏的固定资产填写“固定资产报废表”，并注明原因，办理有关报批手续，经公司董事会批准后进行账务处理。

参考文献

［1］ 李桂媛，迟旭升. 基础会计. 大连：东北财经大学出版社，2001.
［2］ 中华人民共和国财政部制定. 企业会计制度. 北京：经济科学出版社，2001.
［3］ 江苏省会计从业资格考试辅导教材编写组. 会计基础. 北京：中国财政经济出版社，2007.
［4］ 会计从业资格考试研究编审组. 会计基础. 北京：经济科学出版社，2007.
［5］ 陈国辉. 基础会计. 大连：东北财经大学出版社，2007.

复习思考题

1. 什么是财产清查？财产清查有何作用？
2. 财产清查的种类有哪些？财产清查的方法有哪些？
3. 什么是未达账项？未达账项有哪几种情况？
4. 什么是实地盘存制？有何特点？
5. 什么是永续盘存制？有何特点？
6. 如何进行库存现金、存货盘盈的账务处理？
7. 如何进行库存现金、存货、固定资产盘亏的账务处理？

第十一章

财务报告

◆学习目标◆

1. 了解财务会计报告的构成、了解财务报表的意义和种类；
2. 掌握财务报表的结构、内容；
3. 掌握资产负债表和利润表的编制方法。

第一节 概 述

一、财务报告的含义及构成

（一）财务报告的含义

财务报告又称财务会计报告，是指根据审核的会计账簿和其他有关资料定期编制的，用以正式对外揭示或表述单位某一特定日期财务状况和某一会计期间经营成果、现金流量的文件。

（二）财务报告的构成

财务报告包括财务报表和其他应当在财务报告中披露的相关信息和资料。其中，财务报表由报表本身及其附注两部分构成，附注是财务报表的有机组成部分，财务会计报表至少应当包括资产负债表、利润表、现金流量表、所有者权益变动表、附注等组成部分。考虑到小企业规模较小，外部信息需求相对较低，小企业编制的报表可以不包括现金流量表。

（1）资产负债表是反映企业在某一特定日期的财务状况的会计报表。企业编制资产负债表的目的是通过如实反映企业的资产、负债和所有者权益金额及其结构情况，从而有助于使用者评价企业资产的质量及短期偿债能力、长期偿债能力和利润分配能力等。

（2）利润表是反映企业在一定会计期间的经营成果的会计报表。企业编制利润表的目的是通过如实反映企业实现的收入、发生的费用及应当计入当期利润的利得和损失等金额及其结构情况，从而有助于使用者分析评价企业的盈利能力及其构成与质量。

（3）现金流量表是反映企业在一定会计期间的现金和现金等价物流入量和流出量的会计报表。企业编制现金流量表的目的是通过如实反映企业各项活动的现金流入、流出情况，从而有助于使用者评价企业的现金流和资金周转情况。

（4）所有者权益变动表反映构成所有者权益的各组成部分当期的增减变化情况。

（5）附注是对在会计报表中列示项目所作的进一步说明，以及对未能在上述这些报表中列示项目的说明等。企业编制附注的目的是通过对财务报表本身作补充说明，以便更加全面、系统地反映企业财务状况、经营成果和现金流量的全貌，从而有助于向使用者提供更为有用的信息，作出更加科学合理的决策。

（三）财务报表的分类

财务报表按不同标准，主要有以下几种分类。

（1）按报表反映的内容不同可分为静态报表和动态报表。静态报表是反映某一特定时点的财务状况的报表，如资产负债表；动态报表是反映某一特定期间的经营成果和现金流量的报表，如利润表、现金流量表。

（2）按报表编制的时间不同可分为中期财务报表和年度财务报表。中期财务报表是指以短于一个完整的会计年度的报告期间为基础编制的财务会计报表。

（3）按报送对象不同可分为内部报表和外部报表。

（4）按编制单位不同可分为个别报表和合并报表。

二、财务报告的编制要求

（一）真实可靠

财务报告各项目的数据必须建立在真实可靠的基础上，必须根据审核无误的账簿及有关资料编制，不得弄虚作假。

（二）全面完整

企业的财务报告应全面披露企业的财务状况、经营成果和现金流量情况，应按照企业会计准则规定的格式和内容填报，尤其是对于重要事项，不得漏报，必须在附注中进行说明。

（三）编报及时

会计信息具有时效性，如果编报不及时，则可能失去其应有的价值。一般月度报表应于月份终了后的6天内报出，季度报表应于季度终了后的15天内报出，半年度报表应于半年度终了后的60天内报出，年度报表应于年度终了后4个月内报出。

（四）便于理解

编制的财务报告应该清晰明了，便于使用者所理解。如果提供的财务报表不易理解，使用者就不能据此作出准确的判断，财务报告的作用也就难以发挥。

第二节　资产负债表

一、资产负债表的内容及结构

（一）资产负债表的内容

资产负债表是反映企业在某一特定日期财务状况的会计报表。它反映企业在某一特定日期所拥有或控制的经济资源、所承担的现时义务和所有者对净资产的要求权。

(二)资产负债表的结构

资产负债表的格式归纳起来有两种，即账户式资产负债表和报告式资产负债表。

账户式资产负债表也称横式资产负债表，在表的左方列示所有资产项目，右方列示负债和所有者权益项目，使左右方总额平衡。其平衡原理为

资产 = 负债 + 所有者权益

报告式资产负债表也称竖式资产负债表，表的上方列示所有资产项目，下方列示负债及所有者权益项目，使上下方总额平衡，其平衡原理为

资产 – 负债 = 所有者权益

我国会计实务主要采用账户式资产负债表，通过账户式资产负债表，反映资产、负债和所有者权益之间的内在关系，并达到资产负债表左方和右方的平衡。具体格式如表 11–1 所示。

表 11–1

资产负债表

会企 01 表

编制单位： 年 月 日 单位：元

资 产	期末余额	年初余额	负债和所有者权益（或股东权益）	期末余额	年初余额
流动资产：			流动负债：		
货币资金			短期借款		
交易性金融资产			交易性金融负债		
应收票据			应付票据		
应收账款			应付账款		
预付款项			预收款项		
应收利息			应付职工薪酬		
应收股利			应交税费		
其他应收款			应付利息		
存货			应付股利		
一年内到期的非流动资产			其他应付款		
其他流动资产			一年内到期的非流动负债		
流动资产合计			其他流动负债		
非流动资产：			流动负债合计		
可供出售金融资产			非流动负债：		
持有至到期投资			长期借款		
长期应收款			应付债券		
长期股权投资			长期应付款		
投资性房地产			专项应付款		
固定资产			预计负债		
在建工程			递延所得税负债		
工程物资			其他非流动负债		

续表

资　　产	期末余额	年初余额	负债和所有者权益（或股东权益）	期末余额	年初余额
固定资产清理			非流动负债合计		
生产性生物资产			负债合计		
油气资产			所有者权益（或股东权益）：		
无形资产			实收资本（或股本）		
开发支出			资本公积		
商誉			减：库存股		
长期待摊费用			盈余公积		
递延所得税资产			未分配利润		
其他非流动资产			所有者权益（或股东权益）合计		
非流动资产合计					
资产总计			负债及所有者权益（或股东权益）总计		

二、资产负债表的编制方法

企业应以日常会计核算记录的数据为基础进行归类、整理和汇总，加工成报表项目，形成资产负债表。资产和负债应当分别以流动资产和非流动资产、流动负债和非流动负债列示。其“年初余额”各栏数字，根据上年末资产负债表中“期末余额”栏内数字填列，“期末余额”栏内各项数字主要根据当期会计账簿记录填列，其中大部分项目可以根据账户余额直接填列，部分项目要根据账户余额分析、计算后才能填列。

（一）根据总账账户余额直接填列

资产负债表中有些项目，可直接根据有关总账账户的期末余额填列，如“交易性金融资产”、“递延所得税资产”、“固定资产清理”、“短期借款”、“应付票据”、“应付利息”、“应交税费”、“其他应付款”、“应付职工薪酬”、“实收资本”、“资本公积”等项目。

（二）根据若干个总账账户余额分析计算填列

有些项目则需根据几个总账科目的期末余额分析计算填列。

（1）“货币资金”项目，需根据“库存现金”、“银行存款”、“其他货币资金”三个总账账户的期末余额的合计数填列。

【例 11-1】 华江公司 2009 年 12 月 31 日结账后，“库存现金”、“银行存款”和“其他货币资金”余额分别为 1 200 元、1 500 000 元、300 000 元，则“货币资金”项目的金额 = 1 200 + 1 500 000 + 300 000 = 1 801 200 元。

（2）“存货”项目应根据“材料采购”、“原材料”、“库存商品”、“生产成本”、“委托加工物资”、“材料成本差异”、“发出商品”等账户的期末余额合计减去“存货跌价准备”等账户的期末余额后的金额填列。

(3)“未分配利润”项目，12 月 31 日直接根据“利润分配—未分配利润”余额填列。1—11 月末根据“利润分配”和“本年利润”两个账户余额分析填列：

① 利润分配有贷方余额，本年利润也是贷方余额，两者相加填到未分配利润里面，填正数；

② 利润分配是贷方余额，但是本年利润是借方余额，那么就用贷方余额减去本年利润的借方余额，结果是正数，就填正数；结果是负数，就填负数；

③ 利润分配是借方余额、本年利润是贷方余额，那么就用本年利润的贷方余额减去利润分配的借方余额，结果是正数，就填正数，结果是负数，就填负数；

④ 利润分配是借方余额，本年利润也是借方余额，那么把两者相加填到利润分配里面，填负数；未弥补的亏损以“－”填列。

(三) 根据有关明细账账户余额分析计算填列

(1)“应收账款”项目，需要根据“应收账款”和“预收账款”两个账户所属的相关明细账户的期末借方余额合计减去坏账准备期末余额计算填列。

(2)“预付账款”项目，需要根据“应付账款”和“预付账款”两个账户所属的相关明细账户的期末借方余额计算填列。

(3)“应付账款”项目，需要根据“应付账款”和“预付账款”两个账户所属的相关明细账户的期末贷方余额计算填列。

(4)“预收账款”项目，需要根据“应收账款”和“预收账款”两个账户所属的相关明细账户的期末贷方余额计算填列。

(四) 根据总账账户和明细账账户余额分析计算填列

需要根据总账账户和明细账账户余额分析计算填列的项目主要有“长期应收款”、“长期待摊费用”、“长期借款”、“应付债券”、“长期应付款”等项目，如“长期借款”项目，需要根据“长期借款”总账账户余额扣除“长期借款”账户所属的明细账户中将在一年内到期、且企业不能自主地将清偿义务延期的长期借款后的金额计算填列。“持有至到期投资”项目，需要根据“持有至到期投资”账户的期末余额，减去“持有至到期投资减值准备”账户的期末余额和一年内到期的持有至到期投资填列。

【例 11-2】 华江公司 2009 年 12 月 31 日长期借款情况如下：长期借款总账余额为 5 000 000 元，其中将于一年内到期的长期借款为 1 500 000 元，则应将于一年内到期的长期借款 1 500 000 元列示于负债下“一年内到期的非流动负债”项目中，资产负债表中“长期借款”项目的金额 = 5 000 000 －1 500 000 =3 500 000 元。

(五) 根据有关账户余额减去其备抵账户余额后的净额填列

如资产负债表中的“应收账款”项目，应当根据“应收账款”账户的期末余额减去“坏账准备”账户余额后的净额填列。“固定资产”项目，应当根据“固定资产”账户的期末余额减去“累计折旧”、“固定资产减值准备”备抵账户余额后的净额填列。

三、资产负债表的编制实例

【例 11-3】 华江股份有限公司 2008 年 12 月 31 日的资产负债表和 2009 年 12 月 31 日的账户总账余额表分别如表 11-2 和表 11-3 所示。

表 11-2

资产负债表

会企 01 表

编制单位：华江股份有限公司　　2008 年 12 月 31 日　　单位：元

资　产	期末余额	年初余额	负债和所有者权益（或股东权益）	期末余额	年初余额
流动资产：			流动负债：		
货币资金	25 000		短期借款	50 000	
交易性金融资产	13 000		交易性金融负债	0	
应收票据	0		应付票据	0	
应收账款	45 000		应付账款	42 000	
预付款项	7 000		预收款项	25 000	
应收利息	0		应付职工薪酬	39 000	
应收股利	0		应交税费	62 000	
其他应收款	5 000		应付利息	0	
存货	125 000		应付股利	50 000	
一年内到期的非流动资产	0		其他应付款	9 000	
其他流动资产	0		一年内到期的非流动负债	0	
流动资产合计	220 000		其他流动负债	0	
非流动资产：			流动负债合计	277 000	
可供出售金融资产	0		非流动负债：		
持有至到期投资	0		长期借款	60 000	
长期应收款	0		应付债券	0	
长期股权投资	300 000		长期应付款	0	
投资性房地产	0		专项应付款	0	
固定资产	230 000		预计负债	0	
在建工程	4 000		递延所得税负债	0	
工程物资	0		其他非流动负债	0	
固定资产清理	0		非流动负债合计	60 000	
生产性生物资产	0		负债合计	337 000	
油气资产	0		所有者权益（或股东权益）：		
无形资产	0		实收资本（或股本）	300 000	
开发支出	0		资本公积	19 000	
商誉	0		减：库存股	0	
长期待摊费用	0		盈余公积	39 000	
递延所得税资产	0		未分配利润	59 000	
其他非流动资产	0		所有者权益（或股东权益）合计	417 000	
非流动资产合计	534 000				
资产总计	754 000		负债及所有者权益（或股东权益）总计	754 000	

表 11-3

账户余额表

2009 年 12 月 31 日　　单位：元

总　账	借方余额	贷方余额	总　账	借方余额	贷方余额
库存现金	600		短期借款		191 000
银行存款	20 000		应付账款		26 000
交易性金融资产	27 900		预收账款		12 000
应收账款	30 000		其他应付款		11 000
预付账款	5 000		应付职工薪酬		44 000
其他应收款	4 700		应交税费		70 000
原材料	60 000		应付利息		43 000
生产成本	6 000		应付股利		23 000
库存商品	70 000		长期借款		36 000
长期股权投资	370 000		实收资本		300 000
固定资产	460 000		资本公积		14 200
累计折旧		200 000	盈余公积		24 000
无形资产	30 000		利润分配		90 000

有关明细账余额如下：应收账款明细账中，A 公司借方余额 15 000 元，B 公司贷方余额 2 000 元，C 公司借方余额 17 000 元；预付账款明细账中，甲公司借方余额 5 400 元，乙公司贷方余额 400 元；应付账款明细账中，A 公司贷方余额 22 000 元，D 公司借方余额 4 000 元，E 公司贷方余额 8 000 元；预收账款明细账中，丁公司贷方余额 13 000 元，戊公司借方余额 1 000 元；利润分配明细账中，未分配利润为贷方余额 90 000 元。

根据上述资料，编制华江股份有限公司 2009 年 12 月 31 日的资产负债表，如表 11-4 所示。

表 11-4

资产负债表

会企 01 表

编制单位：华江股份有限公司　　2009 年 12 月 31 日　　单位：元

资　产	期末余额	年初余额	负债和所有者权益（或股东权益）	期末余额	年初余额
流动资产：			流动负债：		
货币资金	20 600	25 000	短期借款	191 000	50 000
交易性金融资产	27 900	13 000	交易性金融负债	0	0
应收票据	0	0	应付票据	0	0
应收账款	33 000	45 000	应付账款	30 400	42 000
预付款项	9 400	7 000	预收款项	15 000	25 000

续表

资　　产	期末余额	年初余额	负债和所有者权益（或股东权益）	期末余额	年初余额
应收利息	0	0	应付职工薪酬	44 000	39 000
应收股利	0	0	应交税费	70 000	62 000
其他应收款	4 700	5 000	应付利息	43 000	0
存贷	136 000	125 000	应付股利	23 000	50 000
一年内到期的非流动资产	0	0	其他应付款	11 000	9 000
其他流动资产	0	0	一年内到期的非流动负债	0	0
流动资产合计	231 600	220 000	其他流动负债	0	0
非流动资产：			流动负债合计	427 400	277 000
可供出售金融资产	0	0	非流动负债：		
持有至到期投资	0	0	长期借款	36 000	60 000
长期应收款	0	0	应付债券	0	0
长期股权投资	370 000	300 000	长期应付款	0	0
投资性房地产	0	0	专项应付款	0	0
固定资产	260 000	230 000	预计负债	0	0
在建工程	0	4 000	递延所得税负债	0	0
工程物资	0	0	其他非流动负债	0	0
固定资产清理	0	0	非流动负债合计	36 000	60 000
生产性生物资产	0	0	负债合计	463 400	337 000
油气资产	0	0	所有者权益（或股东权益）：		
无形资产	30 000	0	实收资本（或股本）	300 000	300 000
开发支出	0	0	资本公积	14 200	19 000
商誉	0	0	减：库存股	0	0
长期待摊费用	0	0	盈余公积	24 000	39 000
递延所得税资产	0	0	未分配利润	90 000	59 000
其他非流动资产	0	0	所有者权益（或股东权益）合计	428 200	417 000
非流动资产合计	660 000	534 000			
资产总计	891 600	754 000	负债及所有者权益（或股东权益）总计	891 600	754 000

上表中年初余额根据上年年末余额填列，年末余额根据本年全部总账和有关明细账的余额填列，具体分析如下。

① 货币资金 = “库存现金”账户期末借方余额 + “银行存款”账户期末借方余额 = 600 + 20 000 = 20 600 元

② 应收账款 = “应收账款——A 公司”账户期末借方余额 + “应收账款——C 公司”账户期末借方余额 + “预收账款——戊公司”账户期末借方余额 = 15 000 + 17 000 + 1 000 = 33 000 元

③ 预付账款 = “预付账款——甲公司”账户期末借方余额 + 应付账款——D 公司”账户期末借方余额 = 5 400 + 4 000 = 9 400 元

④ 应付账款 = “应付账款——A 公司”账户期末贷方余额 + “应付账款——E 公司”账户期末贷方余额 + “预付账款——乙公司”账户期末贷方余额 = 22 000 + 8 000 + 400 = 30 400 元

⑤ 预收账款 = “预收账款——丁公司”账户期末贷方余额 + 应收账款——B 公司”账户期末贷方余额 = 13 000 + 2 000 = 15 000 元

⑥ 存货 = “原材料”账户期末借方余额 + “生产成本”账户期末借方余额 + “库存商品”账户期末借方余额 = 60 000 + 6 000 + 70 000 = 136 000 元

⑦ 固定资产 = “固定资产”账户期末借方余额 - “累计折旧”账户期末贷方余额 = 460 000 - 200 000 = 260 000 元

⑧ 未分配利润 = “利润分配”账户期末贷方余额 = 90 000 元

⑨ 本例中其他有关账户都是直接根据总账账户余额填列。

第三节 利润表

一、利润表的含义与格式

利润表是用以反映企业在一定会计期间经营成果的报表。通过利润表，可以反映单位在一定时期的利润的形成过程和经营成果，分析、预测单位的盈利能力和资金的运用成果，评价单位未来一定时期内的利润发展趋势，便于投资者和外部利益集团做出正确的投资决策。

利润表的格式有单步式和多步式两种。

单步式利润表下，首先列示当期的所有收入项目，然后再列示所有的费用项目，两者相减，得出净利润。

多步式利润表是将利润表上的收入、费用项目加以分类，在从营业收入到净利润的计算过程中，经过营业利润、利润总额等几次中间性计算的利润表。多步式利润表通过中间性利润数据，分步反映了净利润的计算过程，准确提供了净利润各构成要素之间的内在联系，便于报表使用者进行盈利能力分析，能满足现行的和潜在的投资者、债权人对企业财务信息的需求，我国现行的利润表采用的是多步式，其具体格式如表 11-5 所示。

表 11-5

利润表

会企 02 表

编制单位： 年 月 单位：元

项　目	本期金额	上期金额
一、营业收入		
减：营业成本		
营业税金及附加		
销售费用		
管理费用		
财务费用		
资产减值损失		
加：公允价值变动收益（损失以“－”号填列）		
投资收益（损失以“－”号填列）		
其中：对联营企业和合营企业的投资收益		
二、营业利润（亏损以“－”号填列）		
加：营业外收入		
减：营业外支出		
其中：非流动资产处置损失		
三、利润总额（亏损总额以“－”号填列）		
减：所得税费用		
四、净利润（净亏损以“－”号填列）		
五、每股收益：		
（一）基本每股收益		
（二）稀释每股收益		

其中：

① 营业利润＝营业收入－营业成本－营业税金及附加－销售费用－管理费用－财务费用－资产减值损失±公允价值变动损益±投资净收益

营业收入＝主营业务收入＋其他业务收入

营业成本＝主营业务成本－其他业务成本

② 利润总额＝营业利润＋营业外收入－营业外支出

③ 净利润＝利润总额－所得税费用

二、利润表的编制方法

利润表一般应根据期末结转前各损益类账户本期发生额分析计算填列，具体填列方法如下。

(一) 收入类项目的填列

收入类项目大多根据收入类账户期末结转前贷方发生额减去借方发生额后的差额填列，如果差额为负，以“-”号填列。如“营业收入”、“公允价值变动收益”、“投资收益”、“营业外收入”等。

(1)“营业收入”项目，应根据“主营业务收入”账户的本期发生额和“其他业务收入”账户的本期发生额之和填列。

【例 11-4】 华江公司 2009 年 12 月 31 日“主营业务收入”账户的贷方发生额为 500 000 元，“其他业务收入”账户的贷方发生额为 80 000 元，则该企业 2009 年的利润表中，“营业收入”项目的金额为 500 000 + 80 000 = 580 000 元。

(2)“公允价值变动收益”项目，反映企业资产因公允价值变动而发生的损益。本项目应根据“公允价值变动损益”账户的本期发生额分析填列。如果为公允价值变动损失，以“-”号填列。

(3)“投资收益”项目，反映企业以各种方式对外投资所取得的收益。本项目应根据“投资收益”账户的本期发生额分析填列；如果为投资损失，以“-”号填列。

(4)“营业外收入”项目，反映企业发生的与其经营活动无直接关系的各项收入。本项目应根据“营业外收入”账户的本期发生额分析填列。

(二) 费用类项目的填列

费用类项目大多根据费用类账户期末结转前借方发生额减去贷方发生额后的差额填列，如果差额为负，以“-”号填列。如“营业税金及附加”、“销售费用”、“管理费用”、“财务费用”、“资产减值损失”、“营业外支出”、“所得税费用”等。

(1)“营业成本”项目，反映企业经营业务发生的实际成本。本项目应根据“主营业务成本”账户的本期发生额和“其他业务支出”账户的本期发生额之和填列。

【例 11-5】 华江公司 2009 年 12 月 31 日“主营业务成本”账户的借方发生额为 250 000元，“其他业务成本”账户的借方发生额为 32 000 元，则该企业 2009 年利润表中，“营业成本”项目的金额为 250 000 + 32 000 = 282 000 元。

(2)“营业税金及附加”项目，反映企业经营业务应负担的营业税、消费税、城市维护建设税、资源税、土地增值税和教育费附加等。本项目应根据“营业税金及附加”账户的本期发生额分析填列。

(3)“销售费用”项目，反映企业在销售商品和商品流通企业在购入商品等过程中发生的费用。本项目应根据“销售费用”账户的本期发生额分析填列。

(4)“管理费用”项目，反映企业发生的管理费用。本项目应根据“管理费用”账户的本期发生额分析填列。

（5）“财务费用”项目，反映企业发生的财务费用。本项目应根据“财务费用”账户的本期发生额分析填列。

（6）“资产减值损失”项目，反映企业因资产减值而发生的损失。本项目应根据“资产减值损失”账户的本期发生额分析填列。

【例 11-6】 华江公司 2009 年 12 月 31 日“资产减值损失”账户的借方发生额为 100 000元，贷方发生额为 65 000 元，则该企业 2009 年利润表中，“资产减值损失”项目的金额为 100 000 - 65 000 = 35 000 元。

（7）“营业外支出”项目，反映企业发生的与其经营活动无直接关系的各项支出。本项目应根据“营业外支出”账户的本期发生额分析填列。

（8）“所得税费用”项目，反映企业按规定从本期损益中减去的所得税。本项目应根据“所得税费用”账户的本期发生额分析填列。

（三）自然计算项目的填列

利润表中的有些项目，应通过表中有关项目自然计算后的金额填列。如“营业利润”、“利润总额”、“净利润”等。“利润总额”项目如果为亏损，以“ - ”号填列，“净利润”项目如果为亏损，也以“ - ”号填列。

（四）特殊项目的填列

利润表中的“基本每股收益”项目，仅仅考虑当期实际发行在外的普通股股份，应按照归属于普通股股东的当期净利润除以当期实际发行在外的普通股的加权平均数计算确定；“稀释每股收益项目”，在存在稀释性潜在普通股时，应根据其影响分别调整归属于普通股股东的当期净利润及发行在外普通股的加权平均数计算。

（五）月度利润表和年度利润表编制的区别

月度利润表的“本期金额”栏，反映各项目的本期实际发生数，“上期金额”栏的数字可根据上月利润表的“本期金额”栏的数字，填入相应的项目内。

年度利润表的“本期金额”栏，反映各项目自年初起至本月末止的累计发生数。“上期金额”填列上年全年累计实际发生数，从而与“本期金额”各项目进行比较。如果上年度的利润表的项目名称和内容与本年度不一致，应对上年度的报表项目的名称和数字按本年度的规定进行调整，填入“上期金额”栏内。

三、编制实例

【例 11-7】 华江股份有限公司 2009 年度有关损益类账户本年累计发生净额如表 11-6 所示。

表 11-6

损益类账户 2009 年度累计发生净额

单位：元

账户名称	借方发生额累计数	贷方发生额累计数
主营业务收入		420 400
主营业务成本	278 900	
营业税金及附加	3 000	
销售费用	2 100	
管理费用	6 000	
财务费用	2 000	
投资收益		16 500
营业外收入		7 000
营业外支出	4 000	
所得税费用	48 807	

根据上述资料，编制华江股份有限公司 2009 年度利润表，如表 11-7 所示。

表 11-7

利润表

会企 02 表

编制单位：华江股份有限公司　　2009 年 12 月　　单位：元

项　目	本年累计	上年累计
一、营业收入	420 400	略
减：营业成本	278 900	
营业税金及附加	3 000	
销售费用	2 100	
管理费用	6 000	
财务费用	2 000	
资产减值损失	0	
加：公允价值变动损益（损失以“-”号填列）	0	
投资收益（损失以“-”号填列）	16 500	
其中：对联营企业和合营企业的投资收益	0	
二、营业利润（亏损以“-”号填列）	144 900	
加：营业外收入	7 000	
减：营业外支出	4 000	
其中：非流动资产处置损失	0	
三、利润总额（亏损总额以“-”号填列）	147 900	
减：所得税费用	48 807	
四、净利润（净亏损以“-”号填列）	99 093	
五、每股收益：		
（一）基本每股收益		
（二）稀释每股收益		

第四节 现金流量表

一、现金流量表的含义

现金流量表是反映企业一定会计期间现金和现金等价物（以下简称现金）流入和流出情况的报表。现金流量表是以收付实现制为原则、以现金为基础编制的，这里所指的现金是指可随时用于支付的款项，强调“随时用于支付”这一重要特征，具体包括企业库存现金、可以随时动用的银行存款（不能随时支取的定期存款不作为现金流量表中的现金概念）、其他货币资金、现金等价物等。

二、现金流量的概念及分类

现金流量是指企业在某一时期内的现金和现金等价物的流入和流出的数量。企业的现金流量按经营业务发生的性质可以分为三大类：经营活动产生的现金流量、投资活动产生的现金流量、筹资活动产生的现金流量。

（一）经营活动产生的现金流量

经营活动是指企业除投资活动和筹资活动外的所有交易和事项，具体讲，经营活动包括购买与销售商品、提供与接受劳务、购买与销售商品和提供与接受劳务过程中支付、缴纳与收取税金、经营租入和经营租出固定资产和包装物等。

经营活动产生的现金流入项目有：“销售商品提供劳务收到的现金”、“收到的增值税、消费税、营业税等税费返还”、“收到的其他与经营活动有关的现金”，如罚款收入等。

经营活动产生的现金流出项目有：“购买商品接受劳务支付的现金”、生产产品过程中“支付给职工及为职工支付的现金”、缴纳增值税、消费税、营业税、所得税等“支付的各项税费”、其他经营活动如罚款支出、支付差旅费等“支付的其他与经营活动有关的现金”。

（二）投资活动产生的现金流量

投资活动是指企业长期资产的购建及处置，不包括在现金等价物内的投资及处置活动。这里的长期资产是指固定资产、在建工程、无形资产和其他资产等持有期限在一年或一个营业周期以上的资产。

购建、处置长期资产而产生的现金流量项目有：

(1)"购建固定资产、无形资产和其他长期资产所支付的现金"；

(2)"处置固定资产、无形资产和其他长期资产所收回的现金净额"；

(3)"取得子公司及其他营业单位支付的现金净额"。

购买、处置除现金等价物内的投资活动产生的现金流量项目有：

(1)"投资所支付的现金"；

(2)"收回投资所收到的现金"；

(3)"取得投资收益所收到的现金"；

(4)"处置子公司及其他营业单位收到的现金净额"。

其他投资活动产生的现金流量项目：

(1)"收到的其他与投资活动有关的现金"；

(2)"支付的其他与投资活动有关的现金"。

(三)筹资活动产生的现金流量

筹资活动是指导致企业资本及债务规模和构成发生变化的活动。其中使资本的规模和结构发生变化的活动有：发行股票、发生筹资费用、支付股利、分配利润、减少注册资本等，与此对应的现金流量项目有：

(1)"吸收投资所收到的现金"；

(2)"分配股利、利润或偿付利息所支付的现金"；

使债务规模和结构发生变化的活动有：发行债券、借款、融资租赁、偿付利息、归还本金等，与此对应的现金流量项目有：

(1)"取得借款所收到的现金"；

(2)"偿还债务所支付的现金"。

与其他筹资活动有关的现金项目有：

(1)"收到的其他与筹资活动有关的现金"；

(2)"支付的其他与筹资活动有关的现金"。

三、现金流量表的基本格式

现金流量表分为表首和正表两部分，表首概括说明报表名称、编制单位、编制日期、报表编号、计量单位等。正表反映现金流量表的各个项目内容，具体包括五项：一是经营活动产生的现金流量；二是投资活动产生的现金流量；三是筹资活动产生的现金流量；四是汇率变动对现金的影响；五是现金及现金等价物净增加额，基本格式如表 11-8 所示。

表 11-8

现金流量表

会企 03 表

编制单位：　　　　2009 年　　　　单位：元

项　目	本期金额	上期金额
一、经营活动产生的现金流量：		
销售商品、提供劳务收到的现金		
收到的税费返还		
收到其他与经营活动有关的现金		
经营活动现金流入小计		
购买商品、接受劳务支付的现金		
支付给职工以及为职工支付的现金		
支付的各项税费		
支付其他与经营活动有关的现金		
经营活动现金流出小计		
经营活动产生的现金流量净额		
二、投资活动产生的现金流量：		
收回投资收到的现金		
取得投资收益收到的现金		
处置固定资产、无形资产和其他长期资产收回的现金净额		
处置子公司及其他营业单位收到的现金净额		
收到其他与投资活动有关的现金		
投资活动现金流入小计		
购建固定资产、无形资产和其他长期资产支付的现金		
投资支付的现金		
取得子公司及其他营业单位支付的现金净额		
支付其他与投资活动有关的现金		
投资活动现金流出小计		
投资活动产生的现金流量净额		
三、筹资活动产生的现金流量：		
吸收投资收到的现金		
取得借款收到的现金		
收到其他与筹资活动有关的现金		
筹资活动现金流入小计		
偿还债务支付的现金		
分配股利、利润或偿付利息支付的现金		
支付其他与筹资活动有关的现金		
筹资活动现金流出小计		
筹资活动产生的现金流量净额		
四、汇率变动对现金及现金等价物的影响		
五、现金及现金等价物净增加额		
加：期初现金及现金等价物余额		
六、期末现金及现金等价物余额		

第五节 所有者权益（或股东权益）变动表

一、所有者权益（或股东权益）变动表的含义

所有者权益（或股东权益）变动表是反映企业年末所有者权益（或股东权益）变动情况的会计报表。通过该表，可以了解企业某一会计年度所有者权益（或股东权益）各项目的增减变动情况。

二、所有者权益（或股东权益）变动表的含义应列示的项目

按照《企业会计准则—财务报表列报》的规定，所有者权益（或股东权益）变动表至少应单独列示以下项目：

（1）净利润；

（2）直接计入所有者权益的利得和损失项目及其总额；

（3）会计政策变更和差错更正的累计影响因素；

（4）所有者投入资本和向所有者分配利润；

（5）按照规定提取的盈余公积；

（6）实收资本（或股本）、资本公积、盈余公积、未分配利润的期初期末余额及其调节情况。

第六节 财务报表附注

一、财务报表附注的含义

财务报表附注是对在资产负债表、利润表、现金流量表和所有者权益变动表等报表中列示项目的文字描述或明细资料，以及对未能在这些报表中列示项目的说明等。附注应当披露财务报表的编制基础，相关信息应当与资产负债表、利润表、所有者权益变动表和现金流量表中列示的项目相互参照。

附注是财务报表不可或缺的组成部分。报表使用者了解企业的财务状况、经营成果和现金流量，应当全面阅读附注，附注相对于报表而言，同样具有重要性。根据我国现行会计准则规定，附注应当按照一定的结构进行系统合理的排列和分类，有顺序地进行披露相关信息。

二、企业财务报表附注的披露

企业应当按照我国具体会计准则的要求在附注中至少披露下列内容，但是，非重要项目和企业不具有的项目除外。

（一）企业的基本情况

（1）企业注册地、组织形式和总部地址。
（2）企业的业务性质和主要经营活动。
（3）母公司及集团最终母公司的名称。
（4）财务报告的批准报出者和财务报告批准报出日。

（二）财务报表的编制基础

说明企业的持续经营情况。

（三）遵循企业会计准则的声明

企业应当明确说明编制的财务报表符合企业会计准则体系的要求，真实、完整地反映了企业的财务状况、经营成果和现金流量，以此明确企业编制财务报表的制度基础。

（四）重要会计政策和会计估计

企业应当披露重要的会计政策和会计估计，不重要的会计政策和会计估计可以不披露。在披露重要会计政策和会计估计时，应当披露重要会计政策的确定依据和财务报表项目的计量基础，以及会计估计中所采用的关键假设和不确定因素。

企业至少应当披露的重要会计政策包括存货、长期股权投资、投资性房地产、固定资产、生物资产、无形资产、非货币性资产交换、资产减值、职工薪酬、企业年金基金、股份支付、债务重组、或有事项、收入、建造合同、政府补助、借款费用、所得税、外币折算、企业合并、租赁、金融工具确认和计量、金融资产转移、套期保值、石油天然气开采、合并财务报表、每股收益、分部报告、金融工具列报等。

（五）会计政策和会计估计变更及差错更正的说明

企业应当按照《企业会计准则第 28 号——会计政策、会计估计变更和差错更正》及其应用指南的规定进行披露。

(六) 重要报表项目的说明

企业应当尽可能以列表形式披露重要报表项目的构成或当期增减变动情况。对重要报表项目的明细说明，应当按照资产负债表、利润表、现金流量表、所有者权益变动表的顺序及报表项目列示的顺序进行披露，采用文字和数字描述相结合的方式进行披露，并与报表项目相互参照。

(七) 或有事项的说明

(1) 预计负债的种类、形成原因及经济利益流出不确定性的说明。

(2) 与预计负债有关的预期补偿金额和本期已确认的预期补偿金额。

(3) 或有负债的种类、形成原因及经济利益流出不确定性的说明。

(4) 或有负债预计产生的财务影响，以及获得补偿的可能性；无法预计的，应当说明原因。

(5) 或有资产很可能会给企业带来经济利益的，其形成的原因、预计产生的财务影响等。

(6) 在涉及未决诉讼、未决仲裁的情况下，披露全部或部分信息预期对企业造成重大不利影响的，披露该未决诉讼、未决仲裁的性质及没有披露这些信息的事实和原因。

(八) 资产负债表日后事项的说明

每项重要的资产负债表日后非调整事项的性质、内容，及其对财务状况和经营成果的影响。无法作出估计的，应当说明原因。

(九) 关联方关系及其交易的说明

(1) 母公司和子公司的名称。母公司不是该企业最终控制方的，说明最终控制方名称。母公司和最终控制方均不对外提供财务报表的，说明母公司之上与其最相近的对外提供财务报表的母公司名称。

(2) 母公司和子公司的业务性质、注册地、注册资本（或实收资本、股本）及其当期发生的变化。

(3) 母公司对该企业或者该企业对子公司的持股比例和表决权比例。

(4) 企业与关联方发生关联方交易的，该关联方关系的性质、交易类型及交易要素。交易要素至少应当包括：①交易的金额；②未结算项目的金额、条款和条件，以及有关提供或取得担保的信息；③未结算应收项目的坏账准备金额；④定价政策。

(5) 企业应当区分关联方交易类型披露关联方交易。

本章小结

1. 财务报告又称财务会计报告，是指根据审核的会计账簿和其他有关资料定期编制的，用以正式对外揭示或表述单位某一特定日期财务状况和某一会计期间经营成果、现金流量的文件。财务报表至少应当包括资产负债表、利润表、现金流量表、所有者权益（股东权益，下同）变动表和附注。

2. 资产负债表是反映企业在某一特定日期财务状况的会计报表。它反映企业在某一特定日期所拥有或控制的经济资源、所承担的现时义务和所有者对净资产的要求权。资产负债表的格式有账户式和报告式两种。我国现行的资产负债表采用的是账户式。

3. 利润表是用以反映与企业在一定期间的经营成果（如利润）紧密相关的财务信息的报表。利润表的格式有单步式和多步式两种。我国现行的利润表采用的是多步式。

4. 现金流量表是反映企业一定会计期间现金和现金等价物（以下简称现金）流入和流出情况的报表。现金流量表反映的内容包括经营活动产生的现金流量；投资活动产生的现金流量；筹资活动产生的现金流量。

5. 企业财务报表附注是对在资产负债表、利润表、现金流量表和所有者权益变动表等报表中列示项目的文字描述或明细资料，以及对未能在这些报表中列示项目的说明等。附注是财务报表不可或缺的组成部分。

知识链接：企业虚假年报的识别办法

投资者通过解读年报作出投资决策的前提是假设年报信息都真实可靠，能反映公司的财务状况与经营成果。但遗憾的是无论在国内还是国外，这个前提假设有时很值得怀疑。美国的安然事件、世通丑闻，中国的蓝田股份、银广夏、东方电子等造假事件无不让投资者感到触目惊心。那么如何才能识别虚假年报呢？下面介绍一些方法，希望投资者借此从年报中找出造假的蛛丝马迹。

(1) 观测公司的营业利润及经营活动产生的现金流量。在利润表上做假比在现金流量表上做假要容易得多，前者通过虚开发票、虚构交易很容易完成。如果公司上下合谋，从原材料的购进到产品的销售出库各个环节单证手续齐全，即使注册会计师也很难审计出来；但现金流量就不一样了，如果想虚增现金流量，一方面需要有外部资金进账，另一方面还需银行方面提供齐备的交易记录，但这两点通常是很难办到的。因此投资者可结合利润表中的营业利润与现金流量表中经营活动产生的净现金流来判断公司年报是否存在做假嫌疑。在分析时，投资者可构造比率，用营业利润除以经营活动产生的现金流量，然后做趋势分析，如果比率在不断加大，则基本可以判断公司可能存在问题。这个比率也可与同行业比较，如果与行业平均水平相比相差太大，投资者也应引起警觉。有心的投资者还可参照上面的方法分析净利润及与之对应的现金净流量的关系。计算公式为：与净利润对应的现金净流量 = 经营现金净流量 + 取得投资收益所收到的现金净额 + 处置固定资产、无形资产和其他长期资产收到的现金净额。

(2) 观测是否存在销售收入与营业利润大幅上升，同时存货大幅上升、存货周转率下降的现象。如果存在这种现象，则可能存在虚构销售或少结转成本的可能。

(3) 观测主营业务税金及附加与销售收入的关系。通常主营业务税金及附加与销售收入存在一个比较固定的比率关系，而且在同行业中这个比率也比较接近，如果这个比率波动太大或偏离行业水平太远，则公司的销售收入可能有问题。

(4) 结合公司的投资项目分析对外负债与财务费用的关系。资产负债率高的企业的利息支出通常比较高，但专门为建造固定资产而借入的资金发生的利息支出在满足一定条件下可以资本化，计入固定资产价值。如果公司对外负债很高，但财务费用少，在建工程（在会计报表附注中显示）金额也不多，则可能存在通过滥用利息资本化操控利润的嫌疑。

(5) 关注无形资产。我国会计准则对无形资产的确认比较严格，自行开发取得的无形资产，只将取得时发生的费用确认为无形资产的价值，对于开发过程中的材料费、人工费等直接计入当期损益。因此，如果年报显示的自行开发的无形资产增加过多，则可能存在费用资本化的嫌疑。

另外，如果公司的业绩与行业水平偏离太大，资产重组和关联交易频繁，会计政策与会计估计经常变动，经常出现会计差错更正，投资收益、营业外收支等波动较大等，投资者对其年报的真实性须提高警惕。上述方法可以用来识别可能造假的年报，但不是所有造假的年报都可以用这些方法来识别。因为会计做假的方法和手段很多，不能穷尽，也无法穷尽。真正要消灭虚假会计报表只能靠制度建设、社会诚信等大环境的改善。

资料来源：home. anxue. net

参考文献

[1] 陈国辉，迟旭升. 基础会计. 大连：东北财经大学出版社，2007.

[2] 李海波. 新编会计学原理：基础会计 . 11 版. 上海：立信会计出版社，2006.

[3] 瞿灿鑫，王珏. 基础会计学. 上海：复旦大学出版社，2007.

[4] 刘峰. 会计学基础. 北京：高等教育出版社，2000.

[5] 朱小平，徐泓. 基础会计 . 4 版. 北京：中国人民大学出版社，2005.

[6] 中国注册会计师协会. 会计. 北京：中国财政经济出版社，2008.

[7] 中华人民共和国财政部. 企业会计准则 2006. 北京:经济科学出版社, 2006.
[8] 中华人民共和国财政部. 企业会计准则:应用指南 2006. 北京:中国财政经济出版社, 2006.

复习思考题

1. 财务会计报告的基本构成如何?
2. 编制财务报表具有什么意义?
3. 财务报表的基本种类有哪些?
4. 简述资产负债表的定义及编制方法。
5. 简述利润表的定义、结构及编制方法。

第十二章

会计核算组织程序

◆学习目标◆

1. 了解会计核算组织程序的意义及设计会计核算组织程序的原则；
2. 熟悉会计循环各步骤的主要内容；
3. 掌握各种会计核算组织程序的特点、基本内容、优缺点和适用范围；
4. 掌握科目汇总表和汇总记账凭证的编制方法，以及总分类账的登记方法。

第一节 会计循环

一、会计循环的概念

会计要全面、连续、系统地反映会计主体在一定期间所发生的经济活动，提供有用的会计信息，就必须在各个会计期间，对于采集的各项数据资料进行确认、记录、汇总、编制定期的会计报表，向会计信息的使用者提供会计信息。这种在会计数据处理程序中所包含的依次完成又周而复始的基本步骤，人们称其为会计循环。

会计循环是指从一切交易和经济业务的发生起，通过填制和审核会计凭证、登记账簿，到编制出会计报表为止的一系列会计处理程序。

会计循环是一个完整的会计核算程序的依次继起，在每一个会计期间周而复始，循环不已。

二、会计循环的步骤

（一）确认会计事项，编制会计分录

会计事项又称经济业务，是指能客观地用货币计量，并引起会计要素发生增减变化的经济活动。根据原始凭证所提供的经济数据，进行分析、判断、明确哪些属于非会计事项，哪些属于会计事项，并进一步分析会计事项对哪些具体会计要素发生影响，以及影响的程度，以便加以记录。

明确会计事项后，就要根据原始凭证，按照复式记账原理，编制会计分录，填制记账凭证。

（二）根据会计分录登记有关账户

将记账凭证中所确定的会计分录过入到有关账户中。根据收款凭证和付款凭证登记库存现金日记账和银行存款日记账；根据有关记账凭证登记明细分类账和总分类账。

（三）编制期末账项调整分录，并过入有关分类账户中

每期期末需要对某些账项进行必要的调整，即编制账项调整分录并过入有关分类账中，以便正确地反映本期损益。

（四）编制调整后的试算平衡表

会计期末，将账项调整分录过入有关分类账户后，需要对所有账户的发生额和余额进行试算平衡，编制试算平衡表。

（五）编制结账分录并登记入账

会计期末，将收入、费用账户的余额转入“本年利润”账户，使收入、费用类账户余额为零。年终，再将“本年利润”账户的余额转入“利润分配”账户，结转后“本年利润”账户的余额也为零。

（六）编制结账后的试算平衡表

结账后，对所有账户的发生额和余额再进行试算平衡，以确保账户记录的正确性。

（七）编制会计报表

期末，根据总分类账和明细分类账编制资产负债表、利润表、现金流量表等会计报表。这是会计循环的最后一步工作。

以上七项工作反映了一个会计主体在一定会计期间内的会计核算工作的全部内容，构成了一个完整的会计循环。其中（一）、（二）项工作为日常进行，（三）至（七）项工作为期（月、季、年）末进行。

第二节　会计核算组织程序概述

一、会计核算组织程序的概念和意义

在上一节会计循环中，我们明确了在一个会计期间内会计人员依次完成的会计核算工作，这对于深入认识会计核算工作内容是非常必要的。在实际工作中，为了合理组织会计工作，确保会计信息的及时提供，将各种会计凭证、账簿按一定要求结合起来，就形成了一定的会计核算组织程序。

会计核算组织程序又称会计核算形式或账务处理程序，是指在会计循环中，会计主体采用的凭证和账簿组织、会计报表与记账程序和记账方法有机结合的方式和进行会计核算的程序。其中，凭证与账簿组织是指会计核算所采用的会计凭证和会计账簿的种类、格式、登记方法，以及各种会计凭证之间、各类账簿之间、会计凭证与账簿之间、账簿与会计报表之间的相互关系。记账程序是指从会计凭证的填制、审核和传递到登记账簿再到编制各种会计报表为止的工作顺序和过程。记账方法是指账簿的登记是逐笔登记还是汇总登记，是采用手工操作还是采用计算机操作等技术方法。可见，不同的账簿组织、记账程序和记账方法相互结合在一起，就形成了不同的会计核算组织程序。

在各种不同的会计核算组织程序中，选择适合本单位的会计核算组织程序，是做好会计工作的前提，对于科学组织本单位的会计核算工作具有重要的意义，也是会计部门和会计人员的一项重要工作。具体表现在以下几个方面。

（1）有利于规范会计核算组织工作，保证整个会计核算工作有条不紊地进行；

（2）保证会计记录的及时、准确、完整，从而提高会计核算资料的质量；

（3）减少不必要的核算环节和手续，避免重复，提高会计核算工作的效率；

（4）有利于降低会计核算工作成本。

二、设计会计核算组织程序的原则

各单位要从本单位的具体情况出发，根据经济业务特点等多种因素，选择适合本单位的会计核算组织程序，基本原则如下。

（1）应从本单位的实际情况出发，要与本单位的经济业务性质、规模大小、业务繁简及生产经营管理的要求相适应。

（2）应以保证会计信息质量为立足点。确定会计核算组织程序的目的就是要保证能够准确、及时、完整地向会计信息使用者提供有用的会计信息，因此，会计核算组织程序必须以保证会计信息质量为根本立足点。

（3）应力求降低会计核算成本。在保证会计核算工作质量的前提下，力求简化核算手续，避免不必要的计算和记录工作，从而节约会计核算工作中的人力、物力、财力和会计核算时间，降低会计核算成本。

（4）应有利于建立会计工作岗位责任制。选用的会计核算组织程序，要有利于会计部门和会计人员的分工与合作，有利于明确各会计人员工作岗位的职责。

同时，要将内部控制制度融于其中，有利于不同程序之间相互牵制。

三、会计核算组织程序的种类

会计核算组织程序有以下六种：

（1）记账凭证核算组织程序；

（2）科目汇总表核算组织程序；

（3）汇总记账凭证核算组织程序；

（4）日记总账核算组织程序；

(5) 多栏式日记账核算组织程序；

(6) 分录日记账核算组织程序。

目前，我国会计核算工作中比较常见的是前3种核算组织程序，本章仅介绍前5种核算组织程序。

上述各种会计核算组织程序有许多共同点：

(1) 经济业务发生以后，根据原始凭证或原始凭证汇总表填制记账凭证；

(2) 根据记账凭证逐笔登记库存现金日记账和银行存款日记账；

(3) 根据记账凭证并参考原始凭证或原始凭证汇总表，逐笔登记各种明细分类账；

(4) 根据分类账并参考日记账编制发生额和余额试算平衡表，进行账项的试算平衡；

(5) 根据总分类账和明细分类账的资料编制会计报表。

各种核算组织程序的根本区别是登记总分类账的依据和程序不同。

第三节 记账凭证核算组织程序

一、记账凭证核算组织程序的特点

(一) 记账凭证核算组织程序的定义

记账凭证核算组织程序是根据原始凭证或原始凭证汇总表填制的记账凭证直接逐笔地登记总分类账的一种会计核算形式。它是一种最基本的会计核算形式，其他类型的核算程序都是在此基础上发展演变而来的。

(二) 凭证和账簿组织

在记账凭证核算组织程序下，记账凭证一般采用收款凭证、付款凭证和转账凭证专用记账凭证，也可以采用通用记账凭证。账簿的设置一般包括库存现金日记账、银行存款日记账、总分类账和明细分类账。总分类账和日记账一般采用三栏式，明细账可根据核算的需要，采用三栏式、数量金额式或多栏式。

(三) 记账凭证核算组织程序的特点

记账凭证核算组织程序的特点是：直接根据记账凭证逐笔登记总分类账。这是它与其他核算程序截然不同的做法，是此核算程序的一个鲜明的特点。

二、记账凭证核算组织程序下账务处理的基本步骤

（1）经济业务发生后，根据原始凭证或原始凭证汇总表填制记账凭证；

（2）根据收款凭证、付款凭证逐笔登记库存现金日记账和银行存款日记账；

（3）根据记账凭证并参考所附原始凭证或原始凭证汇总表，登记各种明细分类账；

（4）根据记账凭证直接逐笔登记总分类账；

（5）月末，将库存现金日记账、银行存款日记账和各种明细分类账的余额与总分类账的余额进行核对；

（6）月末，根据核对无误的总账与明细账的记录编制会计报表。

记账凭证核算组织程序下账务处理的基本步骤如图 12-1 所示。

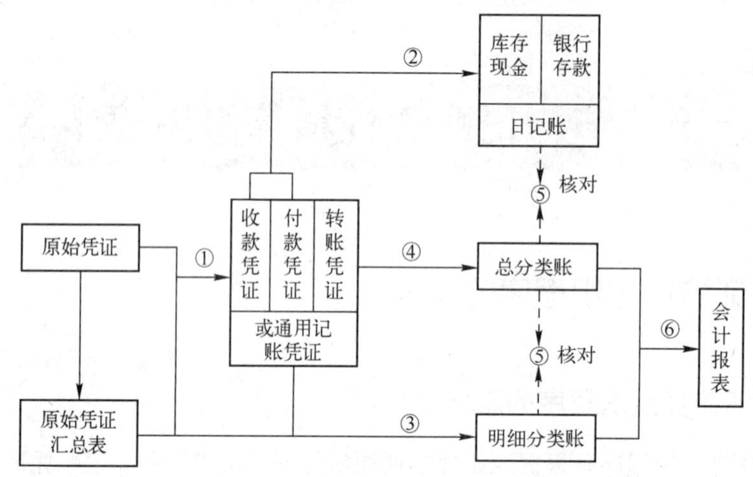

图 12-1　记账凭证会计组织核算程序流程图

三、记账凭证核算组织程序的优缺点及适用范围

（一）记账凭证核算组织程序的优点

（1）在总分类账中能详细地反映经济业务的来龙去脉。由于根据记账凭证直接逐笔登记总分类账，因此总账能够全面记录经济业务的发生情况，直观地反映会计处理的全过程。

（2）账户对应关系清晰，便于查账。在每一张记账凭证上，能清晰反映账户之间的对应关系，直接根据记账凭证登记的总分类账，起到了全部经济业务完整分类、序时记录的作用，账户之间的对应关系能一目了然，方便了查阅账目。

（3）总分类账记账方法简单，易于掌握。总分类账与明细分类账的登记方法一样，都是直接

根据记账凭证登账，核算中环节较少，便于操作，因而也是一种最易于掌握的账户登记方法。

(二) 记账凭证核算组织程序的缺点

(1) 总分类账登记工作量大。总分类账是直接根据记账凭证逐笔登记的，实际上是与明细账的一种重复登记，故而，记账工作量大。尤其对于凭证数量多的企业来说，登记总账的工作量过大，登记的工作效率和工作质量难以保证。

(2) 不便于对会计工作进行分工。

(三) 记账凭证核算组织程序的适用范围

由于记账凭证核算组织程序的缺点，所以它一般只适用于规模小、经济业务量较少、记账凭证数量不多的单位。

四、记账凭证核算组织程序举例

为了便于理解记账凭证核算组织程序的特点，掌握其在会计核算工作中的运用，下面以制造企业在生产经营过程中常见的经济业务为例，说明记账凭证核算组织程序的具体应用。

【例 12-1】　华江公司 2009 年 8 月 1 日全部总分类账户及部分有关明细账户的余额如表 12-1 所示。

表 12-1

总分类账及部分有关明细分类账期初余额表

资产类账户	借方	贷方	负债及所有者权益类账户	借方	贷方
库存现金	2500		短期借款		140 000
银行存款	600 000		应付账款		93 500
应收账款	172 000		其中：南方公司		85 000
其他应收款	800		远洋公司		8 500
原材料	240 000		应付职工薪酬		9 000
其中：甲材料（100 吨，900 元/吨）	90 000		应交税费		2 000
乙材料（250 吨，600 元/吨）	150 000		长期借款		100 000
库存商品	270 000				
固定资产	186 000		盈余公积		55 000
生产成本—A 产品	52 500		实收资本		800 000
累计折旧		94 300	本年利润		200 000
无形资产	10 000		利润分配		40 000
合计	1 533 800		合计		1 533 800

华江公司 2009 年 8 月发生下列经济业务。

（1）1 日，以库存现金购买办公用品 500 元。

（2）2 日，开出现金支票从银行提取现金 4 000 元备用。

（3）3 日，从银行取得 3 个月借款 80 000 元，已存入银行。

（4）4 日，采购员张丰预借差旅费 2 500 元，以库存现金支付。

（5）4 日，向海风公司销售 A 产品 2 500 件，每件售价 95 元，货款 237 500 元和增值税款 40 375 元已收到存入银行。

（6）5 日，以银行存款 85 000 元支付前欠南方公司货款。

（7）7 日，向南方公司购入甲材料 10 吨，单价 900 元，货款 9 000 元和增值税 1 530 元，货款用银行存款支付，材料已验收入库。

（8）10 日，向远洋公司购入乙材料 20 吨，单价 600 元，货款 12 000 元和增值税 2 040 元，货款尚未支付，材料已到达验收入库。

（9）15 日，以银行存款支付本月的产品销售费用 15 000 元。

（10）16 日，向信达公司销售 B 产品 1 000 件，每件售价 130 元，增值税 22 100 元，货款尚未收到。

（11）16 日，采购员张丰出差回来报销差旅费 2 300 元，余款退回现金。

（12）17 日，生产 A 产品领用甲材料 15 吨，900 元/吨；领用乙材料 8 吨，600 元/吨。生产 B 产品领用甲材料 25 吨，900 元/吨；领用乙材料 20 吨，600 元/吨。

（13）17 日，通知银行转账 150 000 元，发放工资。

（14）25 日，开出转账支票一张，支付车间水电费 2 200 元。

（15）31 日，分配本月工资 150 000 元，其中，A、B 产品生产工人工资分别为 50 000 元、50 000 元，车间管理人员工资 20 000 元，厂部管理人员工资 30 000 元。同时，按工资总额的 14% 计提职工福利费。

（16）31 日，计提本月固定资产折旧，其中生产车间 15 000 元，厂部 5 000 元。

（17）31 日，结转本月发生的制造费用（按 A、B 两种产品的生产工人工资的比例分配）。

（18）31 日，本月 A 产品全部完工，结转其完工成本（包括上月未完工成本）。

（19）31 日，结转已售 A 产品的生产成本 125 000 元，B 产品的生产成本 100 000 元。

（20）31 日，按规定计算应交纳城市维护建设税 4 360 元。

（21）31 日，结转本月收支至“本年利润”账户。

（22）31 日，根据本期实现的利润总额按 25% 计算并结转应交所得税。

根据上述经济业务编制收、付款凭证和转账凭证如表 12-2 所示（以会计分录代替记账凭证）。

表 12-2

会计分录表（代记账凭证）

单位：元

2009 年		凭证		摘　要	会计科目		借方金额	贷方金额
月	日	字	号		总账科目	明细科目		
8	1	现付	1	略 (1)	管理费用 库存现金	办公费	500	 500
8	2	银付	1	(2)	库存现金 银行存款		4 000	 4 000
8	3	银收	1	(3)	银行存款 短期借款		80 000	 80 000
8	4	现付	2	(4)	其他应收款 库存现金	张丰	2 500	 2 500
8	5	银收	2	(5)	银行存款 主营业务收入 应交税费	 增（销项税）	277 875	 237 500 40 375
8	5	银付	2	(6)	应付账款 银行存款	南方公司	85 000	 85 000
8	7	银付	3	(7)	原材料 应交税费 银行存款	甲材料 增（进项税）	9 000 1 530	 10 530
8	10	转账	1	(8)	原材料 应交税费 应付账款	乙材料 增（进项税） 远洋公司	12 000 2 040	 14 040
8	15	银付	4	(9)	销售费用 银行存款		15 000	 15 000
8	16	转账	2	(10)	应收账款 主营业务收入 应交税费	信达公司 增（销项税）	152 100	 130 000 22 100
8	16	转账	3	(11)	管理费用 其他应收款	差旅费 张丰	2 300	 2 300
8	16	现收	1	(11)	库存现金 其他应收款	 张丰	200	 200
8	17	转账	4	(12)	生产成本 原材料	A 产品 B 产品 甲材料 乙材料	18 300 34 500	 36 000 16 800

续表

2009年		凭证		摘要	会计科目		借方金额	贷方金额
月	日	字	号		总账科目	明细科目		
8	17	银付	5	(13)	应付职工薪酬 银行存款	工资	150 000	 150 000
8	25	银付	6	(14)	制造费用 银行存款	水电费	2 200	 2 200
8	31	转账	5	(15)	生产成本 制造费用 管理费用 应付职工薪酬	A产品 B产品 工资 工资	50 000 50 000 20 000 30 000	 150 000
8	31	转账	6	(15)	生产成本 制造费用 管理费用 应付职工薪酬	A产品 B产品 福利费 福利费 职工福利	7 000 7 000 2 800 4 200	 21 000
8	31	转账	7	(16)	制造费用 管理费用 累计折旧	折旧费 折旧费	15 000 5 000	 20 000
8	31	转账	8	(17)	生产成本 制造费用	A产品 B产品	20 000 20 000	 40 000
8	31	转账	9	(18)	库存商品 生产成本	A产品 A产品	147 800	 147 800
8	31	转账	10	(19)	主营业务成本 库存商品	A产品 B产品 A产品 B产品	125 000 100 000	 125 000 100 000
8	31	转账	11	(20)	营业税金及附加 应交税费		4 360	 4 360
8	31	转账	12	(21)	主营业务收入 本年利润		367 500	 367 500
8	31	转账	13	(21)	本年利润 主营业务成本 管理费用 销售费用 营业税金及附加		286 360	 225 000 42 000 15 000 4 360
8	31	转账	14	(22)	所得税费用 应交税费		20 285	 20 285
8	31	转账	15	(22)	本年利润 所得税费用		20 285	 20 285

根据收、付款凭证（或通用记账凭证）由出纳人员逐笔登记库存现金日记账和银行存款日记账如表 12-3 和表 12-4 所示。

表 12-3

库存现金日记账

2009 年		凭证		摘要	对方科目	借方	贷方	余额
月	日	字	号					
8	1			期初余额				2 500
8	1	现付	1	略	管理费用		500	2 000
8	2	银付	1	略	银行存款	4 000		6 000
8	4	银付	2	略	其他应收款		2 500	3 500
8	16	现收	1	略	其他应收款	200		3 700
8	31			本月合计		4 200	3 000	3 700

表 12-4

银行存款日记账

2009 年		凭证		摘要	对方科目	借方	贷方	余额
月	日	字	号					
8	1			期初余额				600 000
8	2	银付	1	略	库存现金		4 000	596 000
8	3	银收	1	略	短期借款	80 000		676 000
8	5	银收	2	略	主营业务收入	237 500		913 500
8	5	银收	2	略	应交税费	40 375		953 875
8	5	银付	2	略	应付账款		85 000	868 875
8	7	银付	3	略	原材料等		10 530	858 345
8	15	银付	4	略	销售费用		15 000	843 345
8	17	银付	5	略	应付职工薪酬		150 000	693 345
8	25	银付	6	略	制造费用		2 200	691 145
8	31			本月合计		357 875	266 730	691 145

根据上述记账凭证由会计人员登记有关明细分类账如表12-5至表12-8所示。

表 12-5

原材料明细分类账

材料名称：甲材料　　计量单位：吨　　金额单位：元

2009年		凭证号数	摘要	收入			发出			结存		
月	日			数量	单价	金额	数量	单价	金额	数量	单价	金额
8	1		余额							100	900	90 000
8	7	银付3	购入	10	900	9 000				110	900	99 000
8	17	转4	领用				40	900	36 000	70	900	63 000
8	31		月计	10	900	9 000	40	900	36 000	70	900	63 000

表 12-6

原材料明细分类账

材料名称：乙材料　　计量单位：吨　　金额单位：元

2009年		凭证号数	摘要	收入			发出			结存		
月	日			数量	单价	金额	数量	单价	金额	数量	单价	金额
8	1		余额							250	600	150 000
8	10	转1	购入	20	600	12 000				270	600	162 000
8	17	转4	领用				28	600	16 800	242	600	145 200
8	31		月计	20	600	12 000	28	600	16 800	242	600	145 200

表 12-7

应付账款明细分类账

账户名称：南方公司

2009年		凭证		摘要	借方	贷方	借或贷	余额
月	日	字	号					
8	1			期初余额			贷	85 000
8	5	银付	2	偿还欠款	85 000		平	0
8	31			月计	85 000		平	0

表 12-8

应付账款明细分类账

账户名称：远洋公司

2009年		凭证		摘要	借方	贷方	借或贷	余额
月	日	字	号					
8	1			期初余额			贷	8 500
8	10	转账	1	略		14 040	贷	22 540
8	31			月计		14 040	贷	22 540

根据上述记账凭证由会计人员逐笔登记总分类账如表 12-9 至表 12-16 所示（其他账户略）。

表 12-9

库存现金总分类账

2009 年		凭　证		摘　要	借　方	贷　方	借或贷	余　额
月	日	字	号					
8	1			期初余额			借	2 500
8	1	现付	1	略		500	借	2 000
8	2	银付	1	略	4 000		借	6 000
8	4	现付	2	略		2 500	借	3 500
8	16	现收	1	略	200		借	3 700
8	31			月　计	4 200	3 000	借	3 700

表 12-10

银行存款总分类账

2009 年		凭　证		摘　要	借　方	贷　方	借或贷	余　额
月	日	字	号					
8	1			期初余额			借	600 000
8	2	银付	1	略		4 000	借	596 000
8	3	银收	1	略	80 000		借	676 000
8	5	银收	2	略	277 875		借	953 875
8	5	银付	2	略		85 000	借	868 875
8	7	银付	3	略		10 530	借	858 345
8	15	银付	4	略		15 000	借	843 345
8	17	银付	5	略		150 000	借	693 345
8	25	银付	6	略		2 200	借	691 145
8	31			月　计	357 875	266 730	借	691 145

表 12-11

原材料总分类账

2009 年		凭　证		摘　要	借　方	贷　方	借或贷	余　额
月	日	字	号					
8	1			期初余额			借	240 000
8	7	银付	3	略	9 000		借	249 000
8	10	转账	1	略	12 000		借	261 000
8	17	转账	4	略		52 800	借	208 200
8	31			月　计	21 000	52 800	借	208 200

表 12-12

生产成本总分类账

2009 年		凭证		摘要	借方	贷方	借或贷	余额
月	日	字	号					
8	1			期初余额			借	52 500
8	17	转账	4	略	52 800		借	105 300
8	31	转账	5	略	100 000		借	205 300
8	31	转账	6	略	14 000		借	219 300
8	31	转账	8	略	40 000		借	259 300
8	31	转账	10	略		147 800	借	111 500
8	31			月计	206 800	147 800	借	111 500

表 12-13

应付账款总分类账

2009 年		凭证		摘要	借方	贷方	借或贷	余额
月	日	字	号					
8	1			期初余额			贷	93 500
8	5	银付	2	略	85 000		贷	8 500
8	10	转账	1	略		14 040	贷	22 540
8	31			月计	85 000	14 040	贷	22 540

表 12-14

本年利润总分类账

2009 年		凭证		摘要	借方	贷方	借或贷	余额
月	日	字	号					
8	1			期初余额			贷	200 000
8	31	转账	12	略		367 500	贷	567 500
8	31	转账	13	略	286 360		贷	281 140
8	31	转账	15	略	20 285		贷	260 855
8	31			月计	306 645	367 500	贷	260 855

表 12-15

主营业务收入总分类账

2009 年		凭证		摘要	借方	贷方	借或贷	余额
月	日	字	号					
8	5	银收	2	略		237 500	贷	237 500
8	16	转账	2	略		130 000	贷	367 500
8	31	转账	12	略	367 500		平	0
8	31			月计	367 500	367 500	平	0

表 12-16

主营业务成本总分类账

2009 年		凭　证		摘　要	借　方	贷　方	借或贷	余　额
月	日	字	号					
8	31	转账	10	略	225 000		借	225 000
8	31	转账	13	略		225 000	平	0
8	31			月　计	225 000	225 000	平	0

定期将库存现金日记账和银行存款日记账与其总账相核对；有关总分类账发生额及余额与其所属的明细分类账的记录相核对，编制明细账户发生额及余额试算表（见表 12-17），以原材料为例，其他略。

表 12-17

总分类账与明细分类账发生额及余额对照表

2009 年 8 月 31 日　　金额：元

账户名称	月初余额		本月发生额		月末余额	
	借方	贷方	借方	贷方	借方	贷方
原材料总账	240 000		21 000	52 800	208 200	
原材料明细账	240 000		21 000	52 800	208 200	
其中：甲材料	90 000		9 000	36 000	63 000	
乙材料	150 000		12 000	16 800	145 200	

根据上述总分类账的记录，编制总分类账户发生额及余额试算表如表 12-18 所示。

表 12-18

总分类账本期发生额及余额试算平衡表

单位：华江公司　　2009 年 8 月 31 日　　金额：元

账户名称	期初余额		本期发生额		期末余额	
	借方	贷方	借方	贷方	借方	贷方
库存现金	2 500		4 200	3 000	3 700	
银行存款	600 000		357 875	266 730	691 145	
应收账款	172 000		152 100		324 100	
其他应收款	800		2 500	2 500	800	
原材料	240 000		21 000	52 800	208 200	
库存商品	270 000		147 800	225 000	192 800	
固定资产	186 000				186 000	

续表

账户名称	期初余额		本期发生额		期末余额	
	借方	贷方	借方	贷方	借方	贷方
累计折旧		94 300		20 000		114 300
无形资产	10 000				10 000	
生产成本	52 500		206 800	147 800	111 500	
制造费用			40 000	40 000		
短期借款		140 000		80 000		220 000
应付账款		93 500	85 000	14 040		22 540
应付职工薪酬		9 000	150 000	171 000		30 000
应交税费		2 000	3 570	87 120		85 550
长期借款		100 000				100 000
实收资本		800 000				800 000
盈余公积		55 000				55 000
本年利润		200 000	306 645	367 500		260 855
利润分配		40 000				40 000
主营业务收入			367 500	367 500		
主营业务成本			225 000	225 000		
营业税金及附加			4 360	4 360		
管理费用			42 000	42 000		
销售费用			15 000	15 000		
所得税费用			20 285	20 285		
合计	1 533 800	1 533 800	2 151 635	2 151 635	1 728 245	1 728 245

月末，根据总账与明细账的资料编制财务会计报告。(案例略)

第四节　科目汇总表核算组织程序

一、科目汇总表核算组织程序的特点

(一) 科目汇总表核算组织程序的定义

科目汇总表核算组织程序，又称记账凭证汇总表核算形式，它是定期 (5 天或 10 天) 将记账凭证汇总编制科目汇总表，然后再根据科目汇总表登记总分类账的一种会计核算形式。

（二）凭证和账簿组织

在科目汇总表核算组织程序下，记账凭证一般采用收款凭证、付款凭证和转账凭证专用记账凭证，也可以采用通用记账凭证。除了设置记账凭证外，还要求设置科目汇总表。账簿的设置没有特殊的要求，一般包括库存现金日记账、银行存款日记账、总分类账和明细分类账。总分类账和日记账一般采用三栏式，明细账可根据核算的需要，采用三栏式、数量金额式或多栏式。

（三）科目汇总表核算组织程序的特点

科目汇总表核算组织程序的特点是：先定期将记账凭证汇总编制成科目汇总表，再根据科目汇总表登记总分类账。这是它与其他核算程序截然不同的做法，是此核算程序的一个鲜明的特点。

二、科目汇总表的格式和编制方法

（一）科目汇总表的格式

科目汇总表的格式，企业可以根据实际情况自行设计。一般有以下两种格式的科目汇总表，如表 12-19 和表 12-20 所示。如果经济业务量比较大，每几日（如 5 天）汇总一次，可以采用表 12-19（格式一），即每月编制若干张科目汇总表；如果经济业务量不太大，可按旬（10 天）汇总，采用表 12－20（格式二），即每十天定期汇总一次，每月编制一张科目汇总表。记账凭证较少的单位，也可以每月汇总一次。

表 12-19

科目汇总表（格式一）

年　月　日至　日　　　　第　号

会 计 科 目	本期发生额		记账凭证起讫号数
	借方	贷方	
合计			

会计主管：　　记账：　　审核：　　制单：

表 12-20

科目汇总表（格式二）

年　月　　　　第　号

会计科目	1日至10日		11日至20日		21日至30日		本月合计	
	借方	贷方	借方	贷方	借方	贷方	借方	贷方
合计								

会计主管：　　记账：　　审核：　　制单：

（二）科目汇总表的编制方法

（1）确定汇总的起讫时间（一般逢5、旬或按月）；

（2）将汇总期内所涉及的会计科目按一定顺序填列在表内的“会计科目”栏内；

（3）将汇总期内全部记账凭证按照相同的会计科目归类汇总（可采用“T”字账户作为工作底稿）；

（4）计算出每一个会计科目的借、贷方发生额后，分别填入表内各相应会计科目的“借方”和“贷方”栏内；

（5）分别加计各会计科目借方发生额合计和贷方发生额合计，填入表内“合计”栏内，并进行试算平衡。

在科目汇总表核算组织程序下，可以直接根据每次汇总编制的科目汇总表随时登记总分类账，也可以在月末一次登记。

三、科目汇总表核算组织程序下账务处理的基本步骤

（1）经济业务发生后，根据原始凭证或原始凭证汇总表填制记账凭证；

（2）根据收款凭证、付款凭证逐笔登记库存现金日记账和银行存款日记账；

（3）根据记账凭证并参考所附原始凭证或原始凭证汇总表，登记各种明细分类账；

（4）根据记账凭证定期编制科目汇总表；

（5）根据科目汇总表定期登记总分类账；

（6）月末，将库存现金日记账、银行存款日记账和各种明细分类账的余额与总分类账的余额进行核对；

（7）月末，根据核对无误的总账与明细账的记录编制会计报表。

科目汇总表核算组织程序下账务处理的基本步骤如图 12-2 所示。

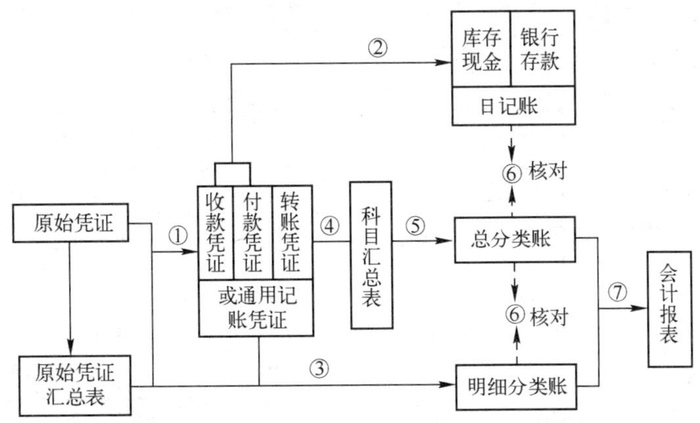

图 12-2　科目汇总表核算组织程序流程图

四、科目汇总表核算组织程序的优缺点及适用范围

（一）科目汇总表核算组织程序的优点

（1）汇总方法比较简单，易于理解；

（2）根据定期汇总编制的科目汇总表登记总账，减少了总账的登记工作量；

（3）登记总账前即可通过科目汇总表进行试算平衡，以便及时发现记账错误。

（二）科目汇总表核算组织程序的缺点

（1）多了一道编制科目汇总表的手续，如果单位经济业务较少，凭证不多，就不能起到简化的作用；

（2）总账记录成为综合性数据，不再反映每笔业务的对应关系，不便于了解经济业务的来龙去脉，从而不便于查对账目和进行会计分析。

（三）科目汇总表核算组织程序的适用范围

由于科目汇总表核算组织程序存在上述优缺点，因此它一般适用于规模较大、经济业务较多的企事业单位。它是一种在实际工作中使用最普便的会计核算程序，绝大多数企业都可以采用。

五、科目汇总表核算组织程序举例

（一）根据记账凭证编制科目汇总表

根据本章第三节所举实例中填制的记账凭证编制科目汇总表的工作底稿，如图 12-3 所示，工作底稿采用“T”型账户的形式。该企业是按旬进行汇总，根据每次汇总结果，登记总分类账。为简化核算工作，本例中三次汇总集中在一个“T”型账户中完成，每旬小计一次。

2009 年 8 月

库存现金

10日	4 000	500
		2 500
10日小计	4 000	3 000
20日	200	

银行存款

10日	80 000	4 000
	277 875	85 000
		10 530
10日小计	357 875	99 530
20日		15 000
		150 000
20日小计		165 000
31日		2 200

应收账款

20日	152 100	

其他应收款

10日	2 500	
20日		2 300
		200
20日小计		2 500

原材料

10日	9 000	
	12 000	
10日小计	21 000	
20日		52 800

库存商品

31日	147 800	225 000

应付账款

10日	85 000	14 040

应付职工薪酬

20日	150 000	
31日		150 000
		21 000
31日小计		171 000

应交税费

10日	1 530	40 375
	2 040	
10日小计	3 570	40 375
20日		22 100
31日		4 360
		20 285
31日小计		24 645

本年利润

31日	286 360	367 500
	20 285	
31日小计	306 645	367 500

图 12-3　科目汇总表工作底稿

累计折旧

借方	贷方
31日	20 000

制造费用

借方	贷方
31日　2 200	
20 000	
2 800	
15 000	40 000
31日小计　40 000	40 000

生产成本

借方	贷方
20日　52 800	
31日　100 000	147 800
14 000	
40 000	
31日小计　154 000	147 800

短期借款

借方	贷方
10日	80 000

主营业务收入

借方	贷方
10日	237 500
20日	130 000
31日　367 500	

主营业务成本

借方	贷方
31日　225 000	225 000

营业税金及附加

借方	贷方
31日　4 360	4 360

管理费用

借方	贷方
10日　500	
20日　2 300	
31日　30 000	
4 200	
5 000	42 000
小计　39 200	42 000

销售费用

借方	贷方
20日　15 000	
31日	15 000

所得税费用

借方	贷方
31日　20 285	20 285

图 12-3　科目汇总表工作底稿（续）

每 10 天编制一次科目汇总表，如表 12-21 所示。

表 12-21

科目汇总表

金额：元

会计科目	1日至10日		11日至20日		21日至31日		本月合计	
	借方	贷方	借方	贷方	借方	贷方	借方	贷方
库存现金	4 000	3 000	200				4 200	3 000
银行存款	357 875	99 530		165 000		2 200	357 875	266 730
应收账款			152 100				152 100	
其他应收款	2 500			2 500			2 500	2 500

续表

会计科目	1日至10日		11日至20日		21日至31日		本月合计	
	借方	贷方	借方	贷方	借方	贷方	借方	贷方
原材料	21 000			52 800			21 000	52 800
库存商品					147 800	225 000	147 800	225 000
固定资产								
累计折旧						20 000		20 000
无形资产								
生产成本			52 800		154 000	147 800	206 800	147 800
制造费用					40 000	40 000	40 000	40 000
短期借款		80 000						80 000
应付账款	85 000	14 040					85 000	14 040
应付职工薪酬			150 000			171 000	150 000	171 000
应交税费	3 570	40 375		22 100		24 645	3 570	87 120
本年利润					306 645	367 500	306 645	367 500
主营业务收入		237 500		130 000	367 500		367 500	367 500
主营业务成本					225 000	225 000	225 000	225 000
营业税金及附加					4 360	4 360	4 360	4 360
管理费用	500		2 300		39 200	42 000	42 000	42 000
销售费用			15 000			15 000	15 000	15 000
所得税费用					20 285	20 285	20 285	20 285
合计	474 445	474 445	372 400	372 400	1304 790	1304 790	2151 635	2151 635

会计主管：　　记账：　　审核：　　制单：

（二）根据科目汇总表登记总账

仅以库存现金、银行存款、应付账款、本年利润、主营业务收入五个总分类账为例介绍在科目汇总表核算形式下总分类账的登记方法，如表12-22至12-26所示，其余账户略。

表12-22

库存现金总分类账

2009年		凭证字号		摘要	借方	贷方	借或贷	余额
月	日	字	号					
8	1			期初余额			借	2 500
8	10	科汇	1	略	4 000	3 000		
8	20	科汇	2		200			
8	31			月　计	4 200	3 000	借	3 700

表 12-23

银行存款总分类账

2009 年		凭证字号		摘要	借方	贷方	借或贷	余额
月	日	字	号					
8	1			期初余额			借	600 000
8	10	科汇	1	略	357 875	99 530		
8	20	科汇	2			165 000		
8	31	科汇	3			2 200		
8	31			月　计	357 875	266 730	借	691 145

表 12-24

应付账款总分类账

2009 年		凭证字号		摘要	借方	贷方	借或贷	余额
月	日	字	号					
8	1			期初余额			贷	93 500
8	10	科汇	1	略	85 000	14 040		
8	31			月　计	85 000	14 040	贷	22 540

表 12-25

本年利润总分类账

2009 年		凭证字号		摘要	借方	贷方	借或贷	余额
月	日	字	号					
8	1			期初余额			贷	200 000
8	31	科汇	3	略	306 645	367 500		
8	31			月　计	306 645	367 500	贷	260 855

表 12-26

主营业务收入总分类账

2009 年		凭证字号		摘要	借方	贷方	借或贷	余额
月	日	字	号					
8	10	科汇	1	略		237 500		
8	20	科汇	2			130 000		
8	31	科汇	3		367 500			
8	31			月　计	367 500	367 500	平	0

第五节　汇总记账凭证核算组织程序

一、汇总记账凭证核算组织程序的特点

（一）汇总记账凭证核算组织程序的定义

汇总记账凭证核算组织程序是定期（5 天或 10 天）将所有记账凭证进行汇总，编制成汇总记账凭证，然后再根据汇总记账凭证登记总分类账的一种会计核算形式。

（二）凭证和账簿组织

在汇总记账凭证核算组织程序下，记账凭证必须采用收款凭证、付款凭证和转账凭证专用格式的记账凭证，除了设置记账凭证外，还要求设置汇总收款凭证、汇总付款凭证和汇总转账凭证。账簿的设置没有特殊的要求，一般包括库存现金日记账、银行存款日记账、总分类账和明细分类账。总分类账和日记账一般采用三栏式，明细账可根据核算的需要，采用三栏式、数量金额式或多栏式。

（三）汇总记账凭证核算组织程序的特点

汇总记账凭证核算组织程序的特点是：先根据记账凭证定期编制汇总记账凭证，然后根据汇总记账凭证登记总账。显然，汇总记账凭证核算程序与科目汇总表核算程序的相同之处都是设置一种具有汇总性质的凭证，汇总一定时期（若干天）的记账凭证，然后据以登记总分类账。

二、汇总记账凭证的格式和编制方法

（一）汇总收款凭证

分别以“库存现金”、“银行存款”为借方科目开设，根据“库存现金收款凭证”和“银行存款收款凭证”的贷方科目定期汇总编制。根据需要，通常是定期 5 天或 10 天汇总填制一次，每月编制一张汇总收款凭证。月末，将库存现金和银行存款汇总收款凭证中每个贷方科目的合计数计算出来，分别登记到相应总分类账户的贷方；同时，根据汇总收款凭证所有贷方科目的合计数登记“库存现金”、“银行存款”总分类账户的借方。由此可见，汇总收款凭证反映一定期间内库存现金、银行存款科目的借方发生额，以及与其相对应的贷方科目发生额。格式如表 12–27 所示。

表 12-27

汇总收款凭证

借方科目：库存现金/银行存款　　　　年　　月　　　　汇收第　　号

贷方科目	金额				总账页数	
	1日至10日	11日至20日	21日至31日	合计		
合计						

会计主管：　　记账：　　审核：　　制单：

（二）汇总付款凭证

分别以“库存现金”、“银行存款”为贷方科目开设，根据“库存现金付款凭证”和“银行存款付款凭证”贷方科目定期汇总编制。根据需要，通常是定期5天或10天汇总填制一次，每月编制一张汇总付款凭证。月末，将库存现金和银行存款汇总付款凭证中每个借方科目的合计数计算出来，分别登记到相应总分类账户的借方；同时，根据汇总付款凭证所有借方科目的合计数登记“库存现金”、“银行存款”总分类账户的贷方。

由此可见，汇总付款凭证反映一定期间内库存现金、银行存款账户的贷方发生额，以及与其相对应的借方科目发生额。格式如表12-28所示。

表 12-28

汇总付款凭证

贷方科目：库存现金/银行存款　　　　年　　月　　　　汇付第　　号

借方科目	金额				总账页数	
	1日至10日	11日至20日	21日至31日	合计		
合计						

会计主管：　　记账：　　审核：　　制单：

（三）汇总转账凭证

按每个科目（“库存现金”、“银行存款”除外）的贷方分别开设，根据转账凭证借方科目汇总填制。同样地，通常是定期5天或10天汇总填制一次，每月编制一张汇总转账凭证。月末，将汇总转账凭证中每个借方科目的合计数计算出来，分别登记到相应总分类账户的借方；同时，根据汇总转账凭证所有借方科目的合计数登记汇总凭证应贷账户的贷方。

由于汇总转账凭证是按转账凭证的贷方科目设置，因此为了便于汇总，平时应编制一借一贷或多借一贷的转账凭证，不宜编制一借多贷或多借多贷的转账凭证。格式如表 12-29 所示。

表 12-29

汇总转账凭证

贷方科目：　　　　　　　　　　年　　月　　　　　　　　汇转第　　号

借方科目	金额				总账页数	
	1 日至 10 日	11 日至 20 日	21 日至 31 日	合计		
合计						

会计主管：　　　　记账：　　　　审核：　　　　制单：

对于期末账项调整业务，每个月只发生一次，为了简化汇总手续，可以不编汇总转账凭证，直接根据转账凭证登记总账。

三、汇总记账凭证核算组织程序下账务处理的基本步骤

（1）经济业务发生后，根据原始凭证或原始凭证汇总表填制记账凭证；

（2）根据收款凭证、付款凭证逐笔登记库存现金日记账和银行存款日记账；

（3）根据记账凭证并参考所附原始凭证或原始凭证汇总表，登记各种明细分类账；

（4）根据记账凭证定期编制汇总记账凭证；

（5）月末，根据汇总记账凭证登记总分类账；

（6）月末，将库存现金日记账、银行存款日记账和各种明细分类账的余额与总分类账的余额进行核对；

（7）月末，根据核对无误的总账与明细账的记录编制会计报表。

汇总记账凭证核算组织程序下账务处理的基本步骤如图 12-4 所示。

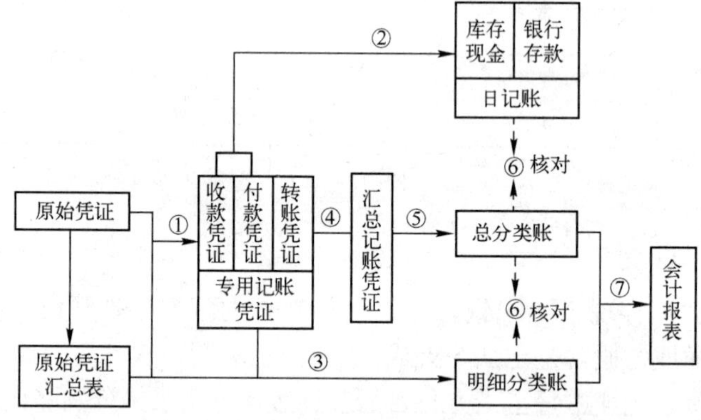

图 12-4　汇总记账凭证核算组织程序流程图

四、汇总记账凭证核算组织程序的优缺点及适用范围

(一) 汇总记账凭证核算组织程序的优点

(1) 根据定期汇总编制的汇总记账凭证，于月末一次登记总账，减少了登记总账的工作量。

(2) 记账凭证进行分类汇总，在汇总记账凭证中能反映账户之间的对应关系，便于查对账目和进行会计分析。

(二) 汇总记账凭表核算组织程序的缺点

(1) 汇总手续较复杂，汇总记账凭证的编制工作量大。

(2) 汇总转账凭证按转账凭证的贷方科目而不是按经济业务进行分类、汇总，因而，不利于会计核算工作的合理分工。

(3) 总账中的记录比较简略，不能具体反映企业的经济活动。

(三) 汇总记账凭证核算组织程序的适用范围

由于汇总记账凭证核算组织程序存在上述优缺点，因此它一般适用于规模较大、经济业务较多、会计分工较细的企事业单位。

五、汇总记账凭证核算组织程序举例

(一) 根据记账凭证编制汇总记账凭证

根据本章第三节所举实例中填制的记账凭证编制部分汇总记账凭证如表 12–30 至 12–34 所示，对于贷方科目不多的转账凭证，不再填制汇总转账凭证，直接根据转账凭证登记总分类账。

(1) 汇总库存现金收款凭证的填制，如表 12–30 所示。

表 12–30

汇总收款凭证

借方科目：库存现金　　　　2009 年 8 月　　　　汇收第 1 号

贷方科目	金额				总账页数	
	1 日至 10 日	11 日至 20 日	21 日至 31 日	合计		
其他应收款		200		200		
合计		200		200		

会计主管：　　记账：　　审核：　　制单：

（2）汇总银行存款收款凭证的填制，如表 12-31 所示。

表 12-31

汇总收款凭证

借方科目：银行存款　　2009 年 8 月　　汇收第 2 号

贷方科目	金额				总账页数	
	1 日至 10 日	11 日至 20 日	21 日至 31 日	合计		
短期借款	80 000			80 000		
主营业务收入	237 500			237 500		
应交税费	40 375			40 375		
合计	357 875			357 875		

会计主管：　　记账：　　审核：　　制单：

（3）汇总库存现金付款凭证的填制，如表 12-32 所示。

表 12-32

汇总付款凭证

贷方科目：库存现金　　2009 年 8 月　　汇付第 1 号

借方科目	金额				总账页数	
	1 日至 10 日	11 日至 20 日	21 日至 31 日	合计		
管理费用	500			500		
其他应收款	2 500			2 500		
合计	3 000			3 000		

会计主管：　　记账：　　审核：　　制单：

（4）汇总银行存款付款凭证的填制，如表 12-33 所示。

表 12-33

汇总付款凭证

贷方科目：银行存款　　2009 年 8 月　　汇付第 2 号

借方科目	金额				总账页数	
	1 日至 10 日	11 日至 20 日	21 日至 31 日	合计		
库存现金	4 000			4 000		
应付账款	85 000			85 000		
原材料	9 000			9 000		
应交税费	1 530			1 530		
销售费用		15 000		15 000		
应付职工薪酬		150 000		150 000		
制造费用			2 200	2 200		
合计	99 530	165 000	2 200	266 730		

会计主管：　　记账：　　审核：　　制单：

（5）汇总应付账款转账凭证的填制，如表 12-34 所示。

表 12-34

汇总转账凭证

贷方科目：应付账款　　2009 年 8 月　　汇转第 1 号

借方科目	金额				总账页数	
	1 日至 10 日	11 日至 20 日	21 日至 31 日	合计		
原材料	12 000			12 000		
应交税金	2 040			2 040		
合计	14 040			14 040		

会计主管：　　记账：　　审核：　　制单：

（二）根据汇总记账凭证登记总账

仅以库存现金、银行存款、应付账款三个总分类账为例介绍在汇总记账凭证核算形式下总分类账的登记方法，如表 12-35 至 12-37 所示，其余账户略。

表 12-35

库存现金总分类账

2009 年		凭证		摘要	借方	贷方	借或贷	余额
月	日	字	号					
8	1			期初余额			借	2 500
8	31	汇付	2	（略）	4 000			
8	31	汇付	1			3 000		
8	31	汇收	1		200			
8	31			月　计	4 200	3 000	借	3 700

表 12-36

银行存款总分类账

2009 年		凭证		摘要	借方	贷方	借或贷	余额
月	日	字	号					
8	1			期初余额			借	600 000
8	31	汇收	2	（略）	357 875			
8	31	汇付	2			266 730		
8	31			月　计	357 875	266 730	借	691 145

表 12-37

应付账款总分类账

2009 年		凭证字号		摘要	借方	贷方	借或贷	余额
月	日	字	号					
8	1			期初余额			贷	93 500
8	31	汇付	2	（略）	85 000			
8	31	汇转	1			14 040		
8	31			月　计	85 000	14 040	贷	22 540

第六节　日记总账核算组织程序

一、日记总账核算组织程序的特点

（一）日记总账核算组织程序的定义

日记总账核算组织程序是将日记账和总账融为一体，设计日记总账，根据各种记账凭证直接登记总分类账的一种会计核算形式。

（二）凭证和账簿组织

在日记总账核算组织程序下，记账凭证可以采用收款凭证、付款凭证和转账凭证专用格式的记账凭证，也可以采用通用记账凭证。日记账与明细账的设置没有特殊的要求，与其他会计核算程序的要求基本相同。不同的是，该种会计核算程序专门设置了日记总账，采用多栏式。

（三）日记总账核算组织程序的特点

日记总账核算组织程序的特点是：设置日记总账，根据记账凭证直接登记日记总账。日记总账是一种兼有序时账和分类账的联合账簿。

（四）日记总账的格式及登记方法

在日记总账核算组织程序下，日记总账采用多栏式账页，将所有总账科目自左向右集中地排列在同一张账页上，每个总账科目下分设借方栏和贷方栏。登账时，按经济业务发生的先后顺序，根据记账凭证分别登记在同一行的有关科目的借方栏和贷方栏内，并将发生额记入日记总账的发生额栏内。

二、日记总账核算组织程序下账务处理的基本步骤

（1）经济业务发生后，根据原始凭证或原始凭证汇总表填制记账凭证；

（2）根据收款凭证、付款凭证逐笔登记库存现金日记账和银行存款日记账；

（3）根据记账凭证并参考所附原始凭证或原始凭证汇总表，登记各种明细分类账；

（4）根据记账凭证逐笔登记日记总账；

（5）月末，将库存现金日记账、银行存款日记账和各种明细分类账的余额与日记总账的余额进行核对；

（6）月末，根据核对无误的总账与明细账的记录编制会计报表。

日记总账核算组织程序下账务处理的基本步骤如图 12-5 所示。

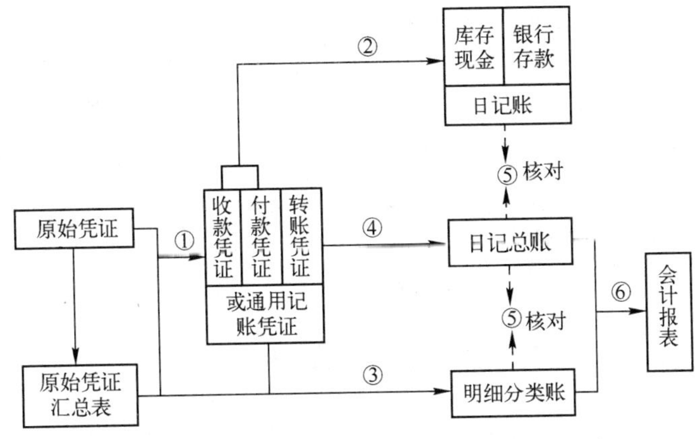

图 12-5　日记总账核算组织程序流程图

三、日记总账核算组织程序的优缺点及适用范围

（一）日记总账核算组织程序的优点

（1）日记总账兼有序时账与分类账的作用，会计核算程序简便易行。

（2）总账科目集中在同一张账页上，因此在总账中可以全面反映各个账户的对应关系，也有利于分析和检查经济业务的来龙去脉。

（二）日记总账核算组织程序的缺点

（1）所有科目均设置在一个账页内，若业务量大，科目较多时，账页就会过多过长，不便登记，甚至会发生串行、串栏、漏登等情况，而且也不便于分工记账。

（2）日记总账根据记账凭证逐笔登记，如果凭证较多，登记总账的工作量也比较大。

（三）日记总账核算组织程序的适用范围

由于日记总账核算组织程序存在上述优缺点，因此它一般适用于规模较小、经济业务较少、所用会计科目不多的单位。

【例 12-2】 某企业 2009 年 9 月份的经济业务如下。

（1）9 月 5 日，上月采购的甲材料 1 吨已验收入库，其采购成本为 8 000 元。

（2）9 月 10 日，购乙材料 2 吨，计 4 000 元，货款已用存款支付。

（3）9 月 15 日，购丙材料 3 吨，计 3 600 元，货款已用存款支付。

（4）9 月 19 日，所购乙、丙材料验收入库的实际采购成本分别为 4 000 元和 3 600 元。

（5）9 月 25 日，采购乙材料 1 吨，计 2 000 元，货款已用存款支付。

（6）9 月 31 日，采购甲材料 2 吨，计 16 000 元，货款已用存款支付。

【要求】（1）根据以上业务编制会计分录。

（2）根据会计分录登记日记总账，并进行月终结账（假定本月无其他业务）。

【答案】（1）会计分录略。

（2）日记总账登记方法如表 12-38 所示。

表 12-38

日记总账

2009 年		凭证		摘要	发生额	在途物资		银行存款		原材料	
月	日	字	号			借方	贷方	借方	贷方	借方	贷方
9	1			月初余额		8 000		26 000		24 000	
	5			材料入库	8 000		8 000			8 000	
	10			购乙材料	4 000	4 000			4 000		
	15			购丙材料	3 600	3 600			3 600		
	19			材料入库	7 600		7 600			7 600	
	25			购乙材料	2 000	2 000			2 000		
	31			购甲材料	16 000	16 000			16 000		
				本月发生额合计		25 600	15 600		25 600	15 600	
				本月结余		18 000		400		39 600	

第七节　多栏式日记账核算组织程序

一、多栏式日记账核算组织程序的特点

(一) 多栏式日记账核算组织程序的定义

多栏式日记账核算组织程序是根据多栏式库存现金日记账、银行存款日记账和转账凭证（或汇总转账凭证）登记总分类账的一种会计核算形式。

(二) 凭证和账簿组织

在多栏式日记账核算组织程序下，记账凭证是采用收款凭证、付款凭证和转账凭证专用格式的记账凭证。设置日记账、明细账和总分类账，明细分类账和总分类账的格式如记账凭证核算程序，但其登记总分类账的主要依据，是多栏式的库存现金日记账和银行存款日记账，日记账采用多栏式。

(三) 多栏式日记账核算组织程序的特点

多栏式日记账核算组织程序的特点是：对于涉及库存现金和银行存款收付的经济业务，先根据收、付款凭证登记多栏式库存现金日记账和多栏式银行存款日记账，然后根据日记账登记总分类账；对于不涉及库存现金和银行存款收付的转账业务，可以根据转账凭证登记总分类账，也可以定期编制转账凭证汇总表或是汇总转账凭证，再据以登记总分类账。

(四) 多栏式日记账的格式及登记方法

多栏式库存现金日记账和银行存款日记账根据收款凭证、付款凭证，分别按其对方科目在日记账中设置的专栏，进行逐笔序时登记，每月终了予以合计。即库存现金日记账和银行存款日记账的收入部分，均按对应的贷方账户设置专栏；支出部分均按对应的借方账户设置专栏。月终时，即可根据这些日记账的本月收、支发生额合计数，登入库存现金、银行存款总分类账户的借方和贷方，并根据各专栏的本期发生额合计，登入总分类账有关账户的借方和贷方。对于库存现金和银行存款之间相互划转的业务，由于已分别包括在库存现金日记账和银行存款日记账的收入和支出合计数内，所以无须再根据对应账户的专栏登记总分类账。

多栏式日记账的格式与登记方法如表 12-39 至表 12-41 所示（资料见本章第三节例题 12-1）。

表 12-39

库存现金收入日记账

2009 年		记账凭证	摘要	收入合计	贷方发生额	银行存款	其他应收款	略
月	日							
	2	银付 1	提现金	4 000	4 000	4 000		
8	16	现收 16	张丰还款	4 200	200		200	
8	31		月　计	4 200	4 200	4 000	200	

表 12-40

库存现金支出日记账

2009 年		记账凭证	摘要	支出合计	借方发生额	管理费用	其他应收款	略
月	日							
8	1	现付 1	购办公用品	500	500	500		
8	4	现付 2	张丰借款	3 000	2 500		2 500	
8	31		月计	3 000	3 000	500	2 500	

表 12-41

库存现金总分类账

2009 年		凭证号数	摘要	借方	贷方	借或贷	余额
月	日						
8	1		期初余额			借	2 500
8	31		（略）	4 200	3 000	借	3 700
8	31		月　计	4 200	3 000	借	3 700

二、多栏式日记账核算组织程序下账务处理的基本步骤

多栏式日记账核算组织程序下账务处理的基本步骤如图 12-6 所示。

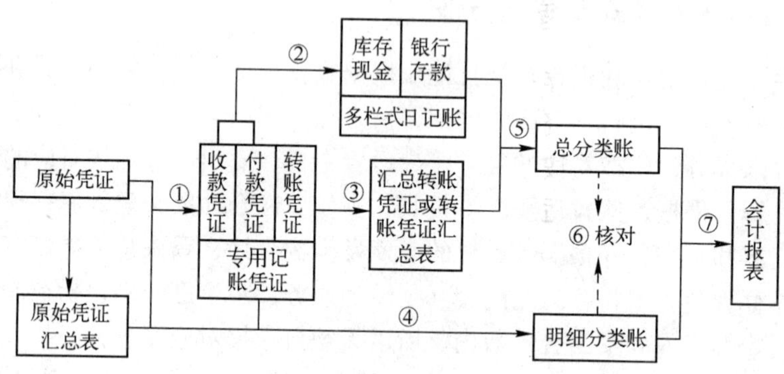

图 12-6　多栏式日记账核算组织程序流程图

(1) 经济业务发生后，根据原始凭证或原始凭证汇总表填制记账凭证。

(2) 根据收款凭证、付款凭证逐笔登记多栏式库存现金日记账和多栏式银行存款日记账。

(3) 根据记账凭证并参考所附原始凭证或原始凭证汇总表，登记明细账。

(4) 根据转账凭证定期编制汇总转账凭证或者转账凭证（科目）汇总表。

(5) 月末，根据多栏式库存现金日记账和多栏式银行存款日记账登记总分类账；同时，根据转账凭证科目汇总表或转账凭证登记总分类账；如果业务量小，也可以根据转账凭证登记总分类账。

(6) 月末，将库存现金日记账、银行存款日记账和各种明细分类账的余额与总分类账的余额进行核对。

(7) 月末，根据核对无误的总账与明细账的记录编制会计报表。

三、多栏式日记账核算组织程序的优缺点及适用范围

(一) 多栏式日记账核算组织程序的优点

(1) 库存现金、银行存款日记账采用多栏式，起到汇总收款凭证和汇总付款凭证的作用。

(2) 在多栏式库存现金日记账和多栏式银行存款日记账中，按对应账户设置各个专栏，账户对应关系清楚。

(3) 直接根据多栏式日记账登记总分类账，可以简化收、付款业务登记总账的工作。

(二) 多栏式日记账核算组织程序的缺点

多栏式日记账比三栏式日记账的登记工作量大，而且业务较复杂时，日记账专栏设置较多，账页就会较多，不便于日记账的登记和查阅。

(三) 多栏式日记账核算组织程序的适用范围

由于日记总账核算组织程序存在上述优缺点，因此它一般适用于规模较小、所用会计科目不多、业务比较简单，以货币资金收支业务为主的单位。

以上各种会计核算程序，是按手工操作的做法来阐述的。它的基本原理及基本的工作步骤，在会计电算化条件下，同样适用。只是具体操作由电子计算机来完成。

本章小结

1. 会计核算组织程序又称会计核算形式或账务处理程序，是指在会计循环中，会计主

体采用的凭证和账簿组织、会计报表与记账程序和记账方法有机结合的方式进行会计核算的程序。

2. 会计核算组织程序有以下六种：记账凭证核算组织程序；科目汇总表核算组织程序；汇总记账凭证核算组织程序；日记总账核算组织程序；多栏式日记账核算组织程序；分录日记账核算组织程序。目前，我国会计核算工作中比较常见的是前三种核算组织程序。

3. 记账凭证核算组织程序是根据原始凭证或原始凭证汇总表填制的记账凭证直接逐笔地登记总分类账的一种会计核算形式。它是一种最基本的会计核算形式，其他类型的核算程序都是在此基础上发展演变而来的。

4. 科目汇总表核算组织程序，又称记账凭证汇总表核算形式，它是定期将记账凭证汇总编制科目汇总表，然后再根据科目汇总表登记总分类账的一种会计核算形式。

5. 汇总记账凭证核算组织程序是定期将所有记账凭证进行汇总，编制成汇总记账凭证，然后再根据汇总记账凭证登记总分类账的一种会计核算形式。

知识链接：银行会计电算化核算程序

账务处理程序，也叫会计核算组织程序或会计核算形式，是指会计凭证、会计账簿及报表之间的相互关系及其填制方法。具体内容是指从受理或编制凭证开始，经过记账、对账和结账，直至编制会计报表、轧平账务为止的全部处理过程所采取的方法和步骤。手工会计方式下，围绕如何减少登账，特别是登记总账的工作量而产生了各种各样的会计核算形式。如常见的有记账凭证账务处理程序、科目汇总表核算程序、汇总记账凭证核算程序等。在进行会计数据处理时，各单位可以根据会计业务的繁简和管理上的需要，在保证既能准确、真实、及时、完整地提供有关会计信息，又能简化会计核算手续、提高会计工作质量和效率的基础上，合理地确定适应本单位的账务处理程序。银行会计则采用的是科目日结单账务处理程序，它属于汇总记账凭证核算程序的一个变型。但不管采用哪一种账务处理程序，都只能在一定程度上减少或简化转抄的工作量，而不能完全避免转抄。无论会计人员的素质如何，从填制记账凭证到编制报表的每一个环节中，转抄错误和计算错误都难以避免。为了保证账务处理的正确可靠，根据复式记账原理，“账核对”、“试算平衡”等账务核对工作贯穿于整个过程。这种通过低效率、重复处理来换取账务处理的正确可靠，是银行会计手工账务处理程序的一大特点。在银行会计电算化的账务处理流程中，记账工作完全由电子计算机系统自动进行，其内部的账务处理流程根据数据流来设计，调整和取消了银行会计中因手工操作或内部控制的需要而人为增加的诸多重复性环节的内容。银行会计电算化的整个数据处理过程可分为输入、处理和输出等三个基本环节，其控制的重点是在输入环节。从输入会计凭证到输出会计报表，其一切中间过程都在电子计算机系统内部自动完成，而需要的任何信息资料，都可以通过“查询”等得到满足。另一方面，由于电子计算机系统的处理不会发生遗漏、重复记录和计算差错等手工操作中容易发生的问题，故某些手工操作方式下的账务核对环节将不复存在。总之，在银行会计电算化操作中，银行会计的账务处理程序和方法将有新的变革和发展。

参考文献

[1] 李宗民，张欣．基础会计学．北京：清华大学出版社，2006.
[2] 陈国辉，迟旭升．基础会计．大连：东北财经大学出版社，2007.
[3] 王东红，商玉琴．会计学原理．北京：对外经济贸易大学出版社，2005.
[4] 李端生．基础会计学．北京：中国人民大学出版社，2004.

复习思考题

1. 什么是会计循环？会计循环包括哪几个步骤？
2. 什么是会计核算组织形式？各种核算形式的相同点和主要区别是什么？
3. 如何选择本单位适用的会计核算组织形式？
4. 简述记账凭证会计核算组织程序的特点、记账程序、优缺点及适用范围。
5. 简述科目汇总表会计核算组织程序的特点、记账程序、优缺点及适用范围。
6. 简述汇总记账凭证会计核算组织程序的特点、记账程序、优缺点及适用范围。